图书在版编目（CIP）数据

黄浦·红色起点／上海市黄浦区档案局（馆），中共上海市黄浦区委党史研究室编．
上海：同济大学出版社，2023.6
ISBN 978-7-5765-0829-1
Ⅰ．①黄… Ⅱ．①上… ②中… Ⅲ．①革命纪念地－介绍－黄浦区 Ⅳ．① K928.751.3
中国版本图书馆 CIP 数据核字（2023）第 077167 号

黄浦·红色起点

上海市黄浦区档案局（馆）中共上海市黄浦区委党史研究室 编
出版策划 《民间影像》
责任编辑 陈立群（clq8384@126.com）
视觉策划 育德文传
内文设计 昭 阳
封面设计 昭 阳
电脑制作 宋 玲 唐 斌
责任校对 徐春莲

出　　版	同济大学出版社 www.tongjipress.com.cn
发　　行	上海市四平路 1239 号 邮编 200092 电话 021-65985622
经　　销	全国各地新华书店
印　　刷	上海锦良印刷厂
成品规格	215mm×280mm 304 面
字　　数	455 000
版　　次	2023 年 6 月第 1 版
印　　次	2023 年 6 月第 1 次印刷
书　　号	978-7-5765-0829-1
定　　价	280.00 元

黄浦·红色起点

上海市黄浦区档案局（馆） 中共上海市黄浦区委党史研究室 编

同济大学出版社

南昌路100弄(原环龙路老渔阳里2号)中国共产党发起组成立地,《新青年》编辑部旧址淮海中路567弄(原霞飞路渔阳里)6号中国社会主义青年团中央机关旧址太仓路127(原白尔路389号)中国共产党第一次全国代表大会宿舍旧址兴业路76号(原望志路106号)中国共产党第一次全国代表大会会址第一次国共合作时期国民党上海执行部旧址南昌路180号(原环龙路44号) 第一次国共合作时期国民党江苏省党部遗址(原望志路南永吉里34、41号)第一次国共合作时期国民党上海特别市党部遗址(原棘雙德路永裕里83号)中共上海区委党校旧址复兴中路239号(原棘雙德路冠军里)4号上海特别市临时市政府旧址蓬莱路171号中共中央政治局机关旧址(1928—1931)云南中路171-173号(原云南路447号)中共中央机关办公地遗址山西南路344号中共中央与中央军委联络点旧址浙江中路112号(原五马路清和坊)中共江苏省委机关旧址同福里巨鹿路211弄(原巨籁达路同福里)中共八路军驻沪办事处旧址淡水路264号(原萨坡赛路192号)新四军驻沪办事处巨籁达路遗址原巨籁达路343号中国共产党代表团驻沪办事处(周公馆)思南路73号(原思南路107号)中共中央上海局机关旧址(重庆北路)216弄重新小区(原马立斯新村)52号中共中央上海局反省委员会机关旧址复兴中路485弄11号(原复兴中路487号)留法勤工俭学运动遗址南京西路216号(原静安寺路51号)延安东路外滩(原泽泾浜外滩)法兰西码头汉口路外滩(江海关码头)制造局路30号(原斜桥南)湖南会馆半淞园遗址(新民学会会议处遗址)上海女界民会议促成会遗址淮海中路315弄(原霞飞路宝康里)54号五卅运动指挥部遗址长征永安境路97平平明里(原九亩地新舞台)陈毅起草"九月来信"所在地遗址南湖北路迎春坊4号新苏永社中央特科击毙叛徒白鑫处淮海中路526弄(原霞飞和合坊)泉漳中学遗址龙华东路800号南园滨江绿地社)五卅运动爱国群众流血牺牲地,老闸捕房旧址贵州路101号上海工人第三次武装起义纪念地自忠路361号(原西门西成里173号)中山南路1551号(原华商路)239弄31支弄15号]第二次上海市民代表大会遗址黄河路(原派克路)45弄6号鲁智深送50号证集会会处旧址重庆南路182号(原吕班路50号)龙华二十四烈士被捕处汉口路613号天津路480号大同幼稚园旧址南昌路48号(原陶尔斐斯路341号)国民党一会旧址西藏南路(原棘体尼荫路)1123号八仙桥青年会大楼《义勇军进行曲》首次播放处北京东路780号黄浦剧场(原金城大戏院)上海文化界、职业界救国会成立大会遗址(上海宁波同乡会礼堂)西藏中路(原西藏路、度同思未发布"七月指示"所在地贵州路160号(原中国饭店)《保卫卢沟桥》演出地蓬莱大戏院遗址学前街111号《大刀进行曲》首唱地文庙路215号孩子剧团成立地遗址淮海中路(原霞飞)85号国际第一堆民救宫所旧址重庆南27号(280号)(原震旦大学接收)中国青年新闻记者协会成立大会旧址山西南路200号南京饭店革期成烈士烟雅处南京东路114号上海医院旧址多稼路1号都城饭店旧址江西中路180号纪念费迅逝世十周年大会遗址复兴中路323号(原棘大楼遗址(采仁达烈士流血处)京东路328号(原南京路328-334号)青潮案(中小学教师反饥饿斗争地旧址淮中路381号(原林森中路375号)凯旋电台旧址南京东路720号上海第一食品商店(原新公司)五卅上海解放时京路上第一绮云阁南京东路635号永安百货大楼上海人民保安队总指挥部,外滩第一面红旗升起处旧址中山东一路13号海关大楼(原江海关大楼)上海公共体育场旧址方斜路515号(原方斜路555号)上海市梅溪小学永宁街20号五四运动时期上海学生联合商电车电汀公司工人斗争地重庆南路275号(原吕班路康俳路一带)上海市大同中学南车站路553号黄金大戏院遗址市金陵中路(原尔路)上海市文化界救亡协会遗址延安东路(原爱多亚路)1454号上海话剧界救亡协会会议遗址黄河路21号(燏难平雏祥里14号)中共中央秘密印刷厂旧址新昌路199号左翼美木家联盟活动地淡水路(原萨坡赛路朱衣里)4号中兴印刷所遗址北京西路57弄鸡祥里14号中共中央秘密印刷中共江苏省委秘密印刷所遗址黄河路(原界马路)562号《文萃》社旧址福州路89号(中达大楼)明友印刷局遗址巨鹿路305弄(小浜清)9号《新少年报》社长沙路355号(原自忠路375号)中共上海区委对外联络点旧址大(原爱多亚路)160号戈丰中共中央无线电训练班旧址巨鹿路391弄(原巨籁达路四成里)12号中共中央特科机关遗址山西南路、威海路路口东北角(原山海路168号肇庆里17号)中共秘密电台器材供应站旧址长沙路149弄(耕畴里)62号中共秘密联络点旧址(厦门路与中央无线电训练班旧址巨鹿路391弄(原巨籁达路四成里)12号中共中央特科机关遗址山西南路、威海路路口东北角(原山海路168号肇庆里17号)中共秘密电台器材供应站旧址长沙路149弄(耕畴里)62号中共秘密联络点旧址(厦门路

《黄浦·红色起点》编撰指导委员会

主　　任：杲　云

副主任：李忠兴　王庆洲　王玉峰

《黄浦·红色起点》编撰委员会

主　　任：华　骏　张　健　戴雪林

副主任：黄秋月　赵　兵　斯成校

委　　员：（按姓氏笔画为序）

　　　　　马亦男　安　然　杨慧如

　　　　　俞　凡　黄凤芳　蒋　璐　董海婴

目录

前言 …… 08
会址·机关 …… 09
 中国共产党发起组成立地（《新青年》编辑部）旧址 …… 10
 中国社会主义青年团中央机关旧址 …… 14
 中国共产党第一次全国代表大会宿舍旧址 …… 18
 中国共产党第一次全国代表大会会址 …… 20
 第一次国共合作时期国民党上海执行部旧址 …… 27
 第一次国共合作时期国民党江苏省党部遗址 …… 29
 第一次国共合作时期国民党上海特别市党部遗址 …… 31
 中共上海区委党校旧址 …… 33
 上海特别市临时市政府旧址 …… 35
 中共中央政治局机关旧址（1928～1931） …… 37
 中共中央机关办公地遗址 …… 41
 中共中央与中央军委联络点旧址 …… 43
 中共江苏省委机关旧址（同福里） …… 45
 八路军驻沪办事处旧址 …… 47
 新四军驻沪秘密办事处巨籁达路遗址 …… 49
 中国共产党代表团驻沪办事处（周公馆） …… 51
 中共中央上海局机关旧址（重庆北路） …… 55
 中共中央上海局策反委员会机关旧址 …… 57

事件发生地 …… 59
 留法勤工俭学运动遗址 …… 60
 半淞园新民学会会议处遗址 …… 64
 上海女界国民会议促成会遗址 …… 66
 五卅运动秘密指挥部遗址 …… 68
 五卅运动爱国群众流血牺牲地、老闸捕房旧址 …… 69
 上海工人第三次武装起义纪念地 …… 72
 第二次上海市民代表会议遗址 …… 76

陈毅起草"九月来信"所在地遗址 …… 78
中央特科击毙叛徒白鑫处 …… 80
泉漳中学遗址 …… 81
全国苏维埃区域代表大会遗址 …… 82
庆贺鲁迅50寿诞集会处旧址 …… 84
龙华二十四烈士被捕处 …… 85
大同幼稚园旧址 …… 87
国民御侮自救会成立大会旧址 …… 89
《义勇军进行曲》首次播放处 …… 91
上海文化界、职业界救国会成立大会遗址（上海宁波同乡会礼堂） …… 93
周恩来发布"七月指示"所在地 …… 95
《保卫卢沟桥》演出地（蓬莱大戏院）遗址 …… 96
《大刀进行曲》首唱地 …… 98
孩子剧团诞生地遗址 …… 99
国际第一难民收容所旧址 …… 101
中国青年新闻记者协会成立大会会址 …… 103
茅丽瑛烈士殉难处 …… 105
上海医院旧址 …… 107
都城饭店旧址 …… 108
纪念鲁迅逝世十周年大会遗址 …… 110
劝工大楼遗址（梁仁达烈士流血处） …… 111
舞潮案、中小学教师反饥饿斗争地旧址 …… 112
凯旋电台旧址 …… 115
上海解放时南京路上第一面红旗升起处——绮云阁 …… 117
上海人民保安队总指挥部、外滩第一面红旗升起处旧址 …… 118

群众运动场所 · 121
- 上海公共体育场旧址 · 122
- 上海市梅溪小学 · 124
- 五四运动时期上海学生联合会会所旧址 · 126
- 商务印书馆发行所旧址 · 128
- 江南造船厂工人斗争地 · 130
- 上海机器工会临时会所、上海机器工会成立地遗址 · 134
- 少年宣讲团团所遗址 · 136
- 上海南市发电厂遗址 · 138
- 上海法商电车电灯公司工人斗争地 · 140
- 上海市大同中学 · 142
- 黄金大戏院遗址 · 144
- 上海市文化界救亡协会遗址 · 146
- 上海话剧界救亡协会会议地遗址 · 148
- 上海市光明中学 · 150
- 上海市市南中学 · 152
- 上海市敬业中学 · 154
- 上海市格致中学 · 156
- 上海市实验小学 · 158
- 联合市场联谊会旧址 · 160
- 上海市储能中学 · 163
- 报童小学 · 165

文宣机构 · 167
- 《民国日报》社遗址 · 168
- 《星期评论》编辑部遗址 · 169
- 《天问》编辑部遗址 · 171
- 新青年社总发行所 · 173
- 又新印刷所旧址 · 174
- 《向导》周报总发行处旧址 · 176
- 上海书店遗址 · 178
- 《中国青年》编辑部旧址 · 180
- 中兴印刷所遗址 · 182
- 中共中央秘密印刷厂旧址 · 184
- 左翼美术家联盟活动地 · 186
- 《救亡日报》社旧址 · 188
- 复社遗址 · 190
- 《每日译报》编辑部旧址 · 192
- 中共江苏省委新泰印刷所遗址 · 194
- 《文萃》社旧址 · 196
- 明夷印刷局遗址 · 198
- 《新少年报》社旧址 · 199

交通联络点 · 201
- 中共上海区委对外联络点旧址 · 202
- 中共中央无线电训练班旧址 · 203
- 中共中央特科机关遗址 · 205
- 中共秘密电台器材供应站旧址 · 206
- 中共秘密联络点旧址（厦门路） · 208
- 中央文库遗址 · 209
- 李白、邓国军贝勒路秘密电台遗址 · 211
- 秦鸿钧金神父路秘密电台旧址、新新里秘密电台遗址 · 213

叶钟英、张志申福熙邨秘密电台遗址	215	**纪念设施**	259
刘鹤孔安纳金路秘密电台遗址	216	五卅运动纪念碑、五卅惨案纪念牌	260
中共上海市委联络机关旧址（福州路）	217	陈毅铜像	262
广大华行旧址	218	上海市人民英雄纪念塔	264
中共上海市委联络机关旧址（南京东路）	220	上海市历史博物馆（上海革命历史博物馆）	266

居住地 221

附 录 269

上海孙中山故居	222	沪滨工读互助团遗址	270
邵力子、陈望道旧居遗址	224	沈钧儒旧居	272
维经斯基旧居遗址	225	中国农工民主党第一次全国干部会议会址	274
1921年马林入住地——东亚旅馆	226	中华职业教育社旧址	275
恽代英旧居暨《中国青年》编辑部遗址	228	民治新闻专科学校旧址	277
任弼时旧居及团中央机关遗址	229	李烈钧旧居	279
田汉旧居暨南国社遗址	231	杨杏佛旧居、杨杏佛遇害地	280
李硕勋旧居	233	何香凝旧居	284
杨度旧居	235	程潜旧居	287
杨贤江旧居遗址	237	艾格尼丝·史沫特莱旧居	289
韬奋故居	238	史良旧居	291
钱杏邨、蒋光慈旧居	241	杜重远旧居	292
瞿秋白旧居遗址	244	柳亚子旧居	294
张闻天旧居遗址	246	全国各界救国联合会成立地旧址	296
刘少奇旧居	248	中国民主促进会成立地旧址	298
陈云旧居	250	中国民主同盟妇女救国会活动地旧址	299
许广平旧居	252	盛丕华旧居	300
吴克坚旧居	255	卢汉旧居	302
沙千里旧居	257		

后 记 303

前 言

黄浦区是上海市中心城区，城区面积 20.52 平方公里。这里不仅承载了上海 700 余年的城市发展史、180 年的开埠史，更承载了百余年间中国共产党在新民主主义革命时期不懈奋斗的历史。上海被称为中国革命的圣地，黄浦则是这个圣地的中心，无论在地理意义上，还是在历史作用和影响上都堪称中国革命的红色起点。

黄浦区是党的诞生地、初心始发地和伟大建党精神孕育地。1921 年 7 月，中国共产党第一次全国代表大会在望志路 106 号（今兴业路 76 号）召开，标志着一个马克思主义指导的无产阶级政党的诞生，这是开天辟地的大事变，深刻改变了近代以后中华民族发展的方向和进程，深刻改变了中国人民和中华民族的前途和命运，深刻改变了世界发展的趋势和格局。此前，成立中国共产党发起组，宣传革命理论，建立最早的工人组织（机器工会），成立第一个社会主义青年团，出版第一本《共产党宣言》（中文全译本），推动各地党的早期组织建立，筹备一大的会议等都曾发生在这里。此后，一大后的中央局、六大后的中央政治局，第一次国共合作时期国民党上海执行部、抗战胜利后中共代表团驻沪办事处等都曾设立在这里。在黄浦这片土地上镌刻着永不磨灭的红色记忆，浓缩了中国革命的宏伟诗篇——"恰同学少年，风华正茂"的毛泽东细雨中在半淞园"问苍茫大地，谁主沉浮？"，在环龙路 44 号（今南昌路 180 号）为国共合作呕心沥血；周恩来在三山会馆慰问武装起义工人，在思南路的公馆揭露反动派的内战阴谋，呼吁和平，倡导民主建国；刘少奇、任弼时从渔阳里走上革命道路，成为党的第一代领导集体重要成员；邓小平在云南路的中央政治局机关参与领导全国革命……在漫长的革命岁月里，许许多多重大革命历史事件在这里发生，众多重要革命人物在这里活动，革命先辈为理想和信念不畏艰险、鞠躬尽瘁，为民族复兴和国家富强不屈不挠、前赴后继，在这里留下一个个难以磨灭的历史印记。这里也留下了许多爱国民主人士的足迹，他们在党的统一战线思想引领下，汇聚起了民族独立、人民解放的磅礴力量。

黄浦区范围内，已查明革命遗址遗迹及其纪念场馆、设施等 140 余处，包括中共一大会址、中国社会主义青年团中央机关旧址和上海孙中山故居、中国共产党发起组成立地旧址、中央政治局机关旧址、周公馆等，有的已被公布为全国重点文物保护单位和上海市文物保护单位，有的被公布为各级爱国主义教育基地。

黄浦区的革命历史旧址遗迹，层次之高、数量之众在上海市位列首位，真实反映了党在城市领导中国革命的探索实践，生动记录了党走过的艰难曲折历程，揭示了中国革命道路的艰辛和共产党人深厚的为民情怀。

它们是中国革命重要的历史见证和宝贵的精神文化遗产，是革命传统教育和爱国主义教育的生动教材，也是上海重要的城市记忆。

历史是最好的教科书。以史明志，鉴往知来。新时代、新征程上，我们要以习近平新时代中国特色社会主义思想为指导，弘扬伟大建党精神，自信自强、守正创新，踔厉奋发、勇毅前行，书写全面建设社会主义现代化国家的新篇章。

会址·机关

中国共产党发起组成立地旧址旧貌

《新青年》第8卷第1号

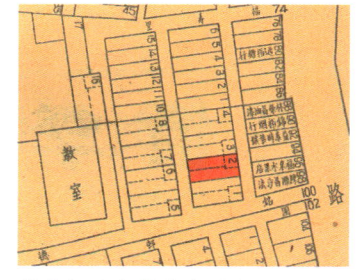

老渔阳里2号地块图(1947)

中国共产党发起组成立地（《新青年》编辑部）旧址

位于上海市南昌路100弄（原环龙路渔阳里）2号。砖木结构两开间两层旧式石库门里弄住宅，坐北朝南。1920年夏，中国共产党发起组在此成立。上海市文物保护单位、上海市爱国主义教育基地。2020年经修复后对外开放。

革命刊物《新青年》

1915年，陈独秀在上海创办《青年杂志》，在思想文化领域掀起了一场以民主和科学为旗帜向传统封建思想道德文化宣战的新文化运动。从第二卷起改名《新青年》。1917年，编辑部迁北京。在北京大学形成了一个以《新青年》编辑部为核心的新文化阵营，使新文化运动迅猛发展。

1920年2月，陈独秀自京抵沪，寓居环龙路老渔阳里2号，《新青年》编辑部也随迁于此。《新青年》从第八卷第一号起，成为上海共产党早期组织的机关刊物，开始着重宣传和介绍马克思主义。12月，陈独秀前往广州担任广东省教育委员会委员

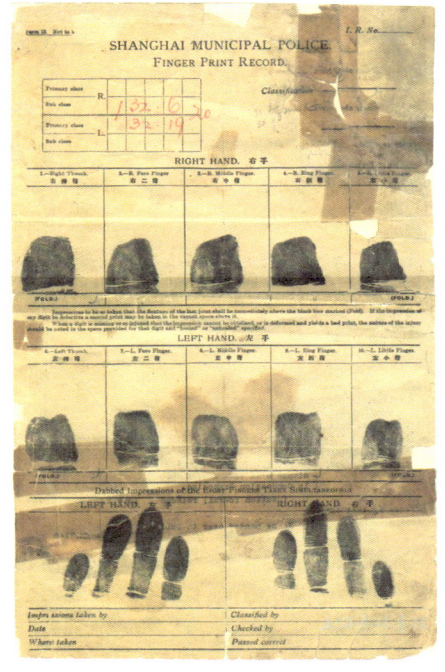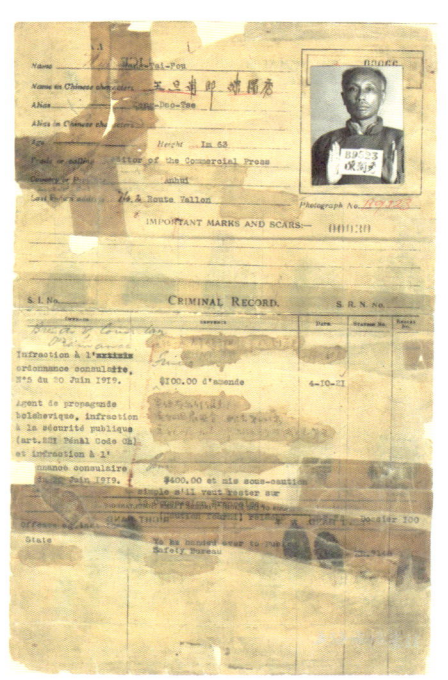

陈独秀的刑事记录卡

马克思主义研究会

1920年5月，陈独秀等人建立马克思主义研究会。

马克思主义研究会是一个秘密组织，没有纲领，会员入会也没有成文手续，负责人陈独秀。马克思主义研究会成立后，努力探讨社会主义学说和中国社会改造问题，撰写文章宣传马克思主义，与无政府主义思潮斗争，翻译进步书籍。

马克思主义研究会成员主要由三部分人组成：一是留日学生，如李达、李汉俊等；二是浙江一师师生，如陈望道、俞秀松、施存统等；三是部分国民党人，如戴季陶、沈玄庐、邵力子等。

中国共产党发起组成立地今貌

长，《新青年》交由陈望道负责，李达、李汉俊、袁振英、沈雁冰等参加编辑工作。

1922年7月，《新青年》在出版了第九卷第六号后休刊。1923年6月，《新青年》改为季刊，出四期休刊。1925年复刊，出五期，次年7月终刊。

中国共产党发起组
（上海共产党早期组织）

1920年6月，陈独秀、李汉俊、俞秀松、施存统、陈公培5人在陈独秀寓所开会，决定建立共产党组织，并初步定名为社会共产党，还起草了党的纲领。8月，中国共产党发起组在老渔阳里2号正式成立，推陈独秀担任书记。

中国共产党发起组成立后，有计划、有组织地研究和宣传马克思主义，先后创办了工人刊物《劳动界》周刊，创办《共产党》月刊，帮助出版《上海伙友》，支持《民国日报》《觉悟》

《青年杂志》创刊号

1916年9月1日，《青年杂志》从第2卷第1号起改名为《新青年》

《共产党》月刊第1号

陈毅、潘汉年等调研老渔阳里2号（1952夏）

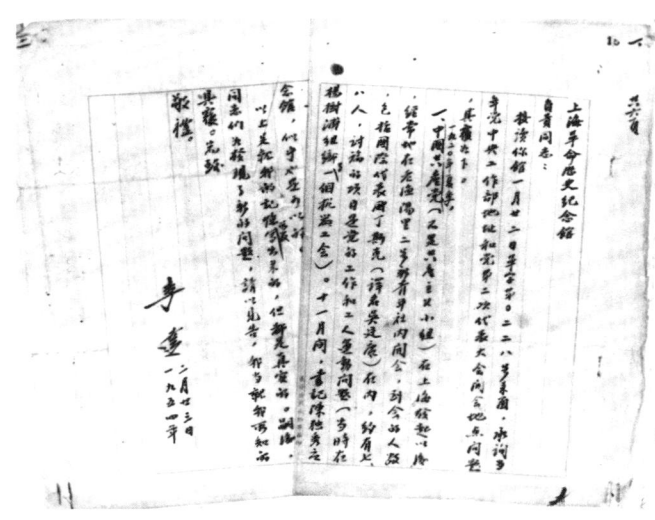

李达致函上海革命历史纪念馆,回忆党中央工作部(中央局)情况(1954)

副刊。中国共产党发起组还指导工人运动,介绍和推广工人运动经验,支持与领导罢工斗争,组织集会。1920年10月,领导成立最早的工会组织上海机器工会,壮大了工人力量。1920年9月创办了第一所培养干部的学校——外国语学社,输送革命青年到俄国学习。

中国共产党发起组建立后,通过写信联系、派人指导、具体组织等方式,积极推动各地建立共产党早期组织,成为各地共产主义者进行建党活动的联络中心。

筹备召开中共一大

在中国共产党发起组积极筹备下,正式建立中国共产党的条件日趋成熟。1921年6月,共产国际代表马林和共产国际远东书记处代表尼克尔斯基先后抵沪。两位国际代表建议尽快召开一次全国代表大会宣告中国共产党成立。中国共产党发起组认为建党工作已有基础,赞同他们的建议,并与在广州的陈独秀、北京的李大钊联系商议,确定在上海召开中国共产党的成立大会。

中共中央局机关

中共一大选举产生了中国共产党中央局。1921年9月,陈独秀从广州回到上海主持中央局工作,陈独秀、李达、张国焘3人经常在这里聚会,研究工作。中共中央局依据党的一大通过的纲领和决议,健全中央和地方组织机构,宣传马克思主义,统一领导工人运动,领导各地党组织迅速开展各项工作。

1921年10月4日,法租界巡捕房在老渔阳里2号逮捕陈独秀与夫人高君曼及包惠僧、杨明斋、柯庆施等人。陈独秀后被保释。1922年8月9日,法租界当局再次在老渔阳里2号逮捕陈独秀,并查抄大量书籍和文件等。10月,陈独秀离沪去京,筹组中共代表团出席共产国际第四次代表大会,老渔阳里2号作为中共中央领导机关的历史使命就此结束。

1951年,《新青年》编辑部旧址经陈望道等勘查确认,于1952年修复,并曾作为上海革命历史纪念馆第二馆对内部开放。2018年6月,黄浦区政府启动对旧址的保护利用项目,经房屋置换,遵循修旧如旧原则对旧址进行保护性修缮。2020年8月,"星火初燃"——中国共产党发起组成立地(《新青年》编辑部)旧址史迹陈列展对外开放。

陈独秀(1879~1942),字仲甫,安徽怀宁(今属安庆)人,是中国共产党的创始人之一。1915年9月,在上海创办并主编《青年杂志》(后改名《新青年》),揭开新文化运动序幕。1917年初被聘为北京大学文科学长。1919年,参加领导五四运动。五四运动后,接受和宣传马克思主义。与李大钊酝酿在中国建立共产党。1920年8月,首先发起成立中国共产党发起组,指导和推动各地党的早期组织的建立。1921年7月,在中国共产党第一次全国代表大会上被选为中央局委员,任中央局书记。

中国社会主义青年团中央机关旧址旧貌

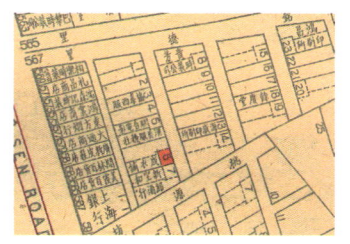

霞飞路渔阳里6号地块图

中国社会主义青年团中央机关旧址

位于上海市淮海中路567弄（原霞飞路渔阳里）6号。建于1917年，砖木结构二层二底旧式石库门里弄建筑，坐北朝南。1920年春至1921年5月，这里是上海党团组织重要活动地之一。全国重点文物保护单位、全国爱国主义教育示范基地。

上海外国语学社部分学生合影

最早的社会主义青年团

1920年8月22日,中国共产党发起组领导建立了上海社会主义青年团,俞秀松、施存统、陈望道、李汉俊、叶天底、沈玄庐、袁振英和金家凤8人为创建人和第一批团员,俞秀松任书记。当时上海共产党早期组织成员不管年龄大小都加入青年团。在外国语学社学生中发展了30多名团员,其中有刘少奇、任弼时、罗亦农、萧劲光、汪寿华、彭述之、柯庆施、许之桢、王一飞、任作民、卜士奇、梁柏台、廖划平、傅大庆、周兆秋。

青年团成立时期的基本工作是接近劳动群众和研究共产主义、社会科学等,选送青年团员到苏俄学习。1921年1月,团员人数增加,建立了执行委员会,下设秘书、教育、组织、调查、编辑、宣传、联络和图书8个处。

上海的团组织起到了团的发起组的作用,推动各地建立青年团。长沙、广州、北京、武汉、天津、唐山、太原等地先后建立了青年团,各地团员有1000多人,成立临时团中央的条件已经成熟。1921年3月,中国社会主义青年团临时中央执行委员会成立,团中央机关仍设于新渔阳里6号。4月29日,渔阳里6号遭法租界巡捕房搜查,5月停止活动。

中俄通讯社

1920年7月间,为广泛宣传马克思主义,介绍苏俄社会主义革命和建设情况及经验,上海共产党早期组织在此设立中俄通讯社,由杨明斋负责。

中俄通讯社主要工作是根据共产国际和苏俄来的各种资料,以及一部分来自英美等国进步杂志,翻译后发往国内各进步报刊以供采用。通讯稿内容范围较广泛,凡政治、经济、文化教育、工运、妇女问题、领袖人物活动等各方面新闻皆有。该社同时也将国内重要消息译成俄文发往俄国。外国语学社中一些学生,曾担任缮写、油印、收发等工作。邵力子是上海《民国日报》经理及《觉悟》副刊主编,故中俄通讯社大量通讯稿得以在该报"世界要闻"栏目逐日发表。

外国语学社

1920年9月,中国共产党发起组成立外国语学社,杨明斋任校长,俞秀松任秘书,这是党的早期组织建立的第一个培养青年干部的学校。学校招收湖南、浙江、安徽等地青年入学,教授外语及马克思主义基本知识,同时提供革命活动实践,为青年骨干前往苏俄学习做准备。

学社公开招生,门口挂一块"外国语学社"木牌。在上海《民国日报》刊登招生广告:"本学社拟分设英、法、德、俄、日本语各班,现已成立英、俄、日本语三班。除星期日外,每班每日授课一小时,文法读本由华人教授,读音会话由外国人教授,

《民国日报》刊登的外国语学社招生广告

复原后的外国语学社教室

复原后的外国语学社学生宿舍

除英文各班外皆从初步教起。每人选习一班者纳学费银二元。日内即行开课,名额无多,有志学习外国语者请速向法租界霞飞路新渔阳里六号本社报名。"

外国语学社俄文教员起初只有杨明斋和维经斯基夫人库兹涅佐娃两人。学生增多后,由陈独秀与老同盟会会员王维祺联系,约请其女儿王元龄教授俄文,李达教日文,袁振英教英文。课堂设在渔阳里6号底层厢房和客堂内,里面放着几排课桌和长凳。许之桢回忆当年学习情景和生活情况:楼下厢房是教室,上俄文和法文课用。俄文由杨明斋及维经斯基夫人教。法文是李汉俊教。后来因发展了,楼下客堂也做了教室,请王元龄教俄文。当时,楼上是宿舍。刘少奇、柯庆施住在楼上厢房。住在那里的人,有的睡棕绷床,有的睡板床,也有的就睡地铺,帐子不用的。那时,每人每月生活费包括衣、食、住等约5元钱。当时没有正规的外语课本施教,学生廖划平1921年3月在上海给友人写信:"俄语是杨明斋教授,每月学费2元,讲义费8角。《共产党宣言》中译本作为政治课本,由学社发给学生学习。学生们半天上课,半天自修。"

外国语学社于1921年8月结束。

旧址辟建纪念馆

1957年,渔阳里6号经修缮后恢复原状布置,由上海革命历史纪念馆筹备处保护管理。1973年4月,旧址移交上海市文物管理委员会管理。1987年,市文管会整修旧址,并根据萧劲光等回忆将教室布置在楼下客堂,1989年5月4日正式对外开放。2003年对旧址进行改扩建,旧址纪念馆2004年4月建成并正式对外开放。2018年8月旧址纪念馆改造项目启动,2019年5月重新开放,新辟建的渔阳里广场同步开放。2009年5月,命名为全国爱国主义教育示范基地。

中国社会主义青年团中央机关旧址

俞秀松(1899~1939),浙江诸暨人。中国共产党发起组成员之一,上海社会主义青年团和杭州社会主义青年团的创建者之一。

杨明斋(1882~1938),山东平度人。1920年4月作为共产国际代表维经斯基的翻译和助手,回到中国,帮助推动党和团的创建。周恩来称赞其是我党历史上一位受人尊敬的"忠厚长者"。

施存统(1899~1970),浙江金华人。中国共产党发起组成员之一,上海社会主义青年团创建者之一。曾是旅日共产党早期组织负责人。

俞秀松

杨明斋

五四运动期间,博文女校师生积极参加反日救国宣传活动

太仓路127号

中国共产党第一次全国代表大会宿舍旧址

位于上海市太仓路127号(原白尔路389号)。沿街三楼三底砖木结构老式石库门住宅建筑,曾是私立博文女校校址。1921年7月,参加中共一大会议的代表毛泽东、董必武等下榻此处。全国重点文物保护单位。

博文女校

博文女校创建于1914年,校长黄绍兰(黄朴君),早年毕业于北京女子师范学堂。黄绍兰在上海创办博文女校,聘请黄兴夫人徐宗汉为董事长。

校址最初在贝勒路(今黄陂南路)一条弄堂内,后迁至蒲石路(今长乐路)。约在1920年搬到白尔路。

校舍内外共两进。第一进楼下两间,一间为传达室,一间是学生宿舍;楼上有3间,左右两间朝北沿街,各有阳台,右间为图书馆,左、中两间为学生宿舍。第二进楼上楼下共6间,都是教室。该楼后面有一排平房,为厨房和厕所。博文女校约在1933年停办。

代表临时宿舍

参加中共一大的各地代表到上海后,大部分以"北京大学暑期旅行团"的名义入住博文女校。

1921年7月,博文女校住进了毛泽东、何叔衡、董必武、陈潭秋、王尽美、邓恩铭、刘仁静、包惠僧、周佛海9位临时客人。当时,张国焘在上海虽另有住处,有时也住在博文女校。李达、李汉俊住在家中。陈公博带着新婚妻子,住在大东旅社。

就在最后一位代表陈公博抵沪的第二天,即7月22日,代表们在博文女校楼上开过一次预备会。包惠僧回忆,大会开会前一天,在他住的那间房子内商量过一次,是预备会,代表们在里间开会,王会悟坐在外间凉台上。陈潭秋在1936年发表的《第一次代表大会的回忆》中写道:"7月底大会开幕了,大会组织非常简单,只推选张国焘同志为大会主席,毛泽东同志与周佛海任记录。就在博文女校楼上举行开幕式……"

修复后的博文女校旧貌（1950年代初）

中国共产党第一次全国代表大会会址旧貌

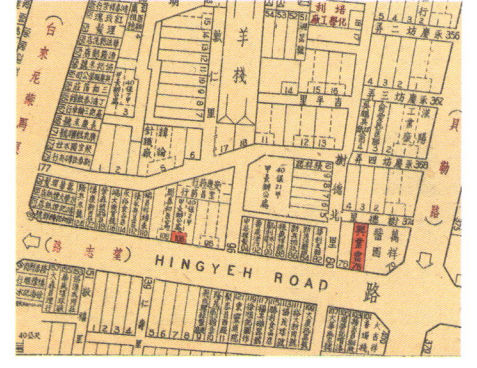

望志路106号地块图(1947)

中国共产党第一次全国代表大会会址

位于上海市兴业路76号(原望志路106号)。砖木结构一开间两层旧式石库门里弄建筑,坐北朝南。1921年7月23日至7月30日,中国共产党第一次全国代表大会在这里召开。全国重点文物保护单位、全国爱国主义教育示范基地。

马林　　　　　尼克尔斯基

1921年6月初，共产国际代表马林和尼克尔斯基先后抵沪，与李达、李汉俊取得联系。经过几次会晤，他们一致认为应尽快召开全国代表大会，正式成立中国共产党。李达、李汉俊分别与在广州的陈独秀和北京的李大钊通信后，商定中国共产党第一次全国代表大会在上海召开。他们随即致函北京、武汉、长沙、济南、广州和旅日的党组织各派两名代表来沪出席会议。

酝酿建党和大会筹备

1920年初，陈独秀和李大钊等开始酝酿建立中国共产党。4月，俄共（布）代表维经斯基等人来华，在上海与陈独秀商讨建党事宜，认为中国已具备建立共产党的条件。5月，上海马克思主义研究会成立。6月，陈独秀、李汉俊、俞秀松、施存统、陈公培5人在环龙路老渔阳里2号陈独秀寓所开会，决定成立共产党组织。8月，中国共产党发起组正式成立。至1921年春，北京、武汉、长沙、广州、济南等地先进分子以及旅日、旅法华人中的先进分子，也相继建立了共产党早期组织。

中共一大召开

1921年7月23日，中国共产党第一次全国代表大会在上海望志路106号楼下18平方米的客厅里开幕。出席大会的有李达、李汉俊、张国焘、刘仁静、毛泽东、何叔衡、董必武、陈潭秋、王尽美、邓恩铭、陈公博、周佛海、包惠僧13人，代表当时全国50多名党员。共产国际代表马林、尼克尔斯基出席大会。张国焘首先发言，马林致辞，对中国共产党成立表示祝贺。马林讲话后，尼克尔斯基致辞。随后代表们具体商讨了大会任务和议程。7月24日，各地代表向大会报告本地区党、团组织的情况。7月25日和26日休会两天，由张国焘、李达、董必武起草供会议讨论的党纲和今后实际工作计划。7月

出席中共一大的代表

中共一大会址修复前景象 (1951)

27日、28日和29日，连续三天举行三次会议，对党的纲领和决议做了较详尽的讨论。

7月30日晚，会议受到法租界巡捕房注意和搜查。最后一天会议临时转移到浙江嘉兴南湖一艘游船上举行。中共一大制定并通过了《中国共产党第一个纲领》，通过《中国共产党第一个决议》，选举陈独秀、张国焘、李达组成中央局，陈独秀任书记，张国焘负责组织工作，李达负责宣传工作。

中共一大纪念馆

1920年，望志路沿街房屋建成后不久，李汉俊兄李书城租用望志路106号、108号为寓所，将两幢房屋内墙打通，合为一家，人称"李公馆"。1922年，李氏兄弟迁居退租，该屋为他人租用。1924年改建，增建了厢房，楼下开设商店，房屋面目全非。

1950年9月，中共上海市委根据中央指示，寻找中共一大会址。经多方勘察，李达、董必武、包

中共一大会址勘查核定时的外景(1951)

修缮中的中共一大会址后门(1951)

上世纪60年代后期的中共一大会址

上海色织四厂员工参观中共一大会址

惠僧和李书城夫人等多位历史当事人、见证人现场踏勘,确认兴业路76号就是原望志路106号,为中共一大会址。1952年初,会址修复竣工,成立上海革命历史纪念馆筹备处。1952年9月,中共一大会址作为上海革命历史纪念馆第一馆,内部开放,接待重要中外来宾。1968年,上海革命历史纪念馆筹备处改名中国共产党第一次全国代表大会会址纪念馆,并向社会开放。1996年6月,中共上海市委决定实施扩建工程,1999年5月27日竣工并对外开放。2019年,经中央批准,建立"中国共产党第一次全国代表大会纪念馆"。2019年8月31日,正式开工建设,2021年6月3日正式开馆,设"伟大的开端——中国共产党创建历史陈列"展。

中共一大会址树德里弄堂口 (1969)

中共一大会址

中国共产党第一次全国代表大会纪念馆

为纪念孙中山就任非常大总统三周年，国民党上海执行部邀请国共两党人士在孙中山寓所庆祝留影 (1924.5)

第一次国共合作时期国民党上海执行部旧址

位于上海市南昌路180号（原环龙路44号）。沿街砖木结构二层西式建筑，坐北朝南。1924年2月至1926年1月间为国民党上海执行部办公地。现底层为黄浦区业余大学用房，楼上为居民住宅。上海市文物保护单位。

国民党一大与上海执行部

1924年1月，国民党第一次全国代表大会在广州举行，国共合作正式建立。会议通过由共产党人参加起草、以反帝反封建为主要内容的宣言及新的国民党党纲和党章等，确认了共产党员以个人身份加入国民党的原则，事实上确立了孙中山联俄、联共、扶助农工的三大政策。决定国民党中央设在广州，在上海、汉口等地设执行部，指挥监督各地党务之进行。1924年2月25日，上海执行部在环龙路44号召开首次执行委员会会议，3月1日正式办

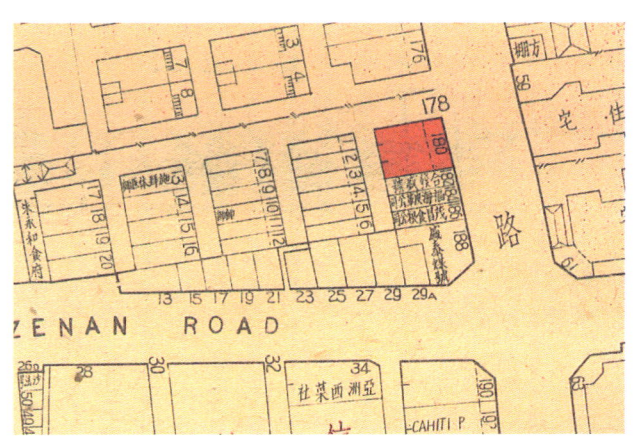

环龙路44号地块图 (1947)

上海执行部旧址

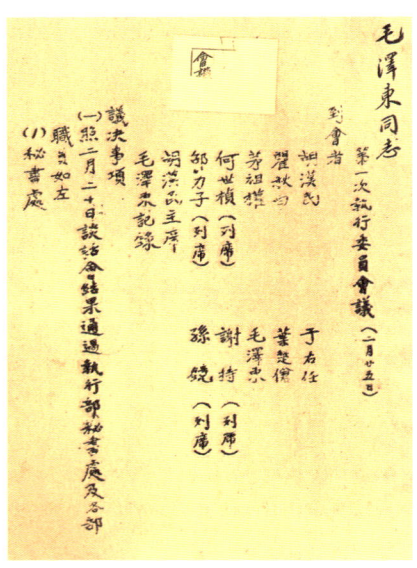

第一次执委会会议记录

公。执行部设秘书处、组织部、宣传部、工人农民部、青年妇女部和调查部。毛泽东、罗章龙、恽代英、施存统、沈泽民、邓中夏、王荷波、向警予等参与执行部工作。

执行部活动

上海执行部在组织、宣传等方面做了大量工作。

开展组织建设，组织老党员重新登记，发展新党员，建立区分部，增强基层力量。推进平民教育，成立平民教育委员会，建立平民学校。邓中夏、恽代英等人组织举办数所工人夜校，教工人及家属读书识字，提高群众文化知识水平，为工人运动培养大批骨干力量。

负责黄埔军校招生。1924年3月，毛泽东作为执行部组织部秘书兼秘书处文书科主任，负责黄埔军校上海地区考生招考工作，为黄埔军校输送大批优秀生源，为北伐战争的顺利进行作出积极贡献。

扩大宣传阵地，以《民国日报》为基础，广幅增刊，组织列宁、孙中山追悼大会，宣传革命思想和革命政策。支持工人运动，组织工人参加五一国际劳动节等纪念活动，声援工人罢工。1925年顾正红惨案发生后，迅速组织工人运动委员会，发表宣言和通电，呼吁各地援助，召开宣传会议，组织演讲队，发动群众，声援上海民众斗争。

领导青年工作，设立青年委员会，发展青年党员，指导上海青年革命运动。1925年5月27日，恽代英主持召开上海大学等学校学生代表会议，号召青年学生参与讨论反帝议题，会议通过印发传单和宣言、救济工人、营救学生3项决议。

成立妇女运动委员会，领导妇女运动，提倡男女平等，提高妇女平等意识，支持国民革命。向警予、杨之华负责实际工作，支持各种工人运动，领导组织1924年6月全市丝厂女工罢工斗争取得胜利。1924年12月，妇女运动委员会发起成立上海女界国民会议促成会，推选向警予、张琴秋、刘清扬、王立明等17人为委员。1925年元旦向警予带领南方大学女生团、大夏大学女生团等100余人，手持旗帜和宣传品，到西门、城内、闸北、虹口提篮桥等处演讲，广泛开展宣传。

中国国民党江苏省党部成立大会合影 (1925.8)

第一次国共合作时期国民党江苏省党部遗址

位于上海市兴业路、淡水路、自忠路、马当路围合区域内（原望志路南永吉里34、41号）。建于1922年，两层砖木结构旧式石库门建筑。1924年7月，国民党江苏省党部迁此。原建筑于1990年代拆除，建华府天地住宅区。

南永吉里地块图 (1947)

临时省党部

国民党第一次全国代表大会后不久，经国民党上海执行部批准，1924年5月中旬，国民党江苏省临时省党部于松江成立，设7名执行委员，朱季恂等3人为常委。鉴于松江地区偏僻，不便联络，同年7月迁至上海望志路南永吉里34号。

孙中山逝世后，临时省党部与国民党上海执行部共同发起举行追悼活动，并通令江苏各级党部举行追悼活动。五卅运动爆发当晚，中共中央决定动员全市开展罢工、罢市、罢课运动。中共党员恽代英、侯绍裘在此召开会议，动员、布置"三罢"斗争。

江苏省党部

1925年8月23日，国民党江苏省党部在上海正式成立。执行委员有侯绍裘、张应春、宛希俨、刘重民、黄竞西、戴盆天、董亦湘（以上为中共党员）、柳亚子、朱季恂9人，候补委员5人，监察委员、候补监察委员各3人。成立典礼在闸北景贤女中举行，办公地点仍设在望志路南永吉里34号。随着工作领域扩大，增租同弄41号为各部办公室和宿舍。

1927年4月初，侯绍裘遵照党的决定，率江苏省党部大部分人员迁往南京。

发展组织

国民党江苏省党部成立后，积极推进江苏各地国民党组织发展。在国民党上海执行部任职的中共党员恽代英等及省党部中共党员和国民党左派人士到江苏各地演讲，宣传革命思想，指导国民革命运动。至1926年5月，县市党部27个，区党部70个，区分部303个，党员4251人。

江苏省党部曾会同中共江浙区委共同选派一批青年知识分子到黄埔军校学习，去广州农民运动讲习所受训，赴莫斯科中山大学留学。其中10名学员参加了由毛泽东主持的第六届广州农民运动讲习所。

坚决斗争

1925年7月，戴季陶出版《国民革命与中国国民党》，曲解孙中山三民主义，反对阶级斗争学说。侯绍裘以国民党江苏省党部名义致函国民党中央，控告戴季陶，要求严禁小册子，得到支持，此举沉重打击了"戴季陶主义"。1926年1月，侯绍裘、朱季恂等在国民党二大会议上，与"西山会议派"等国民党右派进行了坚决斗争。

南永吉里34号（1990年代）

侯绍裘

侯绍裘（1896～1927），江苏松江（今上海市）人。1923年加入中国共产党。1925年五卅运动时兼任国民党上海执行部宣传委员和教育委员。8月，当选江苏省党部常务委员，次年任江苏省党部中共党团书记。1926年6月，主持江苏省党部工作。参加上海工人三次武装起义。1927年4月，带领国民党江苏省党部迁往南京。10日晚，在出席中共南京地委紧急扩大会议时被捕，数日后就义。

第一次国共合作时期国民党上海特别市党部遗址旧貌

第一次国共合作时期
国民党上海特别市党部遗址

位于上海市复兴中路、马当路、自忠路、黄陂南路围合区域内（原辣斐德路永裕里83号）。建于1925年，三层砖木结构旧式里弄建筑。1926年，国民党上海特别市党部机关设此。原建筑已拆除，建翠湖天地嘉苑住宅区。

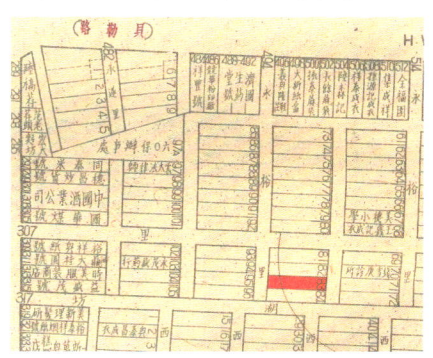

永裕里83号地块图（1947）

《申报》登载市党部被查封经过 (1926.10)

国民党上海特别市党部成立

1925年下半年后,国民党左派和中共党员起重要作用的国民党上海执行部逐步被国民党右派势力控制。12月18日,广州国民党中央执行委员会决定,正式停止国民党上海执行部的职权与活动,之后由上海各区党部联席会议(当时上海有9个区党部)代行上海执行部职权,并指示从速组织正式的上海特别市党部。

中共中央指示恽代英、沈雁冰等筹备组织上海特别市党部执行委员会。1926年1月1日,上海特别市党部成立大会在上海大学召开。恽代英、沈雁冰、杨贤江、林钧、梅电龙、陈比难等当选执行委员、监察委员。恽代英担任主任委员兼组织部长,沈雁冰为宣传部长,张廷灏为青年部长。上海特别市党部执行委员中,共产党员占了多数。机关设于永裕里83号。同年10月6日,以"赤化张目"为由,淞沪警察厅、法租界捕房联合搜查永裕里机关。正在二楼办公的梅电龙、林钧及各科室工作人员32人被捕,同时有印刷公文等件被搜出,机关被封钉。随后市党部迁址运行。1927年四一二反革命政变后,上海特别市党部结束。

翠湖天地嘉苑住宅区

党部革命活动

上海特别市党部成立后,组织工作重点任务是发展党员,成立征求党员委员会,设立征求处,为要求入党者办理手续。成立党员登记委员会,开展党员登记工作。此外,开办青年党员训练班,培养工运和妇运干部。宣传工作方面,接办《中国国民》周刊为机关刊物,宣传国民党中央精神、揭露"西山会议派"反共行径,指导各级党部工作,扩大革命宣传。

特别市党部还兼管国民党中央宣传部在沪秘密机关——上海交通局的工作,恽代英、沈雁冰先后兼任上海交通局主任。秘密翻印《政治周刊》和国民党中宣部印发的各种宣传大纲及其他文件,再由上海交通局转寄北方及长江一带各省国民党部。

平移修缮后的中共上海区委党校旧址

中共上海区委党校旧址

位于上海市复兴中路239弄(原辣斐德路冠华里)4号。建于1920年前后。砖木结构两底三层旧式里弄建筑，坐北朝南。1926年11月至次年2月间，曾在这里开办中共上海区委党校。2020年，平移至复兴中路黄陂南路东南角。黄浦区爱国主义教育基地。

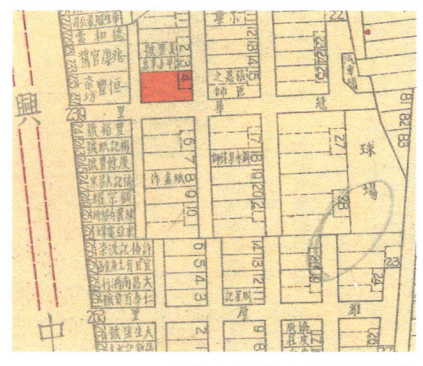

冠华里4号地块图(1947)

成立党校

五卅运动后，中国共产党在上海地区力量剧增。到1925年9月，上海区所辖党员总数由五卅运动前的297人增至1080人，占全党总数三分之一；上海区共有81个支部。党员队伍迅速扩大，使党的建设特别是党员教育问题的重要性凸显。

根据中央决定，1925年8月，中共上海地方执行委员会改建为中共上海区执行委员会，领导和管辖上海、江浙等地区。1926年1月，上海区委决定建立区委党校。区委宣传部1月份的工作计划称，"为使党的宣传与训练工作能迅速发展，本区宜即日成立一党校，召集一班政治知识较高的同志和已经有工作经验的同志，造成能够办党及负重要责任的人才"。同年10月16日即上海工人第一次武装起义前夕，罗亦农在一次会议上提出："现在枢委(即区委)预备召集活动分子会，开办

复兴中路239弄4号建设工地

党校,以培养人才。党校分两种,一为专门培养工作人,一为各原有工作的同志。现由法部(即法租界部委)负责找房子。党校问题要待讨论。"11月,在法租界辣斐德路239弄冠华里4号正式开办培训江、浙、沪地区基层党团干部的秘密党校。开学和结束都未举行仪式。

建制齐备

党校校长由上海区委宣传部主任尹宽担任,会计兼庶务梁子修,还有一名工作人员是区委的徐梅坤。学员三四十人均为江浙地区及上海市区基层党组织负责人、共青团干部。学校建有党支部,负责人尹宽,组织委员王嘉模。学员分为初级班和高级班,周恩来、瞿秋白、彭述之、罗亦农、赵世炎、郑超麟等中央及上海区委领导亲自授课。课程设中国现代革命史、中国革命问题、政治经济学、世界革命史等。在教学上要求结合中国、上海或当地实际,并留出一定时间与学员互动。

冠华里4号门口挂着一块"启迪中学"的牌子,人员出入走后门。学员入学后不准外出,膳宿都在校内,过集体生活。三楼及二楼东厢房为学员宿舍,

中共上海区委党校旧址

二楼西厢房是课堂,能容纳40人左右,墙上挂有黑板。西厢房最北端连接亭子间,楼下即灶间,为校部办公室,包括文印之用。最底层为厕所、吃饭处。听报告在二楼,小组讨论在学员宿舍。

武装起义指挥联络处

1927年2月23日,因上海工人第二次武装起义,党校提前结束。启迪中学随即成为武装起义临时指挥机关和联络处。第二次工人武装起义失败后,党在冠华里的活动即告停止。

上海特别市临时市政府旧址今貌

上海特别市临时市政府旧址

位于上海市蓬莱路171号。砖木结构两层西式楼房。1927年3月，上海工人第三次武装起义成功后，成立上海特别市临时政府，办公地址设于此。现为上海市公安局黄浦分局办公用房。黄浦区文物保护单位。

市民公会

1926年12月6日，在中共上海区委倡议下，上海总工会、各马路商总会、闸北商会、全国学生总会、上海学联、苏浙皖三省联合会等各团体组成上海特别市政府市民公会。1927年3月12日，上海市民代表会议举行成立大会，选举罗亦农、汪寿华等31人为代表会议执行委员，起草市民代表会议组织法草案。大会通过宣言，宣告"本会之责任，即在执行全市公民之意志，接收上海政权，建设民选政府"。市民代表会议执行委员会成立后，主要做了4件事：①市民政府筹备工作；②发表宣言和

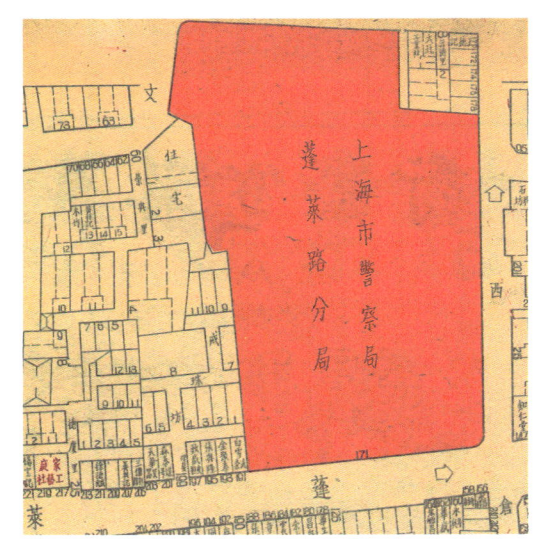

蓬莱路171号地块图（1947）

临时市政府委员就职时合影

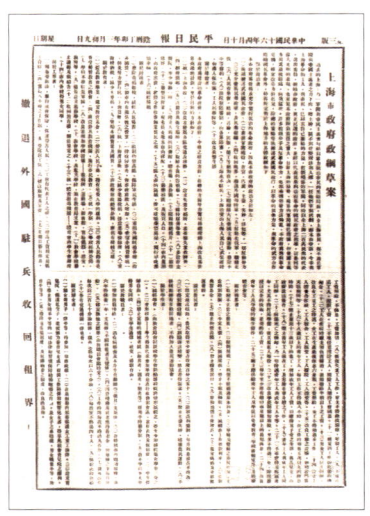

《平民日报》刊登上海市政府政纲草案

告民众书；③召开临时代表会议紧急会议，通过拥护国民政府电，庆祝国民政府收回浔汉租界电，及起草正式代表会议组织法；④下令举行第三次武装起义。

民选政府

1927年3月21日，上海工人发动第三次武装起义。22日，起义取得完全胜利。同日，在九亩地新舞台（今露香园路开明里）召开第二次市民代表会议。1000余团体4000余名代表到会，王晓籁、汪寿华和林钧3人组成主席团。大会产生上海特别市临时政府。选举罗亦农、汪寿华、林钧、侯绍裘、李震瀛、顾顺章、王景云、丁晓先、何洛9名中共党员，工人代表1人及杨杏佛、钮永建、白崇禧、王晓籁等9名国民党左派、右派和资本家为临时政府委员。翌日，临时政府在蓬莱路171号原上海县署旧址对外办公，13名市政府委员到职，并召开市政府委员会议。会议强调："我们的市政府是我们民众从长期奋斗与牺牲中得到的，我们要继续努力创造一个新上海。"24日，上海特别市临时政府得到武汉国民政府承认。29日，临时政府委员会举行就职典礼。办公大楼门口东西柱分别挂"上海特别市市政府"和"上海市民代表会议执行委员会"牌子，部分政府委员在大门口合影留念。

短暂的市民政府

上海特别市临时政府成立后，产生了各局机关负责人，着手开展工作：①签署上海总工会提出的保障工人生活和改善政治待遇等"二十二条"要求，并通报表彰了起义工人。②颁布《上海特别市临时政府政纲草案》和《上海特别市临时公约草案》，提出反帝反封建政治方针，规定上海市民的权利和义务等，反映了各阶层要求，保护人民利益。③代表中国地方政府向租界当局交涉罢工工人复工交通问题。④着手从事区级政权建立。⑤着手开学复工、教育改革等工作。

4月12日，蒋介石发动反革命政变，临时政府委员仍坚持办公。14日，反动军警冲进市政府公署，强行搜查办公室，并将在场的临时政府委员和职员20余人抓走，为时24天的上海特别市临时政府被迫停止工作。临时政府是中国共产党领导下最早由民众在大城市建立起来的革命政权。

黄玠然、张纪恩在中央政治局机关旧址门前合影 (1982.6)

中共中央政治局机关旧址 (1928～1931)

位于上海市云南中路171-173号（原云南路447号）。钢筋水泥结构，沿街两层楼房，坐西朝东，建筑与天蟾舞台联为一体。1928年4月至1931年4月，中共六大召开期间的留守中央和六大后中央政治局机关先后设在该址。旧址经修复后于2020年对外开放。上海市文物保护单位、上海市爱国主义教育基地。

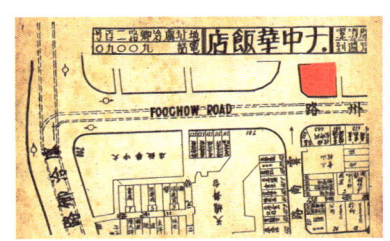

云南路447号地块图 (1939)

"福兴商号"

第一次国共合作破裂后，中国共产党被迫转入地下活动。七一五反革命政变后，中共中央决定从武汉迁回上海。1927年9月底至10月上旬，中央机关各部门陆续转移上海。1928年4月，中央机关会计熊瑾玎以商人身份租下紧邻天蟾舞台的云南路447号二楼的三间房屋，作为中央政治局办公地点。

该处紧靠熙熙攘攘的四马路（今福州路），隔壁是热闹的天蟾舞台，一楼是二房东周生赉开设的"生黎医院"，每天有许多人前来求医问药。机关人员进出或政治局委员来开会，可从医院大门进入出后门由扶梯上二楼，或从楼背后一条不为人注目的小弄堂进入后门直接上二楼。机关对外挂出"福兴商号"招牌，经营湖南纱布，熊瑾玎自称"老板"。为便于掩护，中央又调来一名湖南籍女党员朱端绶当"老板娘"。熊瑾玎和朱端绶在工作过程中，产生了真挚感情，于1928年中秋结婚，成为一对革命伉俪。

天蟾舞台 (1937)

六大前后的中央政治局

1928年4月下旬至5月上旬，瞿秋白、周恩来等中央领导人和100多位参加六大的代表分批秘密前往莫斯科。李维汉、任弼时、罗登贤留守，负责中央日常工作，邓小平为留守中央秘书长。1928年8月至9月，六大选出的中央政治局委员陆续回国，担负起指导和主持全党工作之责，这里成为中央政治局开会办公的地方。

中央政治局领导全党贯彻执行中共六大路线，恢复发展党的组织、巩固扩大农村革命根据地、指导党和红军建设、领导革命文化运动等，开展了大量切实有效的工作，带领中国革命在艰难探索中前进。1929年9月，中央发出九月来信，对克服非无产阶级思想、把党建设成为无产阶级先锋队、把红军建设成一支新型人民军队给出了正确指示。

熊瑾玎、朱端绶合影

历经三载 安然无恙

由于熊瑾玎、朱端绶细致谨慎，加上有布庄、戏院、医院等掩护人员出入，政治局机关在白色恐怖腥风血雨中历时三载安然无恙。中共中央政治局、中央军委、江苏省委领导周恩来、瞿秋白、李立三、邓小平、项英、彭湃、杨殷、罗登贤、关向应、李维汉、李富春、任弼时、邓中夏、秦邦宪等常到这里开会或研究工作。当时，实际主持中共中央工作的周恩来明确限制人员出入该秘密机关，只有政治局委员和有关省委领导才能来此。1931年4月，中央特科负责人顾顺章被捕叛变，中共中央政治局机关面临暴露危险，周恩来带领特科和中央机关工作人员紧急转移，云南路447号秘密机关安全撤离。

1946年国共和谈期间，周恩来曾让熊瑾玎专程重访此处，并拍摄照片。1981年，李维汉来沪，曾专程前往此处踏访寻迹。2018年6月，黄浦区政府启动对旧址的保护利用项目，经房屋置换，遵循修

中央政治局会议记录 (25次)——组织部工作报告及讨论

中共中央政治局机关旧址旧貌 (1946)

旧如旧原则对旧址进行保护性修缮。2020年10月,"白色恐怖下的红色中枢"——中共中央政治局机关旧址(1928～1931年)史迹陈列展在旧址开展。

熊瑾玎(1886～1973),湖南长沙人。1918年加入新民学会,1927年加入中国共产党。次年在沪任中共中央机关会计,负责建立中央政治局开会、办公的秘密机关。1931年赴湘鄂西革命根据地。1937年,任《新华日报》社总经理、解放区救济总会监察委员会副主席。

朱端绶(1908～1994),湖南长沙人。1924年入长沙女子师范读书。1925年加入中国共产党。1928年夏,调中共中央政治局机关,辅助熊瑾玎工作。

李维汉重返中共中央政治局机关旧址(1981)

熊瑾玎夫妇在中共中央政治局机关旧址前留影(1946)

中共中央政治局机关旧址今貌

中共中央机关办公地旧貌

中共中央机关办公地后门

中共中央机关办公地遗址

位于上海市山西南路344号。砖木结构，沿街二层楼房。1929年夏至次年底，中共中央在二楼设立办公点。原址已拆除，建上海物资大厦。

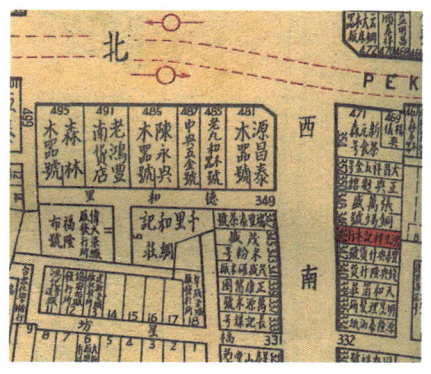
山西南路344号地块图（1947）

白色恐怖下的机关

大革命失败后，中国革命进入低潮。中国共产党在上海的中央机关连遭破坏。在严酷的白色恐怖环境下，负责中央组织工作的周恩来，制定了一套秘密工作制度，提出党员职业化，机关社会化、群众化的重要原则，要求党的机关必须以商店或住家等合法形式出现，住机关的工作人员要夫妇两人，女同志要像家庭妇女一样买菜、烧饭、洗衣等。住机关和来往机关的人，穿着、语言、举止等都必须符合公开身份要求，但住家进出人员不能太多，不能开会等。如果机关设在商店，进出人员则可多些。同时考虑安全、便捷，中央决定统一安排各机关，中央机关一般在沪中区，省委机关一般在闸北、虹口，少共中央机关一般在法南区。

"荣丰号"

1929年夏至1930年底，山西南路344号中共中央机关办公地点就是按照这样的要求设立的。当时，这里对外挂"荣丰号"招牌，公开做证券、股票生意。中共中央秘书处内交科长顾玉良作为机关工作人员，与妻子沈恩珍带着孩子居住于二楼后间，掩护机关。中共中央领导向忠发、李维汉、任弼时、关向应、邓中夏、罗登贤、邓小平等到过此处，就相关工作个别交流。熊瑾玎驻守云南路中央政治局机关时，几乎天天来此。在此期间，时任江苏省委书记李维汉曾与江苏省委军委书记李硕勋在此商谈领导发动江苏的武装斗争。

上海物资大厦

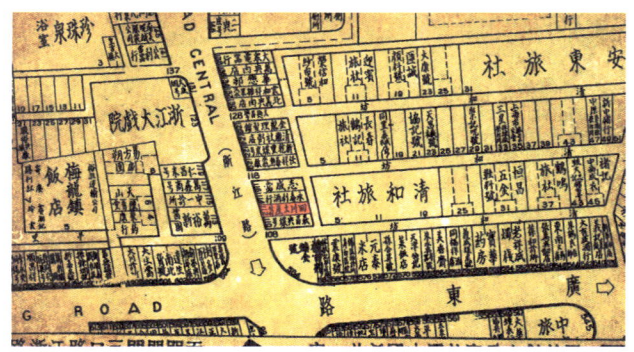

浙江中路112号地块图

中共中央与中央军委联络点旧址

位于上海市浙江中路112号(原五马路清和坊)。砖木结构,临街一开间两层住宅,坐东朝西。1928年中至1928年底,此处被用作中共中央、中央军委联络点。现为居民住宅。上海市文物保护单位。

不起眼的杂货铺

中共六大期间,李维汉负责留守、主持中央工作。李维汉原本住在静安寺,但在留守中央期间,每天都与任弼时、邓小平碰头商量工作。因静安寺与云南路的中央政治局机关相距甚远,交通不便,就由中央秘书处就近为其安排住家。

1928年中,中共中央秘书长邓小平在清和坊一幢砖木结构沿街房屋(今浙江中路112号)布置了一家杂货铺,出售肥皂、草纸、火柴等日用品,二楼是李维汉住所。李维汉在此居住了几个月,后因调任江苏省委工作搬离这里。

成为中共中央、中央军委联络点

李维汉搬离清和坊后,中央秘书处张纪恩、张越霞搬到这里,以杂货铺老板和老板娘身份在此居住。楼上是中央领导开会、碰头的地方。

张纪恩曾回忆:"一九二八年八月底、九月初,我在浙江路清和坊第一次见到周恩来同志。这个地方是党中央的机关,楼下开了一家烟纸店做掩护,听说这店是由邓小平经办的,原来是李维汉的住家。当时周恩来身穿长衫,在与张兆丰(曾任顺直省委常委兼军委书记)谈话。他们先谈全国形势,后来谈了顺直省委(今河北省)的工作,谈了约两三小时。到中午就在我们家吃饭……一九二八年十月间,中央政治局在浙江路清和坊开过会,出席会议的有向忠发、李立三、李维汉、蔡和森、顾顺章,杨殷到会议结束时才到。"浙江省委的卓兰芳、龙大道、杨善南等都曾到此汇报工作。

1928年底,张纪恩、张越霞夫妇搬离此处。

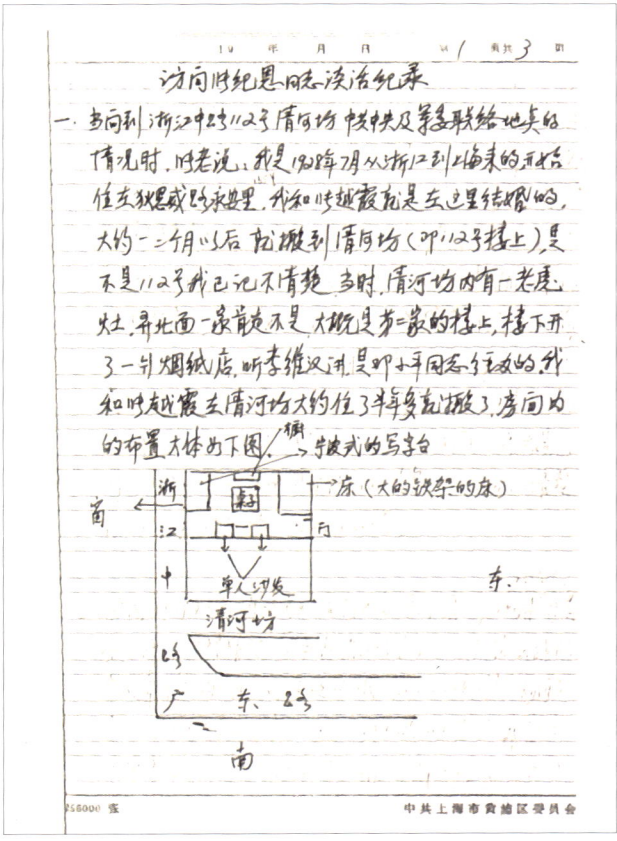

张纪恩回忆旧址情况记录

中共中央与中央军委联络点旧址今貌

江苏省委机关旧址（同福里）今貌

中共江苏省委机关旧址（同福里）

位于上海市巨鹿路211弄（原巨籁达路同福里）16号。建于1912至1936年间，为砖木结构三层旧式石库门建筑，坐北朝南。1937年12月至1938年秋，中共江苏省委机关设于此。现为居民住宅。

重建中共江苏省委

1927年大革命失败后，中国共产党被迫转入地下。6月上旬，中共中央决定撤销中共上海区执行委员会，成立中共江苏省委员会兼上海市委员会（简称"江苏省委"），既是江苏省又是上海市地方党组织的领导机构，是中共在国统区最重要的地方领导机构之一。1935年1月初，江苏省委书记、组织部长和宣传部长等遭逮捕，在此后的两年内江苏省委都未能恢复起来。1937年5月，中共中央在延安召开白区工作会议，决定派刘晓到上海全面主持

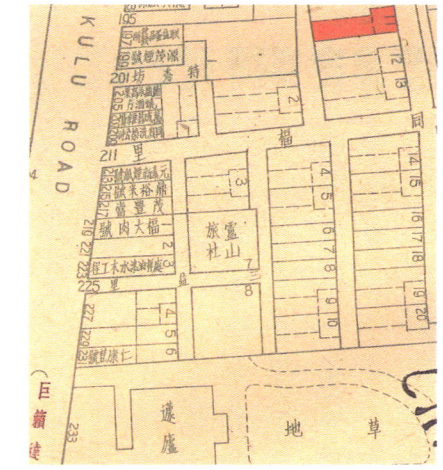

巨鹿路211弄（同福里）16号地块图（1947）

上海地方党组织领导工作，并重建江苏省委。11月上旬，中共江苏省委重新建立，书记刘晓，副书记刘长胜，委员先后有王尧山、沙文汉、张爱萍、刘宁一，以上海为重点，同时领导江苏、浙江两地党的工作。

刘晓

王尧山

赵先

同福里的隐蔽机关

为吸取土地革命战争时期党的领导机关在上海屡遭破坏的教训,实行机关"家庭化"。1937年11月至1942年底,王尧山住处成为省委主要机关之一。为确保安全,5年里王尧山曾4次搬家。1937年12月,王尧山寓所从威海卫路720号迁址巨籁达路同福里16号,底层有客堂间和卧室,王尧山、赵先夫妇住底层。赵先原在小学教书,搬来这里后,辞去教职,除担任省妇委部分工作外,专职掩护省委机关。据赵先回忆,当时省委会议每周1次,多数在此召开。会议一般开1天,如果上午开始,就在她家吃午饭,饭后必打一会儿扑克牌,以掩人耳目。

中共江苏省委领导实现职业化、社会化、群众化。刘晓公开身份先是麦伦中学国文教师,后任关勒铭金笔厂常务董事,刘长胜是荣泰烟行小杂货铺老板,王尧山开了一家小文具店。

领导革命斗争

江苏省委成立后,以上海为工作重点,建立地下交通工作,领导沪宁、沪杭铁路沿线主要城市地下工作和江浙两省农村敌后抗日武装斗争,动员党员、群众支援新四军和各抗日根据地。1938年5月,江苏省委领导海关职工开展护关斗争,反对日伪接管海关。之后又领导群众,运用合法手段开展斗争,并先后领导了邮电、学校等职工开展护邮、护校等反日伪接管斗争。

1938年秋,江苏省委机关迁址蒲石路(今长乐路)504号,之后多次搬迁。1942年按照党中央要求,江苏省委撤退到淮南顾家圩子新四军根据地。

刘晓(1908~1988),湖南辰溪人,1926年加入中国共产党,参加了上海工人第三次武装起义。大革命失败后,长期坚持在国民党统治区领导地下工作。1937年,受中共中央派遣到上海开展党的工作,着手恢复、筹建上海的党组织,担任江苏省委书记。1942年随江苏省委领导机关转移至新四军淮南根据地。1946年2月,回到上海继续领导上海党的工作,先后任中共中央上海分局书记、中共中央上海局书记,主持上海局全面工作。

淡水路264号今貌

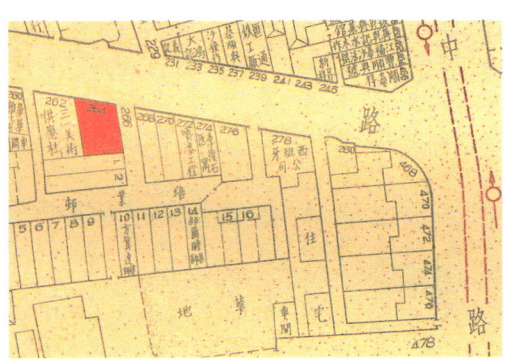

淡水路264号地块图(1947)

八路军驻沪办事处旧址

位于上海市淡水路264号(原萨坡赛路192号)。沿街三层砖木混合结构建筑,坐西朝东。1937年底至1939年底,八路军驻沪办事处(简称"八办")设于此。现为居民住宅。

八办的建立

1937年春,李克农在多福里(今延安中路504弄)21号建立半公开的工农红军驻沪办事处,开展统战工作。8月,工农红军改编为国民革命军第八路军(9月改称第十八集团军)。同月,八路军驻沪办事处在工农红军驻沪办事处原址成立,作为公开活动机关。主任由李克农担任,成员有李克农夫人赵瑛以及向枫、孟进、王少春、张纪恩、朱志良等。上海沦陷前夕,李克农被调往南京办事处,潘汉年接任八办主任,刘少文任秘书长,负责具体工作。

1937年11月12日后上海沦为"孤岛",八办由公开活动转为半公开活动,迁址萨坡赛路192号

八路军驻沪办事处出版的部分刊物

刘少文

三楼。此楼二房东是进步话剧演员蓝兰,住二楼和底层。刘少文、孟进夫妇住三楼前楼,三楼后楼是会客室。1938年春,译电员朱志良化名刘志远,以刘少文侄子和学生的身份搬进三楼亭子间,称刘少文"叔父",孟进为"婶母"。王少春是交通员,负责联系田保洪和李白电台,并以朱志良"家庭教师"身份,到机关来传递电报。潘汉年经常来此与刘少文研究工作。

宣传中共抗日方针政策

八办建立秘密印刷厂,出版、印发多种书刊,宣传中共中央的抗日方针政策。根据电台收听的新华社电讯稿,编印机关刊物《内地通讯》《江南通讯》,报道八路军、新四军抗战消息。还出版《民族公论》《文献》,刊登党中央和中央领导同志在延安公开发表的社论、重要文章和讲话。因发行量增加,刊物由油印改铅印,并在望志路(今兴业路)设同福制版所排字房。八办还与江苏省委宣传部门协同出版《译报》《上海职工》《上海妇女》等刊物。

支援敌后抗战

1939年下半年八办开展节约救难、劝募新四军寒衣和物品、慈善义卖义演等群众运动,为新四军筹款10余万元,购买了5万套军装所需布匹和药品,运送根据地。

八办积极组织营救被捕同志,安置脱险人员。还曾联络何克希江南抗日义勇军及太湖、浦东、崇明等地抗日武装,将其交中共地方党组织加以整顿和领导。

1939年11月,八办根据中央指示,奉命结束工作。八办领导人刘少文离沪去延安,八办电台仍留沪工作。

刘少文(1905~1987),河南信阳人。1925年6月加入共产党。11月被派往莫斯科中山大学学习。回国后先后在上海共产国际、中共中央翻译局任职,后参加长征。1937年全民族抗战爆发,先后任八路军驻沪办事处秘书长、中共中央重庆局情报部部长等职。抗战胜利后,在中共中央上海局、中央社会部等机关工作。

新四军驻沪办事处旧址(1990年代)

新四军驻沪秘密办事处巨籁达路遗址

位于上海市巨鹿路、瑞金一路路口西南角（原巨籁达路343号）。沿街三层楼房，底层为商铺。1941年3月至1941年10月，新四军驻沪办事处（简称"新办"）设在楼内亭子间。原建筑已拆除，建凯德大厦。

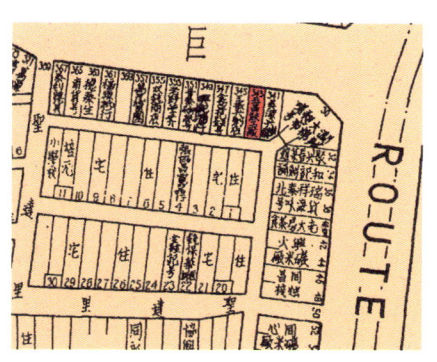

巨籁达路343号地块图(1939)

新办的建立

1941年1月皖南事变发生。3月，华中局决定成立新四军上海办事处，杨斌为主任。按照上级指示，中共地下交通员张达平将原上海中学两名学生地下党员租用的巨籁达路343号亭子间，以个人名义转租下来，成为新四军驻沪办事处的办公地。该处后门直通圣母院路（今瑞金一路）圣达里，进出方便。新办的主要任务是掩护转移、输送人员和物资前往新四军苏北根据地等。

杨斌和地下交通负责人杨秉超、荣健生及张达平经常在此碰头研究工作。在新办工作人员中，除杨斌和杨秉超等少数人员由新四军军部选派外，其余大多从上海地下党中抽调出来组成，先后有40多人担任地下交通员。新办负责人直接与江苏省委王尧山和刘峰发生联系，与交通员之间单线联系。交通员之间不发生横向联系。同年10月张达平调往根据地，新办移址。

建设中的凯德大厦工地

掩护转移革命人士

转移、安置和掩护从各地撤来上海的人员是新办的一项使命。经安排转移的人员有皖南事变后幸存的曾山、李一氓、谭启龙、余立金、钱俊瑞、薛暮桥、夏征农等领导干部；有在国统区受当局迫害辗转来沪的中共地下党员和爱国民主人士孙冶方、邹韬奋、范长江等；有因日寇和汪伪"清乡""扫荡"从苏南根据地撤退的军政人员；有因在当地宣传抗日被驱逐出境，辗转来沪的南洋爱国青年；还有奥地利大夫罗生特，德国共产党员、作家希伯和夫人秋迪等。在新办和中共上海地下党组织安置和保护下，经安排转移的人员大多被安全送往苏北新四军根据地。新办还安置和掩护根据地干部来上海治病，安排吃、住、行，联系医院救治等。

输送人才和物资

新办会同中共江苏省委从上海动员大量进步青年和社会各界人士参加新四军。在新办成立近两年时间内，输送人员1700余人，其中一部分是文化教育界知名人士，如教授韦悫、张宗麟，作家钱杏邨（阿英）、王任叔（巴人）等。

为保证军需物资顺利运往根据地，1942年，新办在福州路中段开设报关行，以代客运货为掩护，采购和运输医药、医疗器械、教学用具、电台等急需物资，运往新四军苏北根据地。

发挥上海信息中心作用

新办从各种报刊（包括敌伪报刊）上收集有关资料，剪辑成册后送往根据地。同时又把根据地报刊上有关我党我军反"扫荡"、反"清乡"的报道带到上海，转往苏联，在《消息报》（苏联最高苏维埃机关报）上发表。

杨斌（1913～1948），原名谢远源，又名杨佛如，湖北省石首县（今石首市）人。1935年参加一二·九运动。1936年加入中国共产党。全民族抗战爆发后赴延安学习，后任中共中央东南局青年委员会委员。1941年任新四军驻沪办事处主任。1943年1月起，任苏中区委秘密工作部部长，中共苏中区第五地委城市工作部部长。1947年1月任中共华中第十地委副书记兼城市工作部部长，同年5月遭国民党逮捕。1948年春在南京被杀害。

周公馆今貌

中国共产党代表团驻沪办事处（周公馆）

位于上海市思南路73号（原思南路107号）。建于1920年代，四层砖木结构，坐北朝南。1946年6月至1947年3月，中共代表团在此设立驻沪办事处。全国重点文物保护单位、上海市爱国主义教育基地。

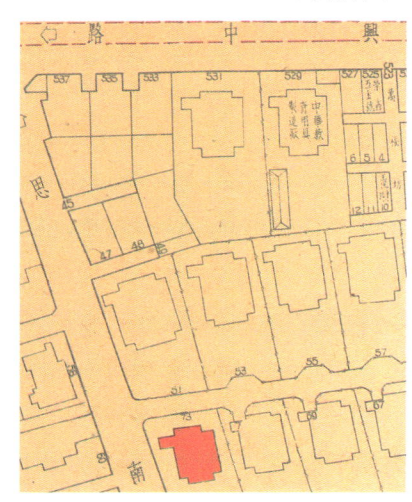

周公馆地块图（1947）

周恩来将军公馆

1946年5月，根据"双十"协定，周恩来率中共代表团前往南京，与国民党谈判落实事宜。因上海是中国最大城市，很多政要、民主人士及其他各界知名人士都聚集上海。在上海设立中共办事处，可以为党在国统区活动提供一个合法阵地，同时也可以使代表团活动有回旋余地。但国民党当局不准设立"中国共产党上海办事处"。6月，董必武来沪得知此情说，"不让设办事处，就称周公馆"。6月22日，大门上挂出"周公馆"户名牌，下端还有一行英文字，直译就是"周恩来将军官邸"。

周公馆的活动

1946年7月至10月,周恩来先后四次从南京来沪,每次都与谈判有关。

1946年7月14日,周恩来抵沪。15日,在周公馆接见10余名上海记者,通报国民党动员超12个军全面围攻中共军队。7月18日,周恩来在官邸招待100多名中外记者,报告全面内战爆发后日渐恶化的形势,揭露国民党反动势力于7月11日、15日暗杀爱国民主人士李公朴、闻一多的罪行,并指出:"现在情况严重,我们仍为和平民主而奋斗,只要能永远停止战争,我们仍愿在政治协商的前提下解决争执的问题。"7月22日,周恩来举行外国驻沪记者招待会,着重指出全面停战和召开政协综合小组会议的必要;严正要求国民党停止进攻苏北解放区,派执行小组调处;欢迎中外记者前往苏北解放区考察。

国共谈判陷入停滞,内战规模却越打越大。9月1日,周恩来分别召开中、外记者招待会,指出国民党当局不配合使谈判难以达成协议,揭露美国政府以大量剩余军备物资低价让售给国民党助蒋扩大内战。9月3日,周恩来在离沪前,又接见联合社记者,表达对和平前途的担忧,对挑起全面内战的国民党好战分子奉陪到底的决心。9月19日,周恩来单独接见美联社记者,表示由于国民党政府拒绝保证停战,自己已暂时退出南京谈判,不再与国民党政府及美方代表进行无意义之磋商,批评美国政府实行错误的对华政策,使中国内战波及全国。9月29日,国民党用9个军进攻张家口。10月1日,周恩来举行记者招待会,通报国民党军队进攻张家口的情况,比较了国共两党在内战问题上截然不同的态度,列举大量事实证明内战责任在于国民党、在于美国政府援助。

周公馆另一项重要任务是统战工作,特别是上层人士的统战工作。周恩来关心支持各民主党派的

周公馆门牌

爱国民主运动,重视文化艺术界统战工作。7月14日抵沪当晚,周恩来就去看望民盟罗隆基,向其通报国共和谈情况。闻一多、李公朴被杀后,7月18日,周恩来在举行中外记者招待会时,呼吁社会舆论揭露并制止国民党暴行。9月中旬,周恩来再次来沪。由于国民党拖延和破坏,和谈再次陷入僵局。周恩来专程看望了民盟秘书长梁漱溟,介绍了两个月来的和谈,谈判中止的原因、责任,和美国政府出售剩余物资给国民党政府,使梁幡然醒悟。9月21日,周恩来举行文化界人士座谈会,向应邀到会的周信芳、白杨、黄佐临、洪深等50多位文化界人士作形势和文艺方向报告,鼓励大家加强团结、坚持进步,为争取明天的胜利多做工作,并提醒大家注意安全。10月18日,共产党、国民党、民盟、青年党代表在周公馆举行非正式会谈,主要议题为蒋介石八项条件和中共中央对时局声明。周恩来、李维汉以中共代表身份参加。会谈让第三方面多数人士更加认清了时局。

救济难民,也是周公馆的重要工作。1946年7月14日与17日,周恩来两次从南京来沪,参加联合国善后救济署、行政院善后救济总署及黄河水利委员会的联席会议,商讨解决黄河堵口复堤和分配联合国救灾救济物资工作。22日,在赴开封花园口视察及会议商讨后,周恩来签署了关于黄河复堤问题的协定备忘录,决定先复堤,到9月汛期过后再堵

周恩来在会客室举行记者招待会 (1946.7)

周恩来、李维汉（右）与郭沫若（左）在周公馆门前

中共上海工作委员会成员潘梓年、陈家康、钱之光、华岗在周公馆门口合影

口。有关当局承诺为复堤工程向解放区支付60亿元工料费，提供复堤所需器材及8600吨面粉，向因黄河改道而受影响的人民发放228亿元安置救济费。

9月16日，国民党拒绝停止进攻张家口后，周恩来来沪部署疏散和撤退工作。周恩来亲自规定了转移疏散途径，还与有关负责同志一起逐个认真研

周公馆今貌

究人员去向。10月中旬，周恩来在离沪前夕，邀请郭沫若、许广平、马叙伦、马寅初等人在周公馆聚会，分析形势和敌我力量，表示历史的车轮在前进，人民的胜利是历史必然，与会者深受教育和鼓舞。

11月15日，国民党单方面召开"国民大会"，和谈大门关闭。翌日，周公馆举行记者招待会，声明中共坚决反对一党单独召开"国大"。11月19日，周恩来返回延安，中共驻宁代表团成为中共联络处。中共代表团驻渝、驻沪办事处也改称联络处。1947年3月，办事处全体人员撤离上海。

复原建馆开放

1979年2月6日，中共中央同意恢复旧址原貌，建立纪念馆，由73、71号两幢楼组成。73号为旧址复原部分，71号为"中共代表团驻沪办事处图片史迹展览"。1986年9月，正式对外开放。1998年3月5日周恩来百年诞辰之日，周恩来铜像在71号花园里落成。

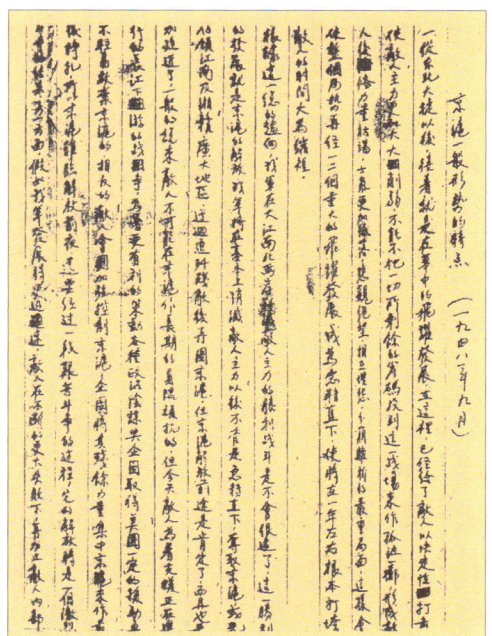

1948年9月沙文汉代表中共中央上海局起草的文件

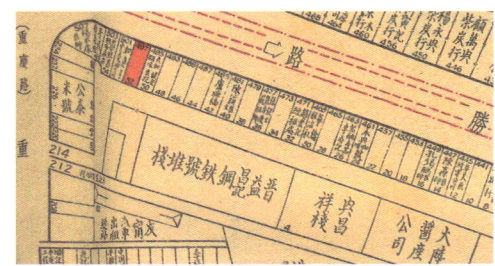

重新小区地块图（1947）

中共中央上海局机关旧址今貌

中共中央上海局机关旧址（重庆北路）

位于上海市重庆北路216弄重新小区（原马立斯新村）52号。1947年春至1948年底，这里被用作中共中央上海局机关办公场所。现为居民住宅。

党中央重要派出机构

中共中央上海局是党中央派驻上海，管辖长江流域、西南各省及平津一部分党的组织，并于必要时指导香港分局工作的秘密领导机关，成立于1947年5月，其前身是成立于1947年1月的中共中央上海分局。

上海局领导成员中，刘晓为书记，全面负责整个上海局工作；刘长胜为副书记，主要分管上海市委和职工运动；钱瑛为组织部长，负责党的组织工作；刘少文负责情报工作。此外，宣传与文化界工作由沙文汉负责，工商、统战及策反工作由张执一负责。

领导国统区工作

上海局是中共中央在国统区的代表机构，肩负领导国统区工作的重任。这一时期，正是中国共产党领导全国人民与国民党决战的关键时刻，上海局在各方面取得了巨大成就。一是建立、发展和巩固上海周边党组织。1947年10月上海局成立了"外县工作委员会"，先后由张执一、林枫任书记，具体负责指导上海以外及上海近郊党的工作，指导区域包括：青浦、南汇、昆山、苏州、常熟、无锡、常州、杭州、嘉兴、湖州、四明山等地。二是积极开展国统区统战工作。上海局专设文化、工商统战委员会，由书记张执一负责工商界与上层民主人士统战工作，副书记沙文汉负责文化宣传工作。三是作为中转站，收容、掩护、资助党的干部转移到其他根据地，同时通过各种渠道，秘密向解放区输送急需药材和紧急物资。四是开展统战策反工作。1948年11月，为了更好领导策反工作，专设"策反工作委员会"，由张执一任书记，负责策反国民党政府官员及陆海空官兵，配合上海解放。

马立斯新村的中央局机关

为了有效保障领导机关的秘密安全，上海局书记刘晓、副书记刘长胜等人分别在江苏路389弄（永乐村）21号、南京西路1892弄（愚谷村）121号、重庆北路216弄52号等地建立多个机关，其中重庆北路216弄52号是上海局主要机关之一。

1947年春，刘晓指示党的老交通员熊志华出面，用二十两黄金顶下马立斯新村一美国海军住房，作为上海局开会、碰头的机关。刘晓、刘长胜、刘少文、钱瑛等每月要在这里开一两次会。上海局根据中央指示，采取少开全体会议、多作政策指导、委员分工负责、平行组织、单线领导、党员转地不转关系等组织原则和工作方法，严格执行了隐蔽精干的工作方针。

1948年11月，熊志华不幸被捕，中央指示刘长胜负责营救，卖掉马立斯新村房子，用所得费用再加组织上的一笔经费将熊志华救出，至此马立斯新村中共中央上海局机关终止使用。

刘长胜（1903～1967），山东海阳人。1927年5月参加苏联共产党，后转为中国共产党。参加恢复和重建上海党组织的工作，长期在上海从事党的地下工作和工人运动，是上海党和工人运动杰出的组织者和领导者之一。上海解放前夕，他领导上海工人、学生、知识分子和爱国民主力量广泛开展护厂护校斗争，为粉碎国民党统治、配合人民解放军解放上海作出特殊贡献。

复兴中路485弄

中共中央上海局策反委员会机关旧址

位于上海市复兴中路485弄11号（原复兴中路487号）。1931年建成，新式花园公寓，连顶部阁楼共四层，坐北朝南。1948年11月至1949年5月，中共中央上海局策反委员会（简称"策反委"）机关设此。现为居民住宅。

婚房内成立策反委

1948年11月，张朝杰和叶佩仪在上海华格臬路（今宁海西路）的锦江川菜馆举行婚礼。当晚，策反委在这对新婚夫妇婚房内宣布成立，书记由中共上海局领导人之一张执一担任，委员王锡珍（陈约珥）、李正文、田云樵。同时在此成立机关党支部，支部书记陈蕙瑛，成员张朝杰、叶佩仪、方寺（张朝素）、刘毓兰。张执一还当场规定了机关警报信号、电话联系暗号和人员进出联络方法等。1949年4月，张执一、李正文经党组织安排转移，策反委书记一职由沙文汉接替。

特殊战斗

策反委的主要任务是争取国民党政府文武官员和上层人士不去台湾，收集各种军事情报，在可能条件下策动国民党军队官兵起义。策反委组织专人分别与国民党海陆空军和政府主要机构中上层爱国人士建立联系，取得他们信任，打开工作局面。机关党支部的任务则是掩护策反委开会和联络时的安全，保管文件和传递情报，搜集和剪贴报刊上有关信息，书写劝降信寄给国民党陆海空高级军官等。

策反委在上海、南京、杭州一带开展工作，历

张朝杰、叶佩仪夫妇在公寓小花园合影

复兴中路485弄11号

时仅半年多，成功策反一批国民党中高层官员，以及国民党伞兵三团和海军重庆号起义，策动一批国民党空军驾机起义等。由于隐蔽工作好，策反委机关至上海解放从未暴露。

三场婚礼

1948年底，上级交给张朝杰一个任务，让他和恋人叶佩仪以结婚为由，找一间房子作为策反工作秘密联络点。经多日奔走，张朝杰最终把"婚房"选在了复兴中路487号。该公寓夹在高级住宅小区万宜坊和吕班公寓（今重庆公寓）中间，周边所住多为外侨和高级华人职员，透过屋内南北窗，弄内动态都可收入视线。且这里进出便利，北面有出口通复兴中路，西面有两处出口，一处通吕班路（今重庆南路），一处可穿过吕班公寓后门到达十字路口，南面小花园与万宜坊相通，加之屋内装有电话，非常适合开展隐蔽工作。

婚礼原定在1949年5月，但党组织根据当时解放战争形势，把这场党内婚礼提前安排到1948年11月，大张旗鼓让新房邻里都知道，唯独不通知亲友，这就是张朝杰和叶佩仪的第一场婚礼。夫妇俩又在今延安西路一家饭店里举行了第二场婚礼，邀请圣约翰大学同学参加舞会，宣布结婚，并声称近日将离沪蜜月旅行，避免引起可疑和不必要的误会，为秘密工作筑起一道屏障。第三场婚礼在南京路燕云楼举行，由张朝杰母亲主办，还特地请圣约翰大学校长涂羽卿证婚，这才是他俩真正意义上的婚礼。就这样，张朝杰和叶佩仪为了党的工作，前后半年举行了三场婚礼。

事件发生地

霞飞路247号旧貌

留法勤工俭学运动遗址

位于上海市南京西路216号（原静安寺路51号）寰球中国学生会会所。寰球中国学生会成立于1905年7月1日，其宗旨是"联络全世界中国学生情谊，互相扶助，交流知识"，设有会员部、教育部、介绍部、游学（留学）部、出版部、演说部、交谊部和图书馆等，由朱少屏担任总干事。原建筑已拆除。现为大光明电影院。

位于上海市延安东路外滩（原洋泾浜外滩）法兰西码头。法兰西火轮船公司专用码头。1919年至1920年，部分学生由此出发赴法勤工俭学。

位于上海市汉口路外滩（原三马路外滩）江海关码头。上海道台建造的供海关盘验和中小洋行使用的公共码头。1919年至1920年，部分学生从这里出发赴法勤工俭学。1919年3月17日，毛泽东在这里送别湖南学子赴法勤工俭学。

位于上海市制造局路30号（原斜桥南）湖南会馆，建于1886年。1919年至1920年间，一批湖南留法勤工俭学青年曾在此居住，候船赴法，毛泽东多次前往看望。原建筑已拆除，现为居民住宅。

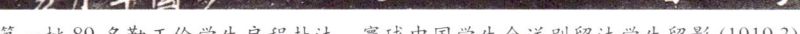

第一批89名勤工俭学学生启程赴法、寰球中国学生会送别留法学生留影 (1919.3)

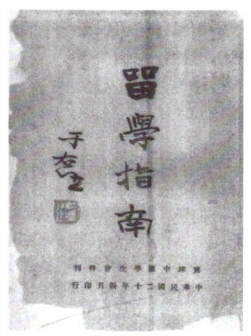

寰球学生会印制的《留学指南》

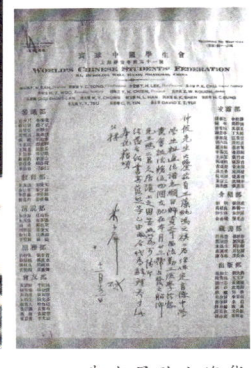

朱少屏致上海华法教育会函

留法勤工俭学运动

第一次世界大战后，法国因劳动力短缺大量招收华工赴法，大批有志青年借此以勤工俭学方式走出国门，赴法深造，在多方推动下，形成了中国近代史上一场轰轰烈烈的留学运动。自1919年3月至1920年12月，总计20批次约1600青年知识分子赴法勤工俭学，其中包括周恩来、邓小平、蔡和森、陈毅、聂荣臻、李维汉、李立三、赵世炎、向警予等。他们在勤工俭学过程中，切身感受到中西方社会发展差距，通过学习马列主义，逐步树立了无产阶级世界观，并付诸改造中国的实践，成为坚强的共产主义战士和建立中国共产党的骨干力量。

服务留法学生

1919年3月15日，寰球中国学生会开会欢送第一批赴法勤工俭学留学生。次日，《申报》报道："寰球中国学生会昨日下午三时开会，欢送赴法留学生。中西来宾者，有法国驻沪领事韦耳登君、副领事翰德威君……前参议院议长张继君……先由主席朱少屏君报告开会并致欢迎词……乃共摄一影"。

朱少屏为即将出行的学生组织茶话会，发放《留学指南》《西礼须知》等手册，供途中学习；帮助联络感情，指导他们提前组织起来；选取代表，挑选会英、日、法等语言的学生做团体翻译，为船

上海寰球中国学生会会所旧貌

上旅途共谋利益。

1919年春，中国第一批赴法勤工俭学学生从上海启程。3月14日，毛泽东为送别赴法勤工俭学湖南青年，第一次来上海。第二天，寰球中国学生会开会欢送首批赴法勤工俭学留学生，毛泽东在该会会所参加了欢送会。

1919年12月，寰球中国学生会所欢送第九批赴法勤工俭学留学生，毛泽东在回乡探望母亲途中，特意绕道上海，借宿寰球会所，为即将赴法勤工俭学的蔡和森、向警予、蔡畅及蔡母葛健豪送行。

赴法之路

第一次世界大战前，去法国一般走陆路，乘火车由北京出发，经奉天（今沈阳）、长春、哈尔滨、伊尔库茨克、车里雅宾斯克、莫斯科、华沙至巴黎，途中换车八九次，快车12日，慢车15日到达。十月革命后，俄境西伯利亚因有高尔察克等白匪盘踞和外部帝国主义重兵封锁，这条陆路断绝，改由海道赴法。上海是当时国内唯一开辟法国航线的港口。1862年，由法兰西火轮公司开始运营巴黎—香港—上海航线，由上海出发，途经香港、海防、西贡（今胡志明市）、新加坡、科伦坡、吉布提、苏伊士运河、塞得港至马赛，再乘火车抵巴黎，耗时40天左右。

1918年，上海华法教育会、上海留法勤工俭学会在法租界霞飞路247号（今淮海中路375号中环广场）成立，实际负责赴法勤工俭学的组织和开展、查验资格、办理护照、订购船票等。

经上海华法教育会协调，法兰西火轮公司专门为勤工俭学学生设置廉价四等舱位，即在邮轮仓库或病房中设置"特别舱位"，达到一定人数即开辟出来，票价仅需一百大洋，而对外售卖船票需两百至四百多元不等。赴法航班每月通航一次，每次可接纳100人左右，上海成为赴法学子汇集地。

位于外滩的法火轮公司旧貌

1919年3月17日，第一批赴法勤工俭学学生从上海乘坐日本邮轮"因幡丸"先到伦敦，再转赴法国。"因幡丸"停泊靠近汇山码头（今虹口区）的7号浮筒，当天上午10点左右，赴法学生从海关码头出发，摆渡登船。

从第五批开始，留法勤工俭学生多乘坐法国邮船赴法。法兰西火轮船公司位于外滩洋泾浜以南，赴法学生出发前到此购买优惠船票，出发当日从公司门前码头坐上法火轮公司安排的小汽轮摆渡到黄浦码头（今杨浦区）或杨树浦码头的法邮大船上。也有的直接登上赴法邮轮，如1919年10月10日出发的麦浪号，船体较小，直接停泊在洋泾浜外滩江面上，陈毅和42名四川学子即直接由此登船，远渡重洋走上求学之路。

法租界外滩（1930年代）

制造局路30号今貌

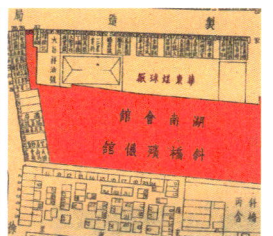

湖南会馆地块图（1947）

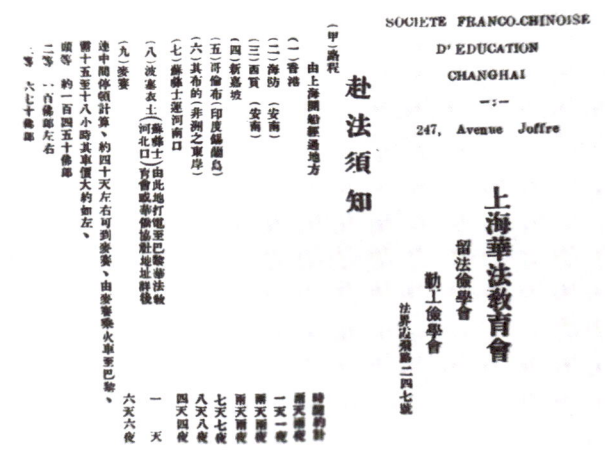

《申报》报道欢送第二次赴法留学生（1937.3）

上海华法教育会、留法俭学会印制的《赴法须知》

湖南会馆

1919年3月，毛泽东返湘途经上海，停留20天，以欢送赴法勤工俭学湖南青年。在沪期间，他经常前往湖南会馆，探望在此候船赴法湖南青年。至3月底，毛泽东在上海先后欢送两批留法勤工俭学湖南青年。1919年12月初，已决定留法勤工俭学的向警予、蔡畅等11名学生一起乘船抵沪，住进湖南会馆，等候轮船赴法。此时同在上海的毛泽东特意与蔡和森、向警予等会面畅谈。

1919年至1920年，全国各地留法勤工俭学学生中，湖南为人数最多省份之一，这与毛泽东、蔡和森等积极宣传和推动密不可分。唐铎在《回忆五四时期的留法勤工俭学运动》谈及："1918年春，毛泽东和蔡和森等同志，在湖南组织了革命团体——新民学会，经常组织会员讨论中国的出路问题。恰在这时，原在湖南第一师范学校教书，后来到北京大学任教的杨昌济先生，给毛泽东同志来信，告知有人发起留法勤工俭学的消息。于是，新民学会专门讨论了组织会员和湖南青年参加留法勤工俭学的问题。他们认为通过留法勤工俭学，可以直接研究西欧工人运动的经验，特别是研究十月革命的经验，学习马克思主义的新思潮，学习西方的文化科学技术，正是'向外发展'的一个好机会。从此，毛泽东、蔡和森等同志便着手积极组织，进行赴法勤工俭学的准备工作。"

欢送赴法勤工俭学的新民学会会员在半淞园留影 (1920.5.8)

半淞园新民学会会议处遗址

位于上海市黄浦江边（对江为白莲泾）半淞园。西靠望达路、东至花园港路。1920年5月8日，在沪及准备赴法留学的新民学会会员毛泽东、彭璜、陈绍休、萧三等12人，在此集会，欢送即将赴法留学的会友。1937年八一三淞沪抗战中被毁，现为苗江路滨江公园绿地。

新民学会

新民学会是毛泽东、蔡和森、萧子升等湖南第一师范学生组织的进步团体。1918年4月14日在长沙岳麓山溁湾镇刘家台子蔡和森家召开成立大会。学会成立后倡导和组织湘籍青年前往法国勤工俭学。还先后开展长沙五四运动、驱逐军阀张敬尧运动及1920年9月至10月湖南自治运动。

五四运动后，由于大多数会员接触到马克思主义和劳工运动，思想发生重大变化，学会宗旨改为"改造中国与世界"。这是新民学会历史发展的一个转折。

半淞园旧貌

苗江路滨江公园绿地遗址纪念碑

1920年下半年，新民学会许多会员加入了社会主义青年团和共产党早期组织，孕育了一批共产主义者，如毛泽东、蔡和森，还有何叔衡、罗章龙、李维汉、谢觉哉、向警予、杨开慧、蔡畅、夏曦、萧三、郭亮、陈昌、张昆弟等。

1921年后，学会逐渐停止活动。

半淞园聚会

1920年5月，毛泽东从北京来到上海，住哈同路民厚南里29号（今安义路63号）一幢临街楼房里。5月8日，毛泽东和旅沪新民学会会员萧子暲（萧三）、熊光楚、李思安、欧阳玉生、陈绍休、陈纯粹、彭璜、刘望成、魏璧、劳君展、周敦祥等12人，来到半淞园举行会议，欢送赴法勤工俭学会员，并讨论学会会务。

毛泽东在《新民学会会务报告》中最后写道："这日送别会完全变成一个讨论会了。晚上，继之以灯。但个人还觉得有许多话没有说完。中午在雨中拍照。近览淞江半水，绿草碧波，望之不尽。"5月11日，毛泽东和在沪会员送别了萧子暲等6人登上赴法的轮船。

1918年，邑人姚伯鸿将原沈家花园扩建而成半淞园。全园占地4公顷多，一半水面。园内有人工大岛，四面环人工河。取杜甫"剪取吴淞半江水"诗意命名，是一座经营性私园。园内有大假山，面积0.66公顷，高约20余米。园林设计兼顾古今中西，亭堂廊榭结构精雅，有荷花池、九曲小桥、藕香榭、群芳圃、江上草堂、剪淞楼、水风亭、湖心亭、长廊、碧梧轩、又一村、云路诸胜。园中常有市民集会。1928年3月12日，为纪念孙中山逝世日举办首届植树节，上海各界人士在此举行典礼。1937年，侵华日军飞机轰炸南市，半淞园被毁。

上海女界国民会议促成会成立大会合影

向警予

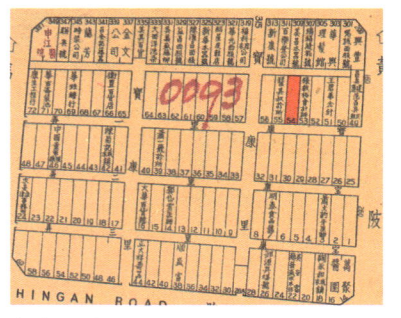
宝康里地块图 (1947)

上海女界国民会议促成会遗址

位于上海市淮海中路315弄（原霞飞路宝康里）54号。1913年建成，两层砖木结构，旧式里弄建筑。1924年12月上海女界国民会议促成会成立，会所设于此。原建筑于1990年代拆除，现为新天地广场。

会议筹备

上海女界国民会议促成会是大革命时期上海妇女界为促成国民会议召开、争取女权而成立的团体。为促使妇女团体参加国民会议的要求得以实现，1924年12月4日，向警予主持的上海妇女运动委员会等15个妇女团体联合发表通告，号召筹备成立女界国民会议促成会。12月7日，上海21个妇女团体在上海大学召开会议，组织成立上海女界国民会议促成会筹委会。

促成会成立

1924年12月21日，上海女界国民会议促成会召开成立大会，出席会议各妇女团体代表共600余人。会议通过上海女界国民会议促成会章程，推举向警予、张琴秋、刘清扬、李剑秋等17人为委员，朱剑霞、刘叔昭等为候补委员，推选向警予、刘清扬、杨之华、钟复光、张琴秋5人为执行委员会委员，负责一切日常事务。设会所于宝康里54号。

组织发展

两个月后，上海女界国民会议促成会就吸收了280多名妇女，上海大学女生几乎全部参加，并迅速开展宣传活动。1925年元旦，该会发表宣言，提出男女社会地位平等、教育平等、工资平等，女子应有财产权、继承权、结婚自由权、参政权，一切职业为女子开放，禁止溺女、缠足等13条具体要求。向警予带领100多名会员，走上街头演说，宣传妇女解放，保障妇女权利，社会影响极大。

国民党上海执行部部分成员在孙中山寓所合影。杨之华（前左一）、张琴秋（后左一）参加了女界国民会议促成会筹备会工作

新天地广场

上海女界国民会议促成会的成立，带动了全国各地女界国民会议促成会建立。1925年1月，中共四大通过《对于妇女运动之议决案》，肯定了妇女运动在革命中的重要作用。1925年6月，该会改组成上海各界妇女联合会，中共党员钟复光、杨之华为主要负责人，继续发动和组织妇女争取自身解放和参加反帝反封建斗争。

向警予（1895～1928），原名俊贤，笔名振宇，湖南溆浦人。1919年创办妇女刊物《世界钟》。是年12月赴法国勤工俭学，在法接受共产主义思想。1922年初回国抵沪，加入中国共产党。中共二大后，任党中央第一任妇女部部长。1924年，受党派遣参加国民党上海执行部工作，任青年妇女部助理，又任上海执行部妇委秘书。是年12月，为支持孙中山北上召开国民会议，领导组建上海女界国民会议促成会。1925年五卅运动中，发动妇女群众参加反帝斗争，参与发起组织上海各界妇女联合会。是年10月，赴莫斯科东方大学学习。1927年3月回国，先后在中共汉口市委和湖北省委宣传部任职，主编省委地下刊物《大江》。1928年3月，在汉口被捕，5月1日英勇就义。

长征旅社(1990年代)

李立三

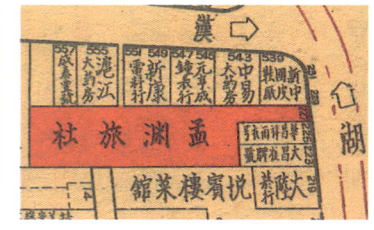

孟渊旅社地块图(1947)

五卅运动秘密指挥部遗址

位于上海市湖北路汉口路西南角(原湖北路227号孟渊旅社,后为长征旅社)。中西合璧四层建筑。曾为五卅运动一个秘密指挥部。原建筑于1990年代末拆除,建中福城一期住宅。

顾正红事件

顾正红是上海日资内外棉七厂工人,1925年2月加入中国共产党。同年5月14日,内外棉十二厂开除6名工人。15日,七厂宣布停工,阻止工人进厂。当天下午,夜班工人被阻门外。顾正红率工人与厂方交涉,遭到日本资本家枪击,顾正红身中两弹。两天后,因伤重不治身亡。顾正红的牺牲成为五卅运动导火线。

夜幕下的紧急会议

顾正红惨案发生后,中共中央、团中央、上海地委等多次开会,商讨斗争策略,加强对工人运动的领导。28日,中共中央和中共上海地委举行紧急会议,讨论学生上街宣传和发动各阶层共同反帝的行动。会议作出四项决议:分头同各校负责人谈话;向学校宣传,并须派工人同志同去;印制揭露包括外人侵华一切事实的传单;定于30日下午到租界举行演讲示威。会议决定设总指挥部于孟渊旅社3楼14号。

长征旅社314房间(1990年代)

五卅惨案现场,图左即巡捕房大门

五卅运动爱国群众流血牺牲地、老闸捕房旧址

位于上海市南京东路766～772号门前（原公共租界老闸捕房南京路大门前）。1925年5月30日，五卅惨案在此发生。1985年5月29日，上海市文物管理委员会在此立牌纪念，上写"五卅惨案纪念"等文字。上海市文物保护单位。

位于上海市贵州路101号老闸捕房。建于1890年，是工部局设立的公共租界巡捕房一个分区捕房。初建时只有一幢大楼，后扩建为4幢楼房。1905年后，四周筑高墙，墙上有铁丝网和电网。内设拘留房，曾关押共产党人及爱国群众。现为上海市商贸旅游学校。黄浦区文物保护单位、黄浦区爱国主义教育基地。

五卅惨案

5月30日，上海2000多名学生和部分工人组成演讲队，分赴租界各闹市区演讲和散发传单，抗议帝国主义侵略中国、枪杀顾正红的罪行。巡捕在浙江路一带殴打和逮捕演讲学生和工人，仅南京路老闸捕房就逮捕关押学生百余人。下午3时许，愤怒的群众云集大马路（今南京东路）劳合路（今六合路）老闸捕房前，要求释放被捕学生。老闸捕房英籍捕头爱活生下令开枪，何秉彝、尹景伊、陈虞钦、唐良生、陈兆长、朱和尚、谈金福、邬金华、

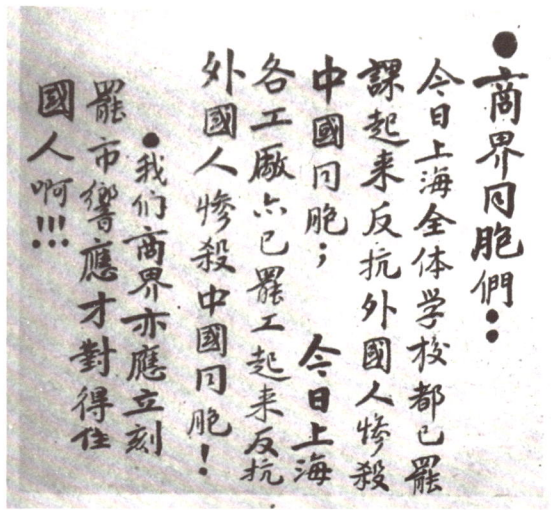

呼吁商界立刻罢市的传单

五卅运动中的传单

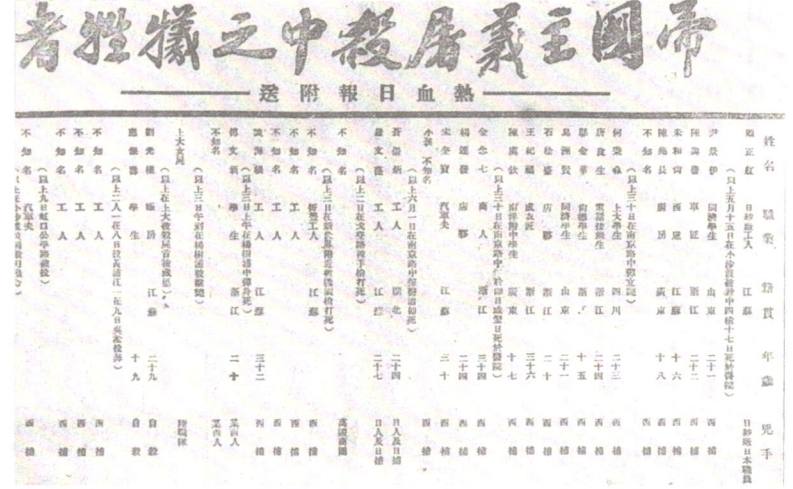

老闸捕房监狱

《热血日报》所附五卅惨案殉难者名单的报道(1925.6)

石松盛、陈兴发、王纪福、姚顺庆、徐落逢13人牺牲,数十人重伤,史称五卅惨案。6月1日起,上海市民掀起了轰轰烈烈的罢工、罢课、罢市"三罢"斗争,相继有20余万工人罢工,5万多学生罢课,公共租界商人全体罢市,连租界雇佣的中国巡捕也宣布罢岗。6月11日,在南市公共体育场举行群众大会。反对帝国主义的民族运动浪潮,以不可遏止的浩大声势迅速席卷全国,各地约有1700万人直接参加运动。"打倒帝国主义""废除不平等条约"的怒吼响彻中华大地。

关押爱国人士的老闸捕房

1928年12月9日,老闸捕房在北京路877号拘捕开会共产党人23人,随后又守候拘捕了7人。

1930年4月8日,中国自由运动大同盟等团体组织千余工人、学生在贵州路北京大戏院开会,声援南京四三惨案,抗议屠杀工人学生。老闸捕房驰往弹压,枪杀沪西纠察队长刘义清,逮捕开会者8人,押解江苏高等法院第二分院,概以"反革命罪"起诉。同月27日,上海各界五一纪念总筹备会第二次代表大会在云南路仁济善堂举行,遭中西探捕包围,106名代表被捕。7月16日,工人、学生300人

老闸捕房旧貌

上海市商贸旅游学校

《申报》刊登廖承志1933年3月28日被老闸捕房逮捕的报道(1933.4)

在南京路、外滩示威，反对军阀混战，拥护苏维埃区域代表大会宣言，大批巡捕赶到抓人，共逮捕32人。12月11日，300人在南京路西藏路处集会，纪念广州暴动三周年，遭巡捕镇压。6人被捕关押老闸捕房。

1931年1月17日至18日，"东方旅社事件""中山旅社事件"中被捕18人中17人关押于此。

1933年3月28日，中华海员工会党团书记廖承志、中华全国总工会上海执行局书记罗登贤、秘书余文化等人于山西路五福弄9号被捕并关押老闸捕房。同年8月29日，罗登贤被害。

1938年9月2日上午，逮捕为纪念国际青年运动活动的男女青年13人。9日，逮捕南京路游行青年群众13人。

工人武装纠察队 (1927)

上海工人第三次武装起义纪念地

位于上海市自忠路361号（原西门路西成里173号）。上海工人第三次武装起义发布命令地点。建于1926年，沿街双开间两层石库门建筑，坐南朝北。现为居民住宅。上海市文物保护单位。

位于上海市中山南路1551号（原半淞园路239弄31支弄15号）。上海工人第三次武装起义时工人纠察队沪南总部三山会馆。建于1909年，三进砖木结构会馆建筑，坐北朝南。上海市文物保护单位、上海市爱国主义教育基地。

起义的发动

1927年2月23日，中共中央和上海区委联席会议决定，准备发动上海工人第三次武装起义。成立中共特别委员会，由陈独秀、罗亦农、赵世炎、汪寿华、尹宽、彭述之、周恩来、萧子暲8人组成，作为第三次武装起义的最高领导机关，下设特别军事委员会，周恩来出任负责人，并担任武装起义总指挥。设立南市、浦东、闸北3个指挥部，王若飞任南市总指挥。3月3日，周恩来在军事委员会会议上作《关于上海的武装起义》的报告，强调要做好切实周密的准备工作，选择成熟时机果断起义。提出强化纠察队正规化训练，并领导制定《武装暴动训

上海邮务工人驱车前往闸北参加战斗

练大纲》。3月初，上海总工会工人纠察队举办了军事训练班，受训者后来分别担任工人纠察队的大、中、小队长。

1927年3月21日晨，特委获悉北伐军已占领松江，中共上海区委正式决定武装起义。上海市民代表会议常务委员会召开紧急会议，决定当天中午举行全市总同盟罢工，并立即武装起义。上海区委所属沪东、沪西、浦东、闸北、南市、法租界、公共租界（沪中）和吴淞各部委负责同志，分头通知各厂、作坊、商店、报馆、电车公司、邮政局等单位党组织、工会、纠察队负责同志和市政交通总工会、印刷业总工会、店员总工会、洋务总工会等党团书记，于法租界西门路西成里173号召开紧急会议。罗亦农代表中共上海区委和上海市民代表会议常务委员会发布紧急命令，中午12时，举行全市总同盟罢工。正午，随着南市救火会的钟声，停泊在黄浦江上的轮船和全市工厂汽笛齐鸣。上海80万工人参加罢工，同时学校罢课，商人悬旗罢市。

自忠路361号

上海工人第三次武装起义信号台——小南门警钟楼

三山会馆旧貌

老纠察队员杨福林、杨宗儒在三山会馆合影(1979.8)

打响起义第一枪

1927年3月21日中午12时,全市80万人举行总罢工。下午1时半左右,起义正式开始。南市打响了起义第一枪。工人纠察队以小南门救火会钟声为信号,兵分三路进攻。第一路以华电公司工人为主,目标淞沪警察厅。第二路以法电工人和自来水厂工人为主,目标西门外肇周路上的第二区警察署和沉香阁路警察二区一分署。第三路由100多名铁路工人组成,目标关桥南段第一区警察署。下午5时许,南市工人纠察队控制了沪南地区通讯和交通

迁建中的三山会馆（1989）

工人纠察队成立大会

小南门警钟楼位于上海市中华路581号，建于1910年，是一座由钢筋混凝土基座加钢结构组成的现代塔状构筑物。中间有一钢圆筒包围的旋转楼梯通到顶部塔楼，混凝土表面有浅刻花纹装饰。塔楼内警钟由纯铜铸成，撞击鸣响时钟声可传数里之外。1927年3月21日中午12时，警钟楼上钟声响起，标志着上海工人第三次武装起义正式开始，本次起义取得了胜利。

枢纽，第三次武装起义首战告捷。

22日晚，攻占北火车站，起义完全胜利。南市工人纠察队总指挥部初设在老西门肇嘉浜（今复兴东路），后移至三山会馆。

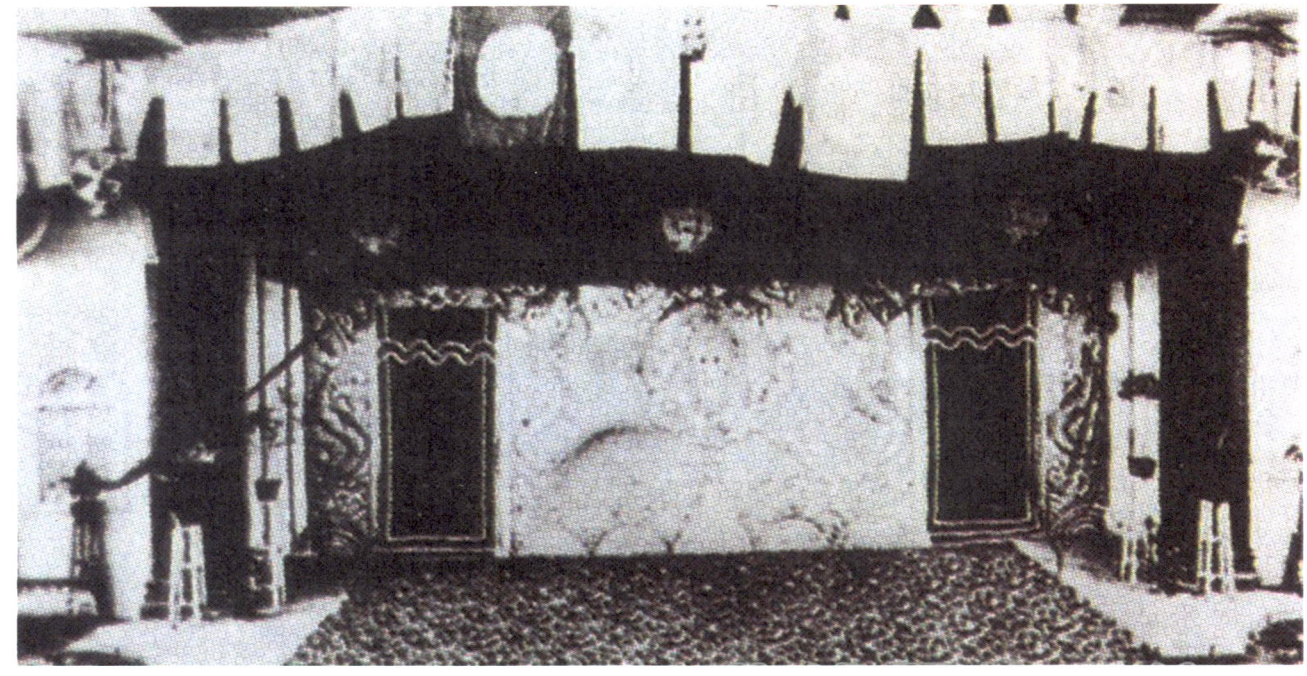

九亩地新舞台旧貌

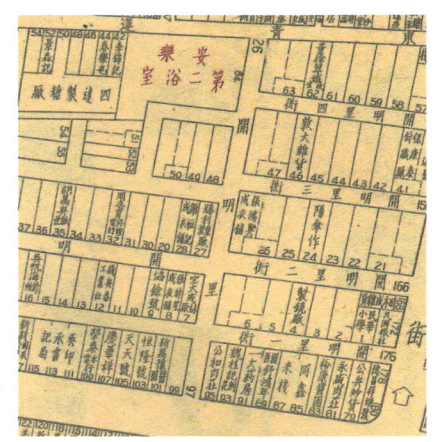

大境路97弄开明里地块图(1947)

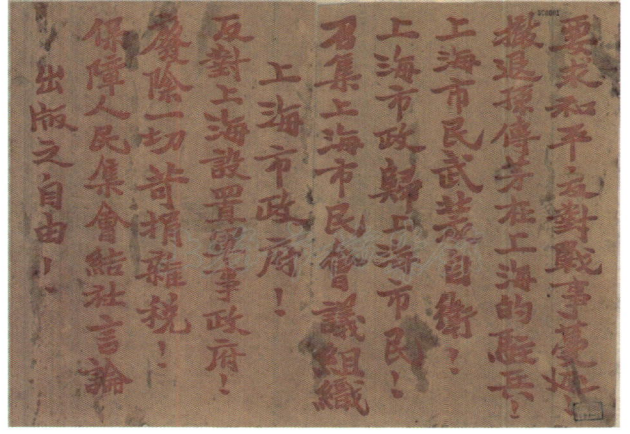

召集上海市民会议，组织上海市政府的传单

第二次上海市民代表会议遗址

位于上海市大境路97弄开明里(原九亩地新舞台)。1927年3月22日，第二次上海市民代表会议在此召开，决议成立上海特别市临时市政府。1927年新舞台拆除。现为居民住宅。

上海市民代表会议第一次会议

1927年3月12日，上海市民代表会议举行成立大会，代表200余团体的300余人出席会议。其任务是：①选举执行委员会，②起草市民代表会议组织法草案，以备将来上海临时市民政府公布施行。大会选举罗亦农、汪寿华、虞洽卿等31人为执行委员。大会通过宣言，庄严宣告："本会之责任，即在执行全市公民之意志，接收上海政权，建设民选政府，而对于军阀之走狗官僚、土豪劣绅之流，当依国民政府颁布之条例行之，为民除害，决不宽容。"

上海工人起义的目标，就是要建立市民政府。陈独秀对建立市民政权提出了一系列指导意见，要求新政权就叫民选市政府。要加紧代表选举工作，

《申报》报道的《第二次市民代表会议详记》(1927.3)

上海特别市市民代表会议政府组织条例草案

（一九二七年三月）

第一条：上海特别市以市民代表会议为全市最高权力机关，定名市民代表会议政府。

第二条：上海特别市市民代表会议政府直隶属于国民政府，不入省县行政范围。

第三条：上海特别市暂以淞沪商埠公署原管区域及原有租界为范围。全市暂分八区：闸北、江湾等处为第一区；南市城内等处为第二区；沪西小沙渡、曹家渡等处为第三区；沪东杨树浦、引翔港等处为第四区；浦东高桥等处为[第]五区；公共租界为第六区；法租界为第七区；吴淞为第八区。

第四条：市民代表会议分两级：（一）全市代表会议。（二）区代表会议。

第五条：各区代表会议及全市代表会议之代表，均须由各工厂、各手工业工会、各店员工会、各农民协会、各商会、各兵营、各学校、各自由职业的团体（如新闻记者联合会、律师公会、医师公会、会计师公会、教职员联合会等）之全体群众，各别开会直接选出。区代表及市代表同时选或分二次选均可。上列各职业机关或团体群众中，有下列各项之一者，均不得有选举、被选举权：

《上海特别市市民代表会议政府组织条例草案》（部分）

在北伐军未来前，造成很浓厚的民选空气，并预先选好。他特别要求：参加市民代表会议"代表人数，至少一千人，工人占一半"，"如果商人太多，工人要增加"。1927年3月，据此制定了《上海特别市市民代表会议政府组织条例草案》。第一条规定"上海市以市民代表会议为全市最高权力机构，定名为市民代表会议政府"，还规定"上海特别市市民代表会议政府直接隶属于国民政府，不入省县行政范围"等。

这次大会是组织未来上海市民政府的第一步。

第二次上海市民代表会议

1927年3月22日上午9时，上海第三次工人武装起义胜利当天，在中共领导下，第二次上海市民代表会议在九亩地新舞台召开。到会团体千余，代表4000余人，王晓籁、汪寿华、林钧组成主席团。会议共有主席报告、追悼死难烈士、通过临时市政府名单、宣言通电、推派代表慰劳北伐军等九项议程。选举产生19名上海市政府委员：罗亦农、汪寿华、林钧、何洛、丁晓先、侯绍裘、李震瀛、王景云、顾顺章（以上为共产党员）、王汉良（共青团员）、白崇禧、钮永建、杨杏佛、王晓籁、虞洽卿、陈光甫、陆文韶、郑毓秀、谢福生，组成上海临时市政府，其中共产党员和共青团员10人。会议通过《上海特别市市民代表会议政府组织条例草案》，规定在政治上反帝反封建，经济上代表工人阶级和市民利益和要求，市民代表会议为上海市最高权力机关。上海临时市政府是第三次武装起义的直接成果，在组织领导和组织成分上都体现了工人阶级的领导权。

新苏旅社,曾改为心一旅社(1990年代)

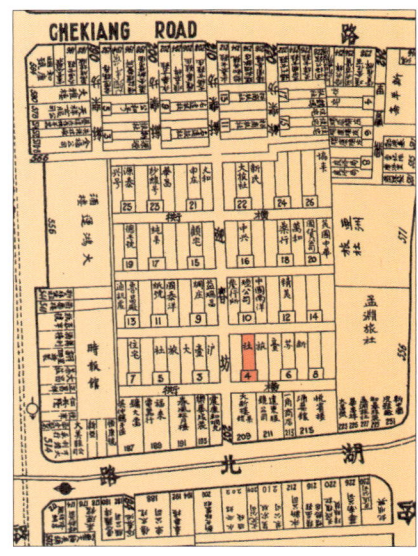

迎春坊地块图(1939)

中福城住宅区

陈毅起草"九月来信"所在地遗址

位于上海市湖北路汉口路路口(原湖北路迎春坊4号新苏旅社)。两层砖木结构。1929年8月底,陈毅到上海向中央汇报工作时入住新苏旅社。原建筑已拆除,建中福城一期住宅区。

陈情中央

1929年6月22日，在福建龙岩举行了红四军第七次党代会。会上毛泽东提出坚持党对军队的绝对领导，克服红军中的单纯军事观点、极端民主化、流寇思想等各种非无产阶级思想，但未能明确写入决议。这次会议上，毛泽东落选前委书记，陈毅担任前委书记。

同年8月底，陈毅由闽西抵沪，入住湖北路迎春坊新苏旅社。他在此撰写了《关于朱、毛红军的历史及其现状》《关于朱、毛红军的党务情况报告》等材料，坦陈红四军的情况。

起草指示信

针对红四军的问题，中央政治局成立李立三、周恩来、陈毅3人委员会，由周恩来召集。经过一个多月讨论，对红军建设的一系列根本问题达成共识。周恩来代表党中央委托陈毅致信红四军前委，陈毅在新苏旅社完成了起草任务。周恩来仔细审阅草稿后，9月28日提交中央政治局讨论通过。这就是中共中央给红四方面军前委的指示信，即著名的"九月来信"。

"九月来信"说明红军在中国革命中的重要地位和作用，强调"先有农村红军，后有城市政权，这是中国革命的特征，这是中国经济基础的产物"。明确规定红军的基本任务是："一，发动群众斗争，实行土地革命，建立苏维埃政权；二，实行游击战争，武装农民，并扩大本身组织；三，扩大游击区域及政治影响于全国。"着重指出，"只有加强无产阶级意识的领导，才可以使之减少农民意识"；对于红军中的种种错误观念，"前委应坚决以斗争态度来肃清之"。对红军中党的工作，指示信强调应将"党的一切权力集中于前委指导机关"，从而确立了党对军队绝对领导这一根本原则。

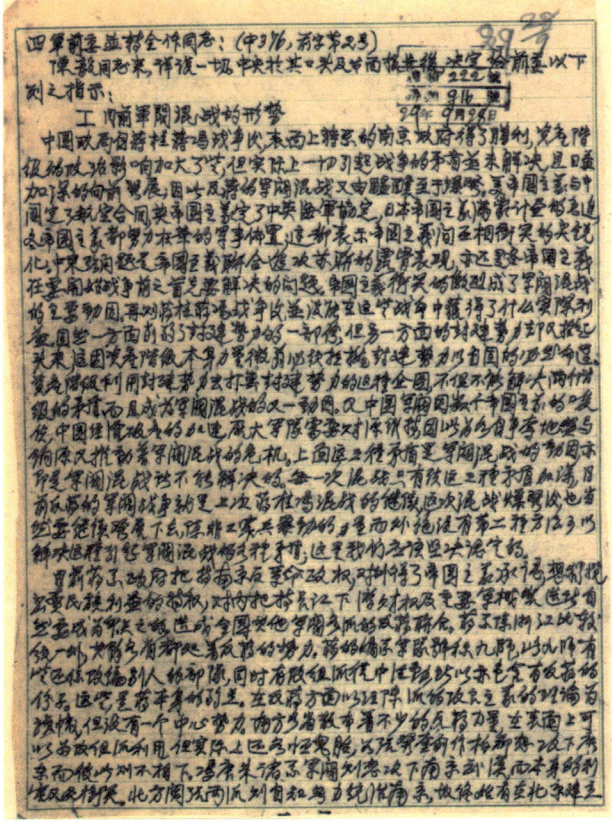

"九月来信"（部分）

中共中央的这封指示信，对红四军党内争论问题给出明确结论，对红四军领导人有所批评，但强调了团结，要红四军前委和全体干部战士维护朱德、毛泽东的领导，提高领导机关的威信，并明确指出毛泽东"应仍为前委书记"。

在"九月来信"指导下，红四军党的第九次代表大会（即古田会议）召开，古田会议决议的中心思想是要用无产阶级思想进行军队和党的建设，系统回答建党、建军的一系列根本问题，不仅把九月来信的精神具体化，而且结合红四军的实际情况，发展了"九月来信"的成果。

淮海中路和合坊弄口今貌　　和合坊弄内

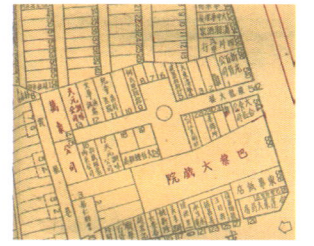

和合坊地块图(1947)

中央特科击毙叛徒白鑫处

位于上海市淮海中路526弄(原霞飞路和合坊)。建于1928年,砖木结构三层楼连排式新式里弄。1929年11月11日晚,中央特科行动科将叛徒白鑫击毙于弄内。

彭湃等被捕牺牲

1929年8月24日,中央政治局常委、中央军事部长杨殷,中央政治局委员、中央农委书记、中央军委委员兼江苏省委军委书记彭湃,中央军委委员兼江苏省军委委员颜昌颐,江苏省军委干部邢士贞四人,在上海新闸路经远里开会,讨论工作。会议进行时,警察与大批捕探包围会场,逮捕全部与会人员。周恩来因故未参加会议而幸免于难。8月30日,杨殷、彭湃、颜昌颐、邢士贞4人被秘密杀害于龙华。

一纸"绝杀令"

经远里12号是中央军委秘书白鑫的住所,也是中央军委、农委经常开会碰头的地点。白鑫参加了这次会议并作记录。早在会前一个月他已向国民党上海特别市党部自首叛变。白鑫"被捕"后很快被释放,并躲藏在霞飞路和合坊国民党上海市党部委员范争波公馆里。

中央决定严惩叛徒,周恩来下达了"绝杀令"。就在党组织四处寻觅白鑫踪迹时,白鑫带着保镖上门请相识多年的柯麟医生看病。柯麟,1924年加入中共,并以医生身份掩护,在中央特科工作。柯麟给白鑫看病后,立即将白鑫藏匿在范争波公馆里的消息向中央汇报。为保证行动成功,周恩来亲自到和合坊勘查现场,研究制定了处决叛徒的周密方案。具体行动由中央特科行动队(简称"红队",俗称"打狗队",在上世纪二三十年代,为保卫党中央、保卫上海地下党安全,打击国民党特务,镇压叛徒、内奸,进行反间谍斗争,屡建奇功)负责,陈赓担任行动指挥。

同年11月11日,白鑫准备逃往意大利避风。党中央获悉后,决定立即采取锄奸行动。当晚11许,白鑫、范争波等一行5人,从和合坊43号刚出门往停车处走,还未登上汽车,就被早已埋伏在附近的七八个红队行动队员包围袭击,白鑫被当场击毙。

泉漳中学遗址

位于上海市龙华东路800号南园滨江绿地内。1929年11月，中共江苏省第二次代表大会在此召开。原建筑在八一三淞沪抗战中毁于日军炮火。后此处被辟为南园公园。2007年，改造为南园滨江绿地。

泉漳中学学生成绩报告册封面

泉漳中学校徽

南园公园大门

红色熔炉

泉漳中学由在沪福建泉漳会馆创办。初期只招收泉州及漳州人子弟，后来也招收其他学生。1922～1927年间，学校许多师生参加了中国共产党。1928年至1929年，校内建有一个教师党支部。党组织播下了革命火种，校内革命活动十分活跃。当时上海反帝组织、左联、社联、青年文艺联合会等革命团体，经常在此集会。抗战期间，学校党组织大力开展抗日救国运动，培养了一大批积极分子，向根据地输送了几十人。

中共江苏省第二次代表大会

1929年11月18～26日，中共江苏省第二次代表大会在泉漳中学秘密举行。中共中央派周恩来、李立三参加了会议。大会代表36人。会议由李维汉主持。会上，李立三作政治报告，周恩来作中央组织问题报告，李维汉代表江苏省委作政治副报告，康生作江苏组织问题报告，陈云作江苏农民运动报告，徐锡根作江苏职工运动报告。20日，与会代表讨论报告后，李立三作政治讨论结论。26日，大会通过《政治决议案》《关于组织问题决议案》等一系列决议案，选举产生新一届江苏省委。

改造后的南园滨江绿地

全国苏维埃区域代表大会会址旧貌

林育南

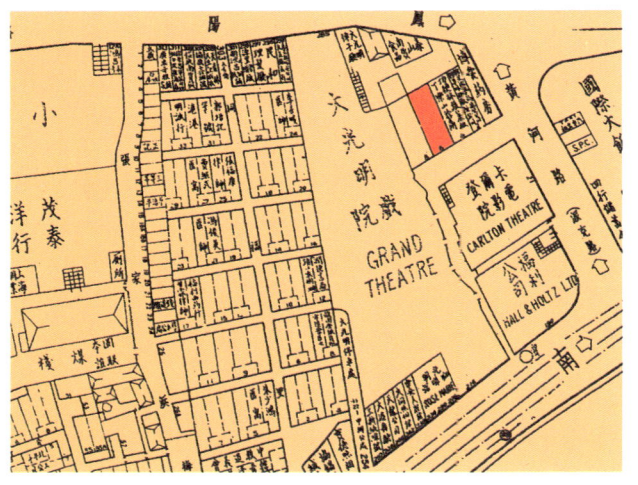

黄河路43弄6号地块图(1947)

全国苏维埃区域代表大会遗址

位于上海市黄河路(原派克路)43弄6号。1930年5月,全国苏维埃区域代表大会在此召开。原建筑已拆除,现为鸿祥大厦。

为了建立苏维埃

中共六大以后,随着红军和革命根据地的壮大,土地革命深入,中共中央决定建立全国性苏维埃政权,来对抗国民党反动政权。1930年1月20日,中共中央政治局会议根据共产国际提议,决定召开全国苏维埃区域代表大会。2月3日,中央政治局会议讨论了筹备召开这次大会的问题。2月4日,中共中央发出第六十八号通告《关于召集全国苏维埃区域代表大会》,指出"这一大会的召集将以全国总工会、中国共产党为主要发起者,各地苏维埃区域及红军亦将被邀请列席",以统一中国革命的指导与行动。随后,中共中央和中华全国总工会联合成立大会筹备处,各革命团体纷纷发表宣言,热烈拥护和响应大会召开。

巧设会场

会议分两阶段进行,5月5~10日举行预备会议,5月20~30日正式会议。此次会议是以中共中央委员会和中华全国总工会(简称"全总")名义召集的,筹备工作由林育南负责。

开会前,中央决定由从事左翼文化工作的李一氓住进会场。5月初,李一氓携妻儿和由赵毅敏、李一超(即赵一曼)假扮的弟弟妹妹组成临时家庭,住进派克路43弄6号的洋房。李一氓一家住进去前,会址已由中央特科精心布置,厨房、汽车、家具一应俱全。楼房外挂着××医院筹备处招牌,房子内外设置警戒。会议期间代表进入后便不再出来,伙食由特一科专派几个同志负责。

会议召开

出席会议的有中共中央和中华全国总工会两个发起单位的代表,闽西、鄂东、左右江、湘鄂赣边、鄂豫边、赣西南等苏维埃区域代表;红军各军和各游击区域代表;各赤色工会代表和其他革命团体代表共50多人。李立三主持会议,推举未到会的斯大林、加里宁、伏罗希洛夫和瞿秋白、毛泽东、彭德怀、贺龙、朱德为大会名誉主席团;推举项英、向忠发、周恩来、李立三等13人为大会主席团。

全国苏维埃区域代表大会讨论通过了《全国苏维埃区域代表大会宣言》《全国苏维埃区域代表大会政治决议案》等文件草案,确定了中国苏维埃的十大政治纲领,作出当年11月7日召开第一次全国苏维埃代表大会,成立中华苏维埃共和国临时政府的决议,对动员广大群众反抗国民党反动统治、为建立苏维埃政权而斗争起了积极作用。

刊登在《红旗周报》上的《全国苏维埃区域代表大会宣言》

会议召开期间,李一氓一家在楼下打麻将,开留声机,以掩护楼上大会召开。由于会议参加人数多,开会时间长,工作量较大,特科同志几乎倾巢而出,担任警戒保卫工作。

会议一结束,包括李一氓在内所有工作人员和参会人员立刻分散撤离。

林育南(1898~1931),湖北黄冈人。1919年与恽代英等领导武汉的五四运动。1922年加入中国共产党。长期从事工人运动,历任中国劳动组合书记部武汉分部主任、湖北全省工团联合会秘书主任、社会主义青年团中央宣传主任、湖北全省总工会宣传主任、中华全国总工会秘书长、中共湖北省委代理书记、全国苏维埃中央准备委员会秘书长等职。1931年1月被捕,2月就义于上海龙华。

荷兰西餐馆旧貌

庆贺鲁迅50寿诞集会处旧址

位于上海市重庆南路182号（原吕班路50号）。建于1920年，砖木结构两层独立式花园洋房，坐西朝东。原为荷兰西餐馆，现为瑞金医院卢湾分院用房。

隐秘的庆寿集会

上世纪30年代，国民党政府一方面对革命根据地进行军事围剿，另一方面对国统区实行文化"围剿"。当时的形势迫切要求上海的左翼作家团结起来，共同与国民党政府作斗争。那时，国内文坛许多人士对鲁迅尚存疑虑和偏见。

1930年9月17日，在美国进步作家史沫特莱帮助下，中国左翼作家联盟借吕班路50号"荷兰西餐馆"为鲁迅庆贺50寿辰。这次聚会由柔石、冯雪峰、冯乃超、蔡永裳、董绍明、许广平等发起，参加集会的有中国左翼作家联盟、中国社会科学家联盟、南国社等文化团体代表，以及叶绍钧、傅东华、茅盾、史沫特莱等22人，成为一次重要的革命集会。鲁迅偕夫人许广平、儿子海婴同往。柔石

鲁迅（史沫特莱摄，1930.9）

致辞，各团体代表先后讲话。

鲁迅致答辞："感谢左联朋友为我50岁举行纪念，更感谢史沫特莱女士为我50岁举办宴会，谢谢各位。"他还说到对左翼文化运动的希望，要求青年体验生活，写出更好、更多的革命作品。这次活动，使广大进步文化工作者与鲁迅先生关系更密切。事后，鲁迅致信曹靖华："前几天有几个朋友给我做了一回50岁的纪念，其实是活了50年，成绩毫无，我惟希望就是在文艺界，也有许多新的青年起来，投入到火热的革命洪流中去锻炼自己成长。"

中国左翼作家联盟（简称"左联"），1930年3月2日在上海成立。鲁迅在成立大会上作了著名演讲《对于左翼作家联盟的意见》。它在中共地下党直接领导之下，实际上形成了比较广泛的革命文学统一战线，推动了左翼文化运动的发展。

东方旅社旧貌

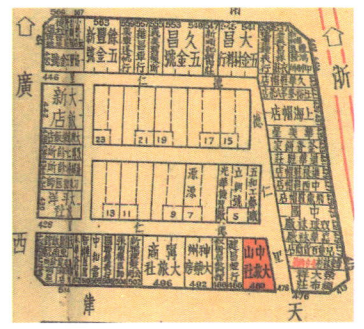

东方旅社地块图（1947）

中山旅社地块图（1947）

龙华二十四烈士被捕处

位于上海市汉口路、浙江中路西南角（原汉口路613号东方旅社）。建于1923年，四层西式建筑。1931年1月，林育南、柔石、胡也频、殷夫等11人在此被捕。原建筑已拆除，建中福城二期住宅区。

位于上海市天津路480号（原中山旅社）。1928年建成，三层钢筋混凝土框架结构。1931年1月，蔡博真、欧阳立安、黄理文、何孟雄等7名中共党员在此被捕。现为德仁里居民住宅。

东方旅社事件

东方旅社31号房间，曾是中华苏维埃代表大会准备会和中华全国总工会的秘密联络点。1931年1月17日，参加中共扩大的六届四中全会的部分同志在此聚会，突遭搜查，中华全国总工会执行委员会常委兼秘书长、全国苏维埃中央准备委员会秘书长林育南、中华苏维埃代表大会中央准备委员会秘书彭砚耕、中国左翼作家联盟会员柔石、胡也频、殷夫、冯铿等8人被捕。当晚和次日前来旅社的王青士、罗石冰、李求实3人被捕。前后两天，共11人在此被捕。

中山旅社事件

中山旅社6号房间，曾是中共江苏省委秘密联络点。1931年1月17日，参加中共六届四中全会的部分同志在此聚会，突遭搜查，中共上海沪中区委书记蔡博真、共青团江苏省委委员兼上海总工会青工部长欧阳立安，以及阿刚、伍仲文4名中共党员被捕。当日下午和次日前来旅社的黄理文和上海总工会秘书长龙大道、原中共上海沪中区委书记何孟雄又遭逮捕。前后两天，共有7名中共党员在此被捕。

龙华二十四烈士

1931年1月，党在汉口路、天津路、华德路、武昌路、山东路、新闸路等10处机关和秘密联络点全遭破坏，36人被捕，包括中共重要干部、工会活动家、著名作家、红军干部及其家属。2月7日深夜，其中24人在上海龙华国民党淞沪警备司令部被集体杀害，史称"龙华二十四烈士"。这24位烈士是：林育南、李求实、何孟雄、恽雨棠、李文（女）、龙大道、王青士、欧阳立安、蔡博真、伍仲文（女）、胡也频、柔石、殷夫、冯铿（女）、阿刚、费达夫、汤士佺、汤士伦、罗石冰、彭砚耕、李云卿、贺林隶、刘争和一位无名烈士。

中福城二期住宅区

何孟雄

阿刚

天津路480号

南昌路 48 号

大同幼稚园旧址

位于上海市南昌路 48 号（原陶尔斐司路 341 号）。建于 1924 年，古典装饰风格砖木结构两层洋房，坐北朝南。1931 年至 1932 年，为我党创办的收养革命烈士遗孤和领导人子女的幼托机构。园址曾设务本小学，中华人民共和国成立后为雁荡路幼儿园。1987 年，恢复"大同"园名。黄浦区文物保护单位、黄浦区爱国主义教育基地。

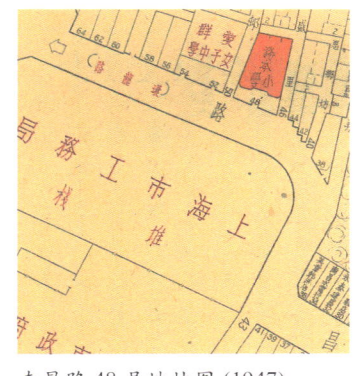

南昌路 48 号地块图 (1947)

于右任题写园名

为收容和抚育革命烈士遗孤和领导人子女，上海地下党组织决定创办一所幼稚院。1929 年下半年，互济会负责人、中共地下党员王弼代表党组织把这一重大任务托付给了互济会成员、中共地下党员董健吾。因董健吾公开身份为教堂牧师，创办附属教会的社会慈善机构名正言顺，不易引起当局注意和怀疑。董健吾接受任务后，立刻开始筹集经费，挑选园址。当时，互济会为幼稚园拨款 500 元，远不敷用。多方募款仍有很大缺口，董健吾将分到的祖业田产转手卖出，所得现款半数以上充作办园经费。他又多方联系，以低廉价格租用了圣彼得堂教友肖智吉一幢三楼三底石库门房子。1930 年 3 月，大同幼稚园在戈登路 441 号（今江宁路武定路西南角）挂牌成立。董健吾任园长，王弼任顾问。为了使幼稚园更具保护色，董健吾特请国民党元老于右任题写了园名。

部分保育人员和幼儿在法国公园（今复兴公园）合影（1931）

一群特殊孩子

大同幼稚园收托对象对外宣传优先照顾教友子女，实际上入园的多是革命者子女。这些孩子一般由互济会负责人直接陪同孩子的亲戚或保护人送来，家长姓名、家庭地址等绝对保密，连董健吾也不完全知道孩子的真实身份。其中就包括1931年3月毛泽民在互济会负责人陪同下送进来的毛岸英、毛岸青和毛岸龙三兄弟，是年他们分别为8岁、6岁和4岁。曾入园的还有彭湃的儿子彭小湃、恽代英的儿子恽希仲、蔡和森的女儿蔡转、李立三的女儿李力、杨殷的儿子、王弼的女儿等。大同幼稚园的保育员也多是中共党员及其家属，如李立三妻子李崇善（李文英）、李求实妻子陈凤仙等。董健吾还以教会名义特邀广仁医院可信赖的医生兼任园医。为了孩子们更安全、健康地成长，1931年幼稚园迁至陶尔斐斯路341号。同年，董健吾奉命赴汉口执行秘密任务，一应园务转交王弼负责。1932年，一保育员外出失踪，为安全起见，幼稚园立即解散，

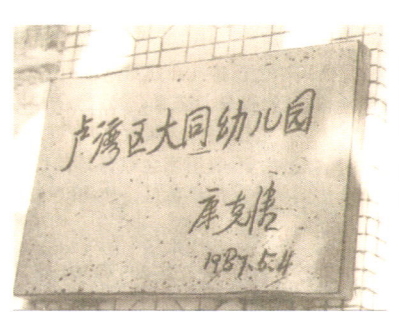

原全国妇联主席康克清题写园名"卢湾区大同幼儿园"（1987）

董健吾

园内孩子均转移。

董健吾（1891～1970），上海青浦（原属江苏）人，曾用名董选青。早年毕业于上海圣约翰大学。1924年，回圣约翰大学供职。1927年，任青浦县中学校长。1928年，秘密加入中国共产党。从1929年开始，在上海中央特科从事情报工作，公开身份为圣彼得堂牧师。在陈赓领导下，参与惩处叛徒白鑫的行动。1930年，与鲁迅、郁达夫、潘汉年等发起成立中国自由运动大同盟。同年，创办大同幼稚园。

八仙桥青年会大楼旧貌

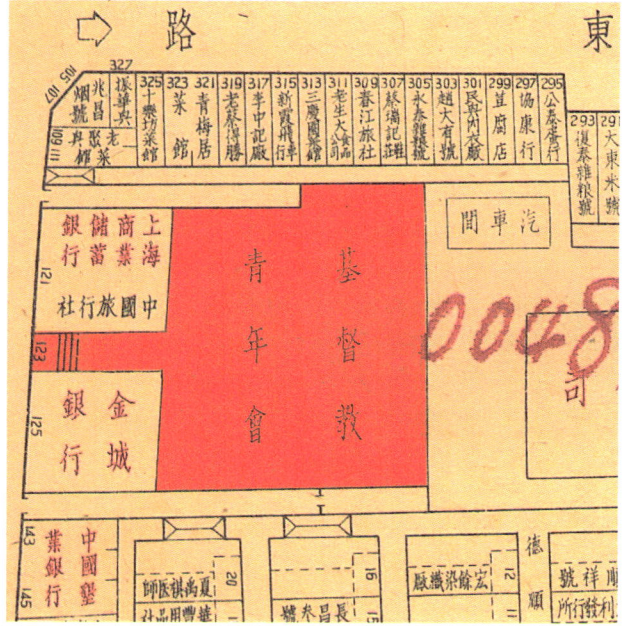

《申报》报道国民御侮自救会被查封(1933.5.3)

青年会地块图(1947)

国民御侮自救会成立大会旧址

位于上海市西藏南路(原敏体尼荫路)123号八仙桥青年会大楼。1933年3月8日，国民御侮自救会成立大会在此召开。现为锦江都城青年会经典酒店，上海市文物保护单位。

自救会始末

1933年日本侵占承德，全国抗日救亡运动再次高涨。为团结各界民众御侮自救，中国民权保障同盟发起成立国民御侮自救会。1933年3月8日，中国民权保障同盟、全国救国联合会、上海邮务工会、现代文化社、东北义勇军后援会等28个团体代表及各界著名人士、新闻记者60余人出席成立大会，共产党派阮啸仙出席会议，宋庆龄到会并演讲。她

锦江都城青年会经典酒店

在演说中分析国内外状况。她号召"中国的一切男子、一切妇女与一切的青年，尤其是工人、农民、学生与义勇军一齐联合起来"，一致奋斗，"打破帝国主义与其在中国阴谋叛逆的联盟的势力"，"向着民族与社会的解放的大道上前进"。最后，她提出："①全国军队至少百分之八十以上，配以适当的军械与飞机，应开拔去抵抗日本帝国主义，收复满洲、热河，保卫中国；②人民应全部武装，组织人民自卫团；③人民的民权（言论出版自由，集会结社自由等）立即恢复，革命分子的监禁酷刑与杀戮应立即废止；④停止向中国苏维埃区域的进攻。"

大会主席李剑华发表演说，论述了成立反帝统一战线的必要性。杨杏佛代表同盟演说。大会通过章程，确定以"团结民众一致御侮自救，求中国统一独立及领土完整，并对于抗日作战之义勇军谋物质上、精神上之援助"为宗旨，并强烈要求政府立即派遣全国军队北上抗日；武装全国民众；保障民权，释放一切政治犯；援助东北义勇军，扩大抵制日货运动等项决议。大会最后决定筹备欢迎世界反帝战争委员会派遣代表团来华调查。

自救会成立后，共产党在御侮会中建立党团组织。在党的领导下，开展抗日救亡斗争，对团结和集中上海的抗日反帝战线力量，推动全国救亡御侮运动高涨，起了积极作用。1933年5月，国民御侮自救会被政府查封。

金城大戏院

电影《风云儿女》剧照

《义勇军进行曲》首次播放处

位于上海市北京东路780号黄浦剧场（原金城大戏院）。1935年，电影《风云儿女》首映，田汉作词、聂耳作曲的主题歌《义勇军进行曲》在此唱响。上海市爱国主义教育基地。

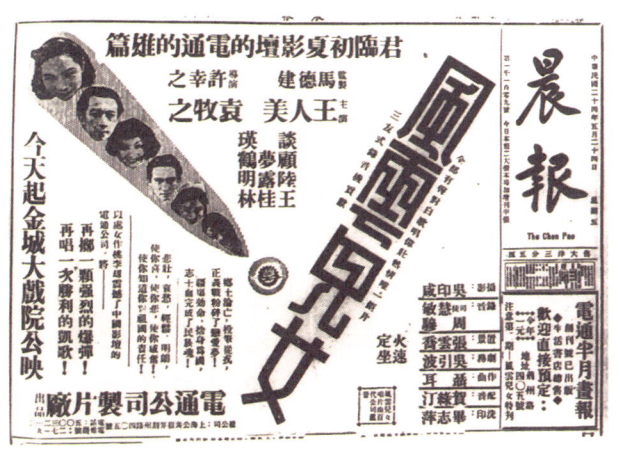
上海《晨报》刊登《风云儿女》首映信息

一首电影主题歌曲

1934年春，由夏衍、田汉、阳翰笙、于伶和阿英等人主持的电通影业公司在上海成立，这是当时第一家完全由左翼影人领导的制片公司。电通影业公司成立不久即开始筹拍电影《风云儿女》。1935年1月中旬，田汉在上海完成电影《风云儿女》的故事梗概及主题歌《义勇军进行曲》的歌词创作。3月中旬，聂耳主动向夏衍请缨，要求承担《义勇军进行曲》的作曲任务。经两周构思，聂耳在3月下旬短短几天内谱写出雄壮的《义勇军进行曲》曲谱初稿。4月下旬，聂耳对《义勇军进行曲》进行

《风云儿女》拍摄现场（金石声摄）

修改并将定稿交电通影业公司。

《风云儿女》

1935年5月24日，由电通影片公司摄制，田汉、夏衍编剧，许幸之导演，王人美、袁牧之主演的电影《风云儿女》在金城大戏院首映。当天《申报》在电影广告栏用整版篇幅刊登了金城大戏院"今天起映"《风云儿女》影片，称它是"电通公司继《桃李劫》后全力摄制的无上伟大贡献"。"这儿有雄伟的歌——是铁蹄下的反抗歌！悲壮、哀愁、轻松、明朗，使你喜，使你悲，使你感奋，使你知道对祖国的责任！这是初夏中国影坛上一阕胜利的凯歌！"《中华日报》电影宣传广告上写着："再唱一次胜利的凯歌！再掷一颗强烈的炮弹！"

起来！起来！

从公映《风云儿女》第一天起，金城大戏院场场客满。大部分观众不单是观影，更是为《义勇军进行曲》而来。这首主题歌就像一根导火索，点燃了人民心中的爱国热情。许多人为了学会这首歌，到金城大戏院一场又一场观看，不久就出现了电影院内银幕上下一起高唱《义勇军进行曲》的动人场面。随着影片放映，《义勇军进行曲》开始在民众中大范围传唱。

1949年9月27日，中国人民政治协商会议第一届全体会议通过决议，确定以《义勇军进行曲》为中华人民共和国代国歌。1982年12月4日，五届全国人大五次会议决议，确认《义勇军进行曲》为正式国歌。2004年3月14日，十届全国人大二次会议通过宪法修正案，规定"中华人民共和国国歌是《义勇军进行曲》"。

周恩来题写"黄浦剧场"

1934年2月1日，金城大戏院正式落成开业，戏院占地1050平方米，拥有1786个座位。开幕当天即放映明星阮玲玉主演的默片《人生》。后又放映明星、电通天一、艺华等公司新片，如《风云儿女》《渔光曲》《桃李劫》等。因其专映首轮国产影片，被当时报界誉为"国片之宫"。

1957年，周恩来总理来沪视察工作，在金城大戏院观看筱文艳、杨占魁、马秀英主演的《白蛇传》。大家觉得机会难得，请总理为剧场题名，总理一口答应。当时有人建议用"淮光剧场"，寓意"发扬光大淮剧"。熟悉沪语的总理认为"淮光"沪语谐音不好，得知剧场位于黄浦区内，便写了"黄浦剧场"，黄浦剧场因此得名，并沿用至今。

黄浦剧场今貌

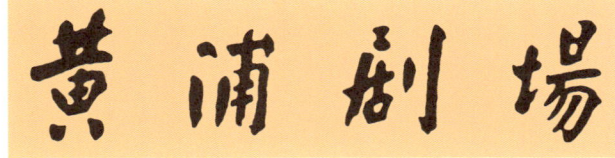

周恩来题写"黄浦剧场"

宁波同乡会旧貌

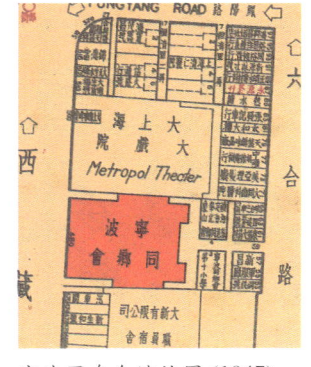

宁波同乡会地块图(1947)

上海文化界、职业界救国会成立大会遗址
（上海宁波同乡会礼堂）

位于上海市西藏中路(原西藏路、虞洽卿路)480号。上世纪30年代中期，上海文化界、职业界救国会成立大会均在宁波同乡会礼堂举行。上海宁波同乡会创建于1910年，1921年5月于西藏路建成新会所，西式建筑，共五层并有地下室。原建筑已拆除，建商业用房。

上海文化界救国会成立

1935年12月12日，上海文化界马相伯等283人联名发表《上海文化界救国运动宣言》，支持北平学生的一二·九运动，率先发起组织民众救国运动，表示要"立刻奋起，站在民众的前面而领导救国运动"。27日，上海文化界救国会成立大会在宁波同乡会礼堂召开，参加大会的有文化界人士300余人。大会通过会章，选举马相伯、沈钧儒、章乃器、邹韬奋、陶行知等30余人为文化界救国会执行委员，并通过争取言论自由、保障文化人生命安全、组织民众反抗帝国主义等议案。会议发表文化界第二次救国运动宣言，提出开放民众组织、保护爱国运动、建立民族统一战线、停止内战、释放政治犯等主张。全国文化界组成救亡统一阵线，领导民族解放运动。

宁波同乡会（1994.7）

《申报》报道上海文化界马相伯等283人联名发表《上海文化界救国运动宣言》(1935.12)

上海职业界救国会成立

1936年2月9日，上海职业界救国会成立大会在宁波同乡会礼堂召开。到会千余人，选举沙千里、顾留馨、石志昂等为理事，潘仰尧为理事长。会议发表成立宣言，表示"为了个人，为了整个民族的前途，我们人人都有参加救亡运动的权利和义务"，职业界应严密组织起来，在"救亡的联合阵线斗争中，坚决的厉行任何的救亡工作"，要求"全国商店工厂的老板、伙计、学徒以及经理、大小职员、练习生"都参加救亡运动，"用我们的血和肉夺回已失去的土地、同胞，而达到了民族的解放"。职业界救国会参加者多是公司、海关、银行、保险等行业下层职员、学徒及职业补习学校学生，也有高级职员和少数工商业者，成立时会员600余人，后发展到1300多人。职业界救国会注意扩大抗日救国群众基础和政治影响，在基层活动较多。10月，中共地下党通过职业界救国会发起组织以银钱业职员为主体的上海市银钱业业余联谊会（简称"银联"）和以洋行中国职员为主体的洋行华员联谊会（简称"洋联"），更广泛开展抗日救亡工作。

西藏中路480号今貌

中国饭店旧貌

贵州路 160 号

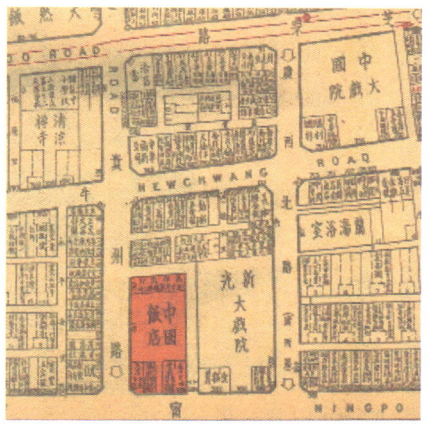

中国饭店地块图（1947）

周恩来发布"七月指示"所在地

位于上海市贵州路 160 号（原中国饭店）。约建于 1930 年，折衷主义风格建筑。1937 年 7 月，周恩来在此会见潘汉年、刘晓，传达中央指示精神（史称"七月指示"）。

"七月指示"

1937 年 6 月，中国共产党为促成抗日民族统一战线早日形成，周恩来率中共代表团赴庐山进行国共两党谈判。7 月，周恩来、博古、林伯渠再赴庐山谈判。途经上海时，在中国饭店约见上海办事处主任潘汉年和中共上海三人团（1937 年 7 月初，中共中央电示，由刘晓、冯雪峰、王尧山组成，主持上海党组织恢复重建工作）领导人刘晓，对上海党组织工作恢复和重建作了重要指示，强调日本全面侵华已不可避免，要组成抗日民族统一战线；依靠群众力量揭露国民党的反动本质，把抗战变为真正的抗战。抓住全面抗战时机，以文化界为基础做好统战工作，开展既合法也是群众性的抗日活动，同时要注意保存和积蓄革命力量。对党组织发展不能操之过急，对负责干部要注意隐蔽条件。

"七月指示"为上海党组织的恢复和重建指明了方向，对重新规整党组织队伍，开展秘密工作起了重要指导作用。

蓬莱大戏院旧貌

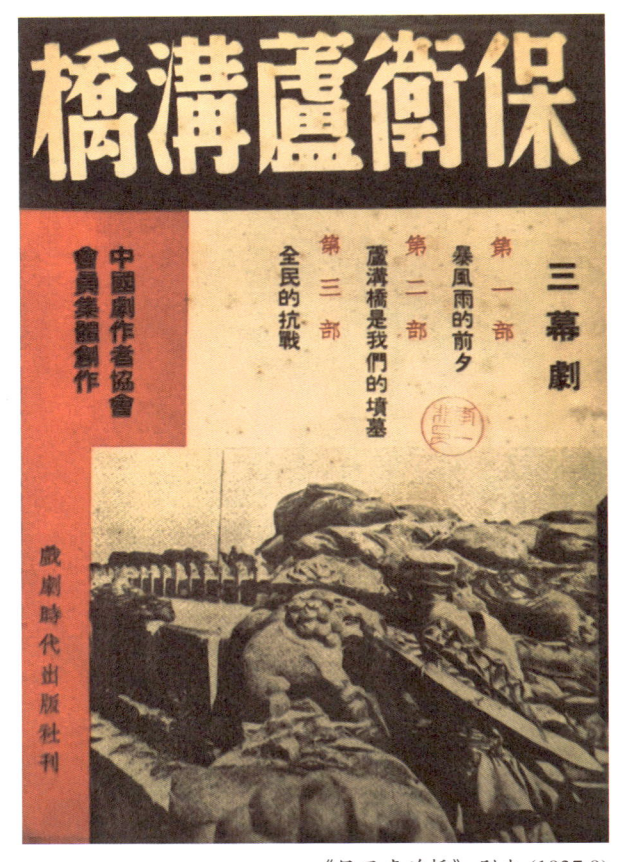

《保卫卢沟桥》剧本（1937.9）

《保卫卢沟桥》演出地（蓬莱大戏院）遗址

位于上海市学前街111号。砖木结构，970座单层观众厅。1937年8月，话剧《保卫卢沟桥》在戏院正式公演。原建筑于1990年代拆除，建沧海苑住宅区。

赶排抗日剧

1937年7月，卢沟桥事变的消息传到上海，影剧界人士无不义愤填膺。7月15日，中国剧作者协会在卡尔登戏院召开全体会议，决定集体创作三幕话剧《保卫卢沟桥》，以讴歌英勇抗战的军民。会议限定第三天下午4点前拿出初稿，然后再用两天时间修改。到第五天，这部由崔嵬、张季纯、马彦祥、王震之、阿英、于伶、宋之的、姚时晓、舒非等17人执笔编写，由冼星海、周巍峙、塞克等5人谱写歌曲，并经夏衍、郑伯奇、张庚、孙师毅4人加工整理的《保卫卢沟桥》剧本如期完成，以中国剧作者协会会员集体创作名义推出。上海各剧团、各电影公司近百名主要演员担任演出和剧务工作，仅用十多天时间就排练完毕。

8月7日，《保卫卢沟桥》在蓬莱大戏院首演。全剧共三幕，第一幕"暴风雨的前夕"描写七七事变前，日军以演习为名在卢沟桥附近为所欲为，当地居民忍无可忍，"把鬼子兵赶出去"的口号预示着一场暴风骤雨即将来临。第二幕"卢沟桥是我们的坟墓"描写了卢沟桥事变爆发的过程，被日军演习烧杀掳掠的村民向卢沟桥附近驻军求援，将士们摩拳擦掌，严阵以待，而上面却传来"不准轻举妄动""和平阻止敌人前进，设法避免冲突"的命令，不让出兵。敌人嚣张的气焰和难民痛苦的哭诉，让将士们终于奋起反抗，向敌人冲杀过去。第三幕"全国的抗战"描写了军民合作，共同反抗日本侵略者的场面，也是整个戏剧的高潮。

史诗般的演出

演出得到了社会各界广泛支持，上海各大剧团和电影公司演员，纷纷要求参与演出，即使跑龙套也深感光荣，赵丹、王人美、王莹、金山、崔嵬、吴茵、顾而已等著名影人都参加了该剧排练和演出。其间，为欢迎从日本归国的郭沫若，以及沈钧儒等"七君子"出狱，特加演一场。当演出进行到第三幕，在剧中扮演连长的崔嵬和战士们一起高唱："我

《申报》刊登《保卫卢沟桥》演出广告

们愿守上边的命令，可是我们不能被人无缘无故来调开……守土战士，谁说我们不应该！"台下爆发出热烈的呼号，郭沫若、沈钧儒等与观众一起站立，振臂高呼："枪口一致对外！反对投降主义！"

《保卫卢沟桥》从公演开始，场场爆满，联合演出每天日夜两场进行，有时还加演临时场满足要求。这种热烈场面，一直持续到八一三淞沪抗战爆发。《申报》载文评论此剧"是一颗掷向民众深处的爆烈弹，猛烈地激动每一个观众的神经，沸腾他们的热血"。

1952年蓬莱大戏院改名蓬莱电影院

沧海苑

《大刀进行曲》手稿　　麦新　　文庙

《大刀进行曲》首唱地

位于上海市文庙路215号上海文庙内。1937年8月8日，《大刀进行曲》在文庙召开的国民救亡歌咏协会成立大会上首次唱响。现为公共文化场馆。上海市文物保护单位。

《大刀进行曲》的诞生

1933年3月，国民革命军第29军大刀队在长城喜峰口夜袭日军一战成名，其英勇事迹极大振奋了国人。人们热情讴歌第29军大刀队杀敌报国的英勇精神，报纸上登出了这样的诗歌："大刀大刀，雪舞风飘，杀敌头颅，壮我英豪！"1937年七七事变，又是29军在卢沟桥打响了全面抗战第一枪。

消息传开，举国振奋，热血青年纷纷要求参军杀敌。正在上海的年轻作曲家麦新被事迹深深鼓舞，创作了这首著名的抗战歌曲《大刀进行曲》，又名《大刀向鬼子们的头上砍去！》，副标题："献给二十九军大刀队"。

大刀向鬼子们的头上砍去！
二十九军的弟兄们，
抗战的一天来到了！
抗战的一天来到了！
前面有东北的义勇军，
后面有全国的老百姓。
咱们二十九军不是孤军，
看准那敌人，把他消灭！
把他消灭！冲啊！
大刀向鬼子们的头上砍去！杀！

文庙与救亡歌咏

1937年7月，"中国国民救亡歌咏协会筹备会"两次会议在文庙举行，著名作曲家孟波、麦新、孙慎、冯敏等出席。8月8日，在文庙召开国民救亡歌咏协会成立大会，在主席团入座的有冼星海、孟波、麦新、郭沫若等人，1000多人涌入文庙。麦新站在露台上教唱自己新近创作的《大刀进行曲》，这是其首次公演。自发而来的群众齐声高唱。后来这首歌发表在《大众歌声》第二集上，田汉又通过百代唱片公司录制成唱片。

麦新(1914～1947)，原名孙培元，别名默心、铁克。九一八事变后，积极参加抗日救亡运动。1935年，为上海民众歌咏会、业余合唱团组织者之一。全民族抗战爆发，创作著名的《大刀进行曲》，传遍全国。1938年春，参加中国共产党。其主要作品有《大刀进行曲》《南泥湾开荒》《红五月歌》等。

孩子剧团在武汉八路军办事处门口留影 (1938)

孩子剧团诞生地遗址

位于上海市淮海中路(原霞飞路)85号。原恩派亚大戏院,建于1921年。1937年9月3日孩子剧团诞生于此。原建筑已拆除,建大上海时代广场。

难民收容所里的歌咏队

1937年8月,日军进攻上海闸北、虹口、杨树浦一带,许多工厂、学校、民房被炸毁。原沪东临青学校部分学生在老师带领下躲进租界,在恩派亚难民收容所避难。

这些孩子自发组织起来,在难民收容所里教难童唱歌、识字,又走上街头演讲、唱歌、演戏,去医院慰问伤兵。中共党组织指派临青学校党员教师吴新稼(吴莆生)前去工作,以临青学校学生为基础,吸收其他少年儿童,发起成立孩子剧团。9月3日,孩子剧团正式成立。团员20余人,最大16岁,最小才9岁,吴新稼当时也只有19岁。11日,《救亡日报》刊登了孩子剧团的成立宣言:"我们虽然没有了爹妈,没有了家庭,成了流离无靠的孤儿,但是我们没有哭,没有伤心……我们知道不能上前线去与鬼子拼,不能做大规模的事情,我们只有以我们所有的力量,团结起来,以过去所爱好的工作来为国家服务,为民族尽力。"

抗战奇花

孩子剧团受上海市文化界救亡协会领导。由于孩子们从未受过专门艺术训练,文化水平低,表演能力差,每排一出戏困难重重。协会派殷扬(杨帆)经常来团指导,还派四川来的戏剧家吴雪帮孩子们排演。孩子剧团在各难民收容所、伤兵医院和工厂、学校、里弄,开展各种抗日演讲、演剧、歌咏活动。保卫大上海期间,孩子剧团活跃在上海街头,进行演出、张贴抗日标语、募捐等活动,并组织上海14个抗日儿童团体,建立了"上海市儿童团体星期座谈会",每周一会,共同商讨各抗日儿童团体联合开展保卫大上海的宣传救亡工作。

撤离上海

11月12日,上海沦陷,党组织决定孩子剧团从上海撤离至大后方。孩子剧团22人离开上海,开始徒步长征,一路宣传、演出,即使吃不上饭,也不忘用歌咏、戏剧唤起民众、激励自己。有个东北军长官看了演出,感叹:"你们两三天的工作,比我们几个月的成绩还好!"

孩子剧团屡经周折,辗转8省市,行程三千里,历经53天,终于来到武汉,受到武汉八路军办事处热烈欢迎。欢迎会上,长征小战士和孩子剧团一

嵩山电影院

恩派亚大戏院

大上海时代广场

孩子剧团全体成员合影(1937.10)

同联欢,周恩来、董必武、叶剑英、郭沫若等也坐在他们中间。孩子剧团演唱了团歌:"看我们一群小光棍,看我们一群小主人,我们生长在苦难里,我们生长在炮火下……孩子们站起来,站起来,在抗战的大时代,创造出我们的新世界!"

被茅盾先生赞为"抗战的血泊中产生的一朵奇花"的孩子剧团,在皖南事变后被当局强令解散。

恩派亚大戏院由西班牙人雷玛斯投资创办,戏院内设788座,观众厅2层,钢筋混凝土结构,建筑面积910平方米,是上海早期著名电影院。抗战初期,一度曾作为四川旅沪同乡会创办的难民收容所。1951年12月24日改名嵩山戏院,后又改名嵩山电影院。

国际第一难民收容所

国际第一难民收容所旧址

位于上海市重庆南路227号(原吕班路280号震旦大学操场)。1937年8月22日国际第一难民收容所在此开办,1939年12月结束。现为上海交通大学医学院。

第一难民收容所成立

八一三淞沪抗战爆发后,大量难民涌入租界。1937年8月13日,由国际救济组织和热心人士发起成立上海国际救济会,于8月22日开办国际第一难民收容所。搭建8座大竹棚,另有大小不同芦棚7所,2处作职员办公室,3处作厨房,1处作雏形医院,1处为难胞浴室及理发室。设组负责日常管理,其中收容组担任登记、统计、管理、遣送;训导组担任教育、组织;卫生组担任治病、环境卫生;警卫组维持所内秩序;给养组担任供给、分配等职务。至1939年12月结束,前后收纳难民4万人,收容所由饶家驹任主任,律师陈志皋任副主任,中共党员黄定慧(黄慕兰)任总干事,党员潘达(潘大成)、记者姚潜修任副干事。

党领导下的难民工作

为加强收容所的领导,1937年12月,中共江苏省委成立难民工作委员会(简称"难委")。难委成立后,陆续选派30余名共产党员和积极分子,在上海慈善团体联合救灾会所属50余所收容所和国际第

第一收容所训育儿童摄影

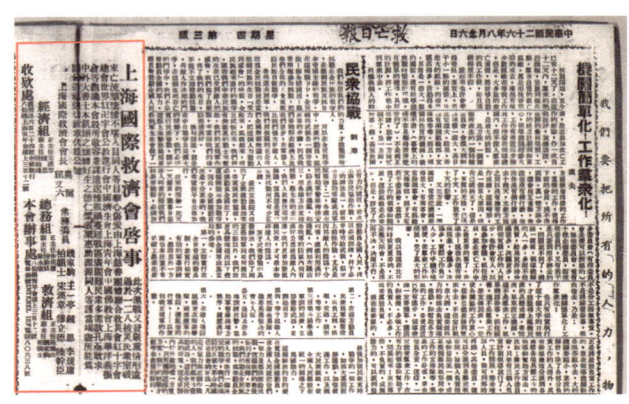
《救亡日报》刊登《上海国际救济会启事》(1937.8.26)

上海国际救济会第一收容所全体工作人员合影

一、第二难民收容所开展难民工作。按照省委指示精神，确定四项工作，即开展上层抗日民族统一战线工作，开展难胞生产自救等广泛的社会合法活动；集中进行难民抗日教育和阶级教育；在进步工作人员和难胞中发展党员，建立和扩大党组织；做好思想教育和组织准备工作，通过难民自动流动和有计划遣送的公开合法形式，为皖南新四军、敌后抗日游击区、工厂、农村等各条战线输送有生力量。

国际第一难民所成立地下党支部后，在难委领导下开展救济、教育等工作。一方面，组织难民生产自救，编织纸花、手提袋、手套、袜子等上街售卖；另一方面，推进难民教育工作，实行小先生制度，兴办小学、中学和无线电通讯训练班，提高难民文化知识和民族意识。同时组织小分队到难民所演出，宣传抗日救亡；组织难民参加游行，宣传抗日；动员难民参加抗日武装斗争，输送一部分难民到浙江、苏北等地打游击，一部分难民到皖南参加新四军。

党把难民收容所从社会救济场所，变成开展政治宣传教育、培养抗日救亡生力军的特殊阵地，把收容救济与抗日救亡运动相结合，使救济难民工作成为抗日救亡运动重要组成部分。

南京饭店俯瞰

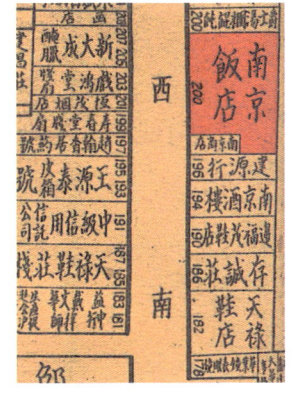

南京饭店地块图 (1947)

中国青年新闻记者协会成立大会会址

位于上海市山西南路200号南京饭店。建于1929年，钢筋混凝土结构多层建筑。1937年11月8日，中国青年新闻记者协会（简称"青记"）在这里的二楼召开成立大会。上海市文物保护单位。

成立青记

1937年7月上旬，途经上海的周恩来在会见胡愈之、夏衍等人时，指示要加强爱国新闻工作者团结，组成统一战线。11月4日，新闻界范长江、羊枣、夏衍、碧泉、邵宗汉、朱明、恽逸群等在一起商量，决定组织一个永久性团体，名为中国青年新闻记者协会，并推举范长江、恽逸群、羊枣三人负责筹备工作，发起人中还有《大公报》记者王文彬、章丹枫、孟秋江、陆诒等。

11月8日晚7时，青记成立大会在山西南路南京饭店举行，作为协会发起人的夏衍、范长江、碧泉、恽逸群、章丹枫、王文彬等15人出席成立大会。陆诒、孟秋江因在山西战地采访未能到会。成立大会上通过了协会章程，推举范长江、羊枣、碧泉、恽逸群、朱明5人为总干事，夏衍、邵宗汉等为候补干事。

夏衍

南京饭店今貌

《中国青年新闻记者学会成立宣言》

从"协会"到"学会"

成立大会召开后，青记干事、会员分头工作，有的赴内地，有的到香港，有的仍留在上海。范长江等于11月中旬抵达武汉，同当地新闻界共同筹备，成立了武汉分会。1938年3月15日，青记在汉口"联合办事处"开会，决定将"协会"更名为"学会"。3月30日，中国青年新闻记者学会第一届全国代表大会在汉口举行。大会通过了《中国青年新闻记者学会成立宣言》，选举了领导机构——常务理事会。范长江、钟期森、徐迈进当选常务理事。在常务理事之下，设秘书一名，由朱明担任，负责处理日常事务，并设总务、组织、学术三个组，作为工作机构。

青记经战火洗礼而发展壮大，从创办初期的20余人发展到后来的2000多人，40余个分会，影响了千千万万知识青年。1949年9月，中华新闻工作者协会筹备委员会成立，青记完成了历史使命。2000年，经党中央、国务院批准，把青记成立日——11月8日确定为"中国记者节"，"范长江奖"成为新闻工作者最高奖项。2017年11月3日，在原址建设布展，会址纪念馆揭牌。

《中国青年新闻记者协会概要》

茅丽瑛与海关同事合影

茅丽瑛与启秀女中英文班全体合影

茅丽瑛烈士殉难处

位于上海市南京东路114号慈安里大楼底楼边门楼梯旁。1939年12月12日,茅丽瑛在此遭暗杀。1989年12月12日,该处公布为革命纪念地,并勒石纪念。

走上革命道路

茅丽瑛,浙江杭州人,1910年8月出生。早年就读上海启秀女校。毕业后,考入东吴大学法律系,后辍学。1931年3月考入上海海关,当英文打字员。1935年参加上海中国职业妇女会,1936年加入中国共产党领导的海关进步团体"乐文社",走上革命道路。

八一三淞沪抗战爆发后,她加入海关华员战时服务团,参加支援抗战活动。1937年11月,加入海关华人组织的救亡长征团,奔赴广州、香港等地开展抗日救亡宣传工作。后从广州回到上海启秀女校任教,继续参加抗日活动。

1938年5月,在上海成立中国职业妇女俱乐部(简称"职妇"),茅丽瑛被选为主席,领导妇女界抗日救亡活动,与各救亡团体一起,发起劝募寒衣联合大公演,组织物品慈善义卖会,以救济难民名义为新四军添置军衣,筹集经费。同月,加入中国共产党。

为义卖而死

茅丽瑛不畏惧汪伪恐吓,毅然组织义卖会。1939年12月12日,茅丽瑛在南京路慈安里大楼三楼的职妇开会,当晚7时半开完理事会,刚走到慈安里大楼边门,即遭日伪枪击,茅丽瑛受伤后当

茅丽瑛

即送仁济医院,但因日伪阻挠,拖了7个多小时才施行手术,终因伤势过重,于12月15日下午2时逝世。茅丽瑛烈士留下遗言:"吩咐一切的人别为我悲伤!我死,没有什么关系,我是时刻准备着牺牲的,希望大家要继续努力,加油地努力!"

茅丽瑛逝世后,各界人士组织治丧委员会,12月17日在万国殡仪馆举行茅丽瑛烈士公祭活动,中共江苏省委、职委、八路军、新四军驻沪办事处和各界代表及自发前来的群众参加。18日下午出殡,送殡队伍长达数百米。

1949年12月11日,为纪念茅丽瑛烈士逝世10周年,上海市市长陈毅手书:"为人民利益而牺牲是光荣的,人民永远纪念她!"

茅丽瑛烈士母校启秀女校初设于闸北。1938年,迁至霞飞路。1956年后,启秀女校几经更名。1981年7月,校址迁思南路37号。1990年12月10日,卢湾区人民政府安放茅丽瑛烈士塑像于校园内,以志纪念。现为向明初级中学。

茅丽瑛遗墨

茅丽瑛烈士遇害处今貌

上海市第二人民医院(1990年代)

邹韬奋在上海医院秘密治病

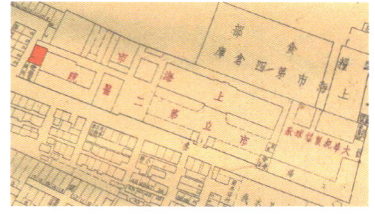

多稼路1号地块图(1947)

上海医院旧址

位于上海市多稼路1号。该院建立后,为贫苦大众免费诊治,并帮助革命人士,曾在此秘密救治邹韬奋。1949年更名上海市第二人民医院。

国人自办的第一所中西兼治医院

1904年11月,李平书与女西医师张竹君创办"女子中西医学堂"(女子中西医学院),1905年春正式开学,校址设在新马路福梅里对门洋房(今黄河路)。经费及中医教学由李平书负责,张竹君则担任经理并负责西医教学。1905年7月在学堂旁创办女子中西养病院(中西女医院)。后在杨斯盛、王松云等资助下于南市三泰码头积谷仓外(今多稼路)公地筹建新院,定名上海医院,1909年7月落成,张竹君出任监院(相当于院长),附设女子中西医学校。医院对"病者分等留医,中西并治,颇著成效",并提供免费施诊服务,广受好评。1916年4月起收归公有,后更名为公立上海医院、市立沪南医院、上海市沪南戒烟医院、市立第二医院等。1949年起沿用上海市第二人民医院院名。2018年7月,与上海市黄浦区中心医院等三家医院整合迁建为上海市第九人民医院黄浦分院。

秘密救治邹韬奋

1943年初,邹韬奋因患癌症,来沪治疗,秘密住进上海医院。敌伪得悉后便四处搜查,下令:"活的邹韬奋捕不到,死的也要"。院长曾耀仲冒着危险,将化名季晋卿的韬奋收进上海医院特等病房,亲自为其治疗和护理,并采取严格的保密措施,使其躲过敌特搜捕,在病床前撰写《患难余生记》,直至1944年7月24日离世。由曾耀仲签发的"死亡证明"上写着:病人季晋卿死于"肺炎",巧妙避过了敌人耳目,将邹韬奋遗体保存下来。当时全院三四十名医务人员无人知晓"季晋卿"底细。

锦江都城经典酒店

都城饭店地块图 (1947)

都城饭店旧址

位于上海市江西中路180号。上世纪30年代建成，钢筋混凝土结构，坐东北朝西南，1964年改称"新城饭店"。1946年国共谈判期间，周恩来曾在此活动。现为锦江都城经典酒店。

都城饭店旧貌

周恩来与都城饭店

抗战胜利后,国民党发起内战,共产党努力争取和平,派周恩来、董必武等组成中共代表团与国民党谈判。1946年10月,周恩来预见到国共和谈破裂在即,准备率中共代表团主要成员撤回延安。撤离前,他对留在国统区工作的人员作了细致周密安排和部署,并把新闻界、文化界一些党内同志派往香港,把公开活动重点逐步向香港转移。他要求香港方面做好准备接收民主人士、文化艺术界人士和部分干部,帮助他们寻找新的社会职业,对避居香港的民主党派人士和友好人士保持联系,妥为照顾。中共中央南京局上海工委委员,负责外事和报刊工作的乔冠华(乔木)、龚澎夫妇也在赴港名单。

撤离前,周恩来在福州路都城饭店咖啡座接见冯亦代(《世界晨报》经理)和郑安娜夫妇,乔冠华、龚澎夫妇作陪。谈话中,周恩来要冯亦代帮助照顾一些文化人的家属和乔冠华父亲。乔冠华则要冯亦代与外国记者保持密切联系,特别是《密勒氏评论报》小鲍威尔、美国新闻处贝玛丽和工合组织彼得·汤逊等人。

10月18日晚,乔冠华、龚澎夫妇奉命离开上海去香港。10月29日周恩来致电:"香港已成为南京和上海的第二线了。"根据安排,乔冠华负责筹备成立新华社香港(南方)分社,并担任首任社长。龚澎负责筹建《中国文摘》(CHINA DIGEST)。

《中国文摘》前身《新华周刊》(NEW CHINA WEEKLY)

《中国文摘》

1946年5月,乔冠华、龚澎夫妇随中共代表团到上海,负责外事和报刊工作。在周恩来直接领导下,5月17日,国内第一份英文刊物《新华周刊》(NEW CHINA WEEKLY)在思南路107号(今思南路73号)周公馆发行,龚澎负责发行,乔冠华任总编,编辑部设法大马路(今金陵东路)23号。6月5日,《新华周刊》遭国民党查禁,前后只出了三期。10月,乔冠华、龚澎夫妇奉命撤离周公馆前往香港。12月31日,《中国文摘》正式发行,龚澎化名钟威洛负责筹建,并担任主编和社长。这份刊物是中国共产党第一份大量向海外发行的英文期刊,其前身就是当年5月在上海发行的《新华周刊》。

辣斐大戏院

纪念鲁迅逝世十周年大会

纪念鲁迅逝世十周年大会遗址

位于上海市复兴中路323号（原辣斐大戏院）。建于1933年。1946年10月19日，上海文艺界在此举行鲁迅逝世十周年纪念大会，周恩来与会并发表演讲。原建筑已拆除，现为拉法耶艺术设计中心。

一次纪念集会

1946年10月19日，中华全国文艺界抗敌协会等全国12个文化团体代表1000余人在辣斐大戏院集会，纪念鲁迅逝世十周年。大会主席团由邵力子、郭沫若、茅盾、沈钧儒、马叙伦、叶圣陶、翦伯赞组成。叶圣陶、郭沫若、茅盾等先后致辞。郭沫若在会上发表讲话《鲁迅和我们同在》，以当年自己受鲁迅精神感召从日本回国参加抗战的事例，说明鲁迅是一座"精神上的灯塔"，"我们应该加倍的认识鲁迅，加倍的体验鲁迅精神"，永远做"鲁迅的信徒"。

周恩来发表演讲

周恩来说："内战是鲁迅先生所诅咒的。抗战才是鲁迅先生所希望称颂的。"他又说：国共谈判"从鲁迅逝世那年到今天足足谈了10年了，还不能为中国人民谈出一些和平，我个人也很难过。但人民团结起来就一定能够解决中国的和平民主统一的问题。今天我要在鲁迅先生之像面前，立下誓言：只要和平有望，仍不放弃和平的谈判，即使被逼得进行全面自卫抵抗，也仍是为了争取独立、和平、民主、统一。"最后他说道："人民的世纪到了，所以应该像条牛一样努力奋斗，团结一致，为人民服务而死，鲁迅和闻一多，都是我们的榜样。"

鲁迅（1881～1936），浙江绍兴人，名周树人。著名文学家、思想家、民主战士，五四新文化运动重要参与者，中国现代文学奠基人。"鲁迅"是他1918年发表《狂人日记》时所用笔名，也是影响最大的笔名。1930年起，先后参与发起组织中国自由运动大同盟、中国左翼作家联盟和中国民权保障同盟。

劝工大楼旧貌

会场被捣毁后场景

劝工大楼遗址（梁仁达烈士流血处）

位于上海市南京东路328号（原南京东路328～334号）。建于1912年。原为中华劝工银行营业大楼（简称"劝工大楼"）。1947年2月9日，梁仁达在此被殴打不治身亡。原建筑已拆除，现为雅戈尔大厦。建筑外立面有纪念勒石。

二九惨案

1947年，上海市三区百货业工会在中共地下组织领导下，发动"爱用国货，抵制美货"群众运动，并决定于2月9日在新新公司剧场召开大会，正式成立"爱用国货，抵制美货"委员会，邀请民主人士郭沫若、邓初民到场演讲，后因当局阻挠，临时将地点改为劝工大楼三楼百货业工会会场。9日上午9时，与会群众及郭沫若、邓初民等陆续到达，会场情绪热烈，高唱爱国歌曲。这时，早已混入会场的国民党打手有组织地起哄，继而殴打与会群众，捣毁会场座椅设备。混乱中，梁仁达因竭力阻止破坏会场和殴打群众遭围攻，被从三楼拖打至一楼门口，后送至仁济医院，因伤势过重，不治身亡，年仅30岁。

梁仁达（1917～1947），广东中山人。17岁时进入上海永安公司工作，在化妆部当了三年练习生后，升为售货员。他积极参加各类爱国活动，1938年，他和永安公司14名职工一起致信经理，要求全体职工素食一天，节省餐费捐赠抗日战士和难胞。梁仁达身亡后，永安公司职员在公司食堂内设灵堂祭奠。1947年2月12日，在安乐殡仪馆（今武定路）举行梁仁达烈士大殓，参加吊唁的有各工会、大中学校、民主党派、群众团体代表1000余人。

梁仁达

中小学教师在社会局门口集会请愿 (1948.6)

舞潮案、中小学教师反饥饿斗争地旧址

位于上海市淮海中路381号（原林森中路375号）。1909年建成，四层砖木结构，新古典主义建筑风格。曾为上海市社会局、教育局等机构办公地，舞潮案和中小学教师反饥饿斗争在此发生。现为中环广场。

惊动上海的"舞潮案"

1947年10月，国民政府下令限期关闭全国所有舞厅。靠此谋生的上海舞女与舞厅职工纷起反对，组织上海舞女联谊会，向各方请愿，反对禁舞。1948年1月31日，国民党当局无视舞女要求，采

被激怒的舞业职工冲进社会局大楼 (1948.1)

舞业职工、舞女到社会局请愿 (1948.1)

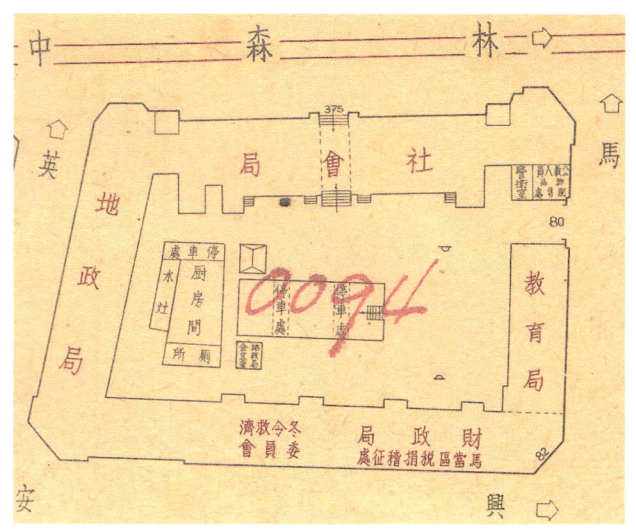

林森中路 375 号地块图

取"分期禁绝",并查封了上海舞女联谊会。2000多名舞业职工、舞女及家属来到社会局请愿,高呼口号"反对禁舞""向社会局要饭吃"。社会局负责人拒不接见,阻拦、殴打请愿群众。被激怒的舞女冲进社会局办公楼,捣毁门窗玻璃和办公用具。警察局派来大批人马武力镇压,300余人被捕。舞女们的斗争得到社会各界广泛同情,在社会舆论压力下,当局被迫取消禁令,各舞厅恢复营业。

舞潮加深了舞业职工对当局的仇恨,部分舞女受进步思想影响,开始寻找党组织,舞女联谊会总干事加入了中国共产党。1948年底,一些进步职工

旧址曾改为比乐中学 (1980 年代)

中环广场

加入了职委领导的益友社,在党组织支持下成立了益友社上海舞业职工干事筹备会,出版会刊,发展了50多名会员,对唤起舞业职工团结斗争起到了一定作用。

中小学教师反饥饿斗争

1948年6月28日,在中共上海市委教委领导下,500余名教师集合在市教育局门口,成立"上海市私校教师争取合理生活请愿团",推选8名代表与教育局谈判。当夜,请愿教师冒着大雨包围了市教育局和社会局所在大楼,散发《告各界人民书》,并在街头上演活报剧、唱讽刺小调,争取社会各界广泛同情。29日晨,教师们在大楼脚手架上贴出"反饥饿场"四个大字,请愿教师增加到1500人。各业职工举着"职工同情教师""穷人心连心"的大旗,打着锣鼓前来声援、慰问。私校教师斗争成为一场社会性的反饥饿斗争。在此情况下,教育局被迫同意请愿教师的部分要求。考虑到请愿要求基本达到,请愿团便分头说服教师,适时结束斗争。当晚6时左右,通宵持续27小时的私校教师反饥饿斗争胜利结束。

凯旋电台旧址

位于上海市南京东路720号上海市第一食品商店（原新新公司）五楼。大楼坐北朝南。1949年5月25日，凯旋电台向全市人民播发消息："上海人民解放了！"在南京路发出人民之音第一声。

新新公司大楼

凯旋电台

1926年，华侨刘锡基、李敏周以"日新又新"之意命名创建新新公司。公司五楼设有上海首个国人自行设计并装备创办的私营广播电台，因电台周围全用玻璃装饰，玲珑剔透，俗称玻璃电台。1927年3月18日，电台正式播音，日均播音6小时，除广播新闻与商情外，大部分为粤调、苏滩等娱乐节目。后因火灾而停办，抗战胜利后原址重建，改名凯旋电台。

新新公司人民保安队合影

人民解放军经过新新公司（陆仁生摄）

南京路上响起解放第一声

1949年3月，新新公司中共党支部接到指示，设法控制公司电台，以便在迎接上海解放中发挥作用，并指派地下党员陈君衡、姚仁根先后与电台职工杨观榜交友，借机进入凯旋电台播音室，并学会了电台播音技术。

1949年5月25日，新新公司中共地下党员、人民保安队队长杨俊接张啸峰指令，带领队员佩上白底红字"人民保安队"布制臂章，直奔公司五楼，控制了凯旋电台。临时担任播音员的工会业余话剧组李云森在电台连续播报"我们上海人民解放了！""人民解放军已来到南京路！""上海解放了！"等消息。广东籍地下党员刘帼英随后被急召至电台，与李云森一起，轮流用普通话、上海话、广东话向上海市民播报《中国人民解放军布告》（《约法八章》）和《三项保障》，敦促负隅顽抗的国民党残军缴械投降。南京路各大百货公司职工组织的歌咏队也在电台演播《解放区的天是明朗的天》等革命歌曲。凯旋电台连续广播了三天。

永安公司绮云阁

永安百货大楼旧貌

上海解放时南京路上第一面红旗升起处——绮云阁

位于上海市南京东路635号永安百货大楼。1918年建成，西北端建有巴洛克风格三层塔楼，名为"绮云阁"。1949年5月25日，绮云阁升起南京路上第一面红旗。上海市文物保护单位、黄浦区爱国主义教育基地。

升红旗迎解放

1949年5月24日深夜，永安公司中共地下党支部组织人民保安队队员通宵达旦在商场各楼面和主要入口巡逻，严防特务破坏，布置抄写《中国人民解放军布告》，油印迎接上海解放的宣传品，准备悬挂在公司大楼面向南京路的墙上。25日凌晨，在公司屋顶值勤的队员首先发现人民解放军卡车驶来。消息传开，有人提议升红旗欢迎解放军到来，大伙一致称好。当即从公司找来一块大红布，赶制出一面红旗。地下党支部将悬挂红旗地点选在当时南京路制高点之一——公司楼顶的绮云阁，升旗任务则交给雷于斌、黄明德、乐俊炎和唐仁4名青年党员。

弹雨中飘扬

据时任永安公司中共地下党支部书记宗鳌春回忆，当时4名青年党员爬上绮云阁塔楼，准备把红旗挂到旗杆钩子上，但爬上去后发现钩子掉了，上面窄小的空间根本站不住人。此时，战斗仍在进行中，控制苏州河北阜丰仓库的国民党残敌看到公司楼顶的红旗，朝绮云阁方向一阵扫射，在北侧墙上留下了一排弹痕。4人冒着危险，找来一根消防龙头皮带，用皮带将乐俊炎和旗杆绑在一起，趁着机枪声停，乐俊炎腾出双手，使劲将绳子系在旗杆顶端，又重新升挂，南京路上第一面红旗在绮云阁飘扬。接着，新新、大新、先施等公司纷纷挂出红旗，共同欢庆上海解放。

上海人民保安队总指挥部、外滩第一面红旗升起处旧址

位于上海市中山东一路 13 号海关大楼（原江海关大楼）。1927 年建成。1949 年 5 月 25 日，上海人民保安队总指挥部迁此。同日，外滩第一面红旗在此升起。全国重点文物保护单位。

组建人民保安队

1949 年 4 月中旬，为统一领导、指挥各方力量，配合和策应人民解放军解放上海，中共上海市委决定恢复上海人民团体联合会的组织和活动，将工协、职协、学联、教联等群众团体划归其领导。5 月初，会议决定在上海人民团体联合会党组下设地下武装总指挥部，将各种纠察队、护厂队、消防队等组织合并，统一命名为"上海人民保安队"，

人民保安队臂章

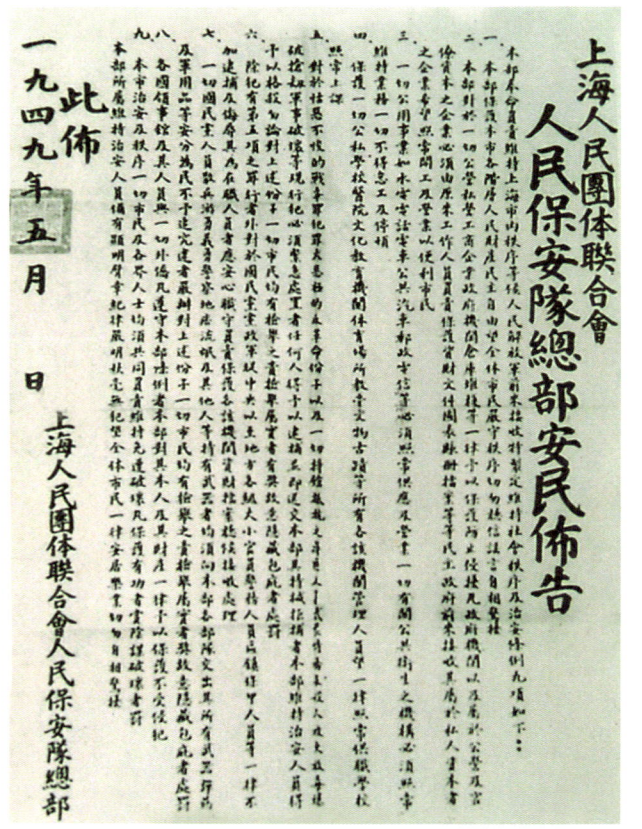

为迎接解放军接管上海发布的安民布告

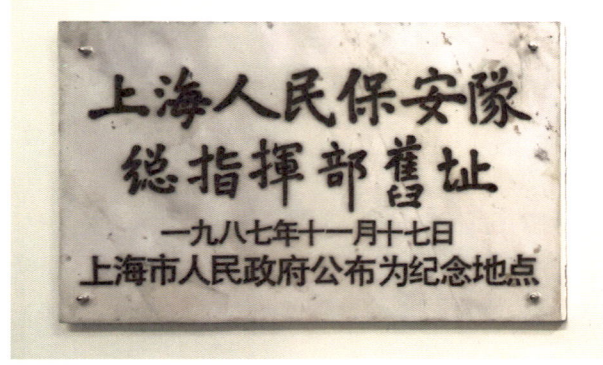

纪念铭牌

下辖 6 个区队，队员共 6 万余人。沈涵、孙友余、刘峰 3 人组成总指挥部，沈涵任总指挥，总指挥部办公和会议地点暂设北京东路清远里 18 号。5 月 1 日，人民保安队总指挥部发布《人民保安队队员须知》，规定了其任务、组织、三大纪律八项注意等行动准则。5 月中旬，突击印制白底红字人民保安队布质臂章 20 万个，并统一刻制了印章。

海关大楼 (2017)

纪念浮雕

人民保安队总指挥部旧址今貌

总指挥部

5月25日,上海市委书记张承宗与指挥部人员商量决定,将上海人民保安队总指挥部迁至江海关大楼410、412、413室原缉私课税务司三间办公室内。总指挥部入驻前,中共海关党支部已通过税警地下党员,将浦东税警军械库中全部枪支弹药转移至楼内,为人民保安队总指挥部迁址和入驻后的保卫工作提供了保障。

人民保安队总指挥部移至江海关大楼后,即派人接管延安西路129号的国民党上海广播电台,并向全市人民播送人民解放军已解放苏州河以南市区的消息,宣传人民解放军约法八章,劝导国民党官兵放下武器,缴械投降。

在总指挥部指挥下,上海人民保安队统一佩戴臂章,开展护厂、护店、护校斗争,协助人民解放军维持地方秩序,为配合上海全面解放和维护社会治安稳定发挥了重要作用。5月31日,上海人民保安队改名上海工人纠察队,划归同日成立的上海总工会筹委会纠察部领导。

外滩第一面红旗升起处

1949年5月25日凌晨4点半,江海关大楼首先挂出长30米巨幅标语"欢迎人民解放军解放大上海",钟楼顶端升起黄浦江畔第一面红旗,江海关大楼和江海关查验房之间也横跨马路拉起一条横幅,浦江两岸视野内的水上船户和陆上居民均可看到。横幅、直幅、红旗由中共地下党员和入党积极分子秘密拼布缝制书写,制作标语的红布,是地下党员捐献的红布。

群众运动场所

1917年落成的市立公共体育场

公共体育场举行的五卅周年纪念大会

公共体育场举办蓬莱区六一儿童节庆祝大会（1951）

上海公共体育场旧址

位于上海市方斜路515号（原方斜路555号）。1917年建成，又称西门外公共体育场。1919～1949年，上海人民反帝反封建集会重要场所。现为上海市黄浦学校。上海市文物保护单位。

上海公共体育场变迁

1917年租借斜桥北塄上海慈善团公地26亩建成，设有办公楼、健身房、足球场、网球场、室内篮球场、排球场和300米跑道圈，是中国人在上海自建的第一座体育场。1927年7月，定名为上海第一公共体育场。1937年遭日军轰炸成为废墟，抗战胜利后重建，改名上海市立体育场南市分场。1954年更名沪南体育场。1997年7月改建为上海沪南体育活动中心。2003年，与原市九中学合并，组建为上海市黄浦学校。

黄浦学校

群众活动纪要

1919年

5月7日，上海各界2万人召开国民大会，声援北京学生五四爱国运动。

5月26日，上海2.5万大中学校学生集会声援。

5月31日，上海学联与工商各界召开追悼郭钦光烈士大会。

6月12日，上海各界召开大会，庆祝曹汝霖、章宗祥、陆宗舆被免职。

10月3日，上海各界8000余人集会，要求释放赴京请愿代表，履行各界请愿五条件。

11月23日，各界3万余人召开大会，声讨日本帝国主义者制造"闽案"。要求更换驻闽日领、惩办行凶日人等八项交涉条件。

1920年

2月9日，数千人召开国民大会，决议对"鲁案""闽案"等声援办法。

4月14日，上海53所学校师生8000余人集会，抗议有损主权的"山东问题交涉案"。

1925年

4月12日，上海各界召开孙中山先生追悼大会。

6月11日，上海工商学联合会组织500余团体近10万人举行市民大会，通过反帝宣言和决议。

6月30日，上海工商学联合会组织工人、学生和市民20万人臂缠黑纱，手持小旗，召开五卅死难烈士追悼大会。

9月7日，工商学三界市民发起九七国耻纪念大会。

1926年

5月30日，中共上海区委通过各团体联合会组织3万余人召开市民五卅周年纪念大会。

1927年

3月22日，上海1000余团体举行庆祝临时政府成立大会。

4月12日，群众抗议二十六路军收缴工人纠察队武装，要求释放被捕工人。

1936年

6月7日，上海各界近5000人举行群众抗日救亡歌咏大会，齐声高唱《大路歌》《开路先锋》《义勇军进行曲》等抗日救亡歌曲。

上海市立梅溪小学旧貌

上海市梅溪小学

位于上海市永宁街20号。是全国第一所由国人自办的新式小学。1919年5月7日，上海各界2万余群众在公共体育场举行国民大会，呼吁收回青岛、惩办国贼、释放被捕北京学生、抵制日货，梅溪小学120名师生参加。现设有校史陈列室，黄浦区爱国主义教育基地。

中国第一所近代教育小学

梅溪小学前身正蒙书院为私立学堂。尽管脱胎于旧式学堂，却是一所真正意义上的新式小学。开创了中国小学教育史上的诸多"第一"：一是改革了课程设置，废除了陈腐的经史之学，增加了实用的外语、国文、舆地、格致、数学、时事、诗歌等。课堂形式上也参照西方教学方法，采取班级授课制。二是在学生中推行军事训练。据《上海县志》载，"中法战争爆发时，张焕纶令学生受军事训练，率之夜巡城厢"，夜间居民"闻屐声，皆知其为梅溪学生矣"。学生们不再是隔离于社会之外的人群，而是成为社会中的一员，开始担负起一定的社会责

梅溪小学童子军团员在劳动

任和义务。三是组建童子军,首创在学校中成立学生组织。各种学生社团在书院兴起,学生力量得到凝聚。四是吸收女学生进校,开创了男女同班同学的先河。教育家黄炎培曾评价称:"吾国教育,上海发达最早,而上海小学,梅溪实开其先。"

1878年,张焕纶会同沈成浩、徐基德等人创办正蒙书院。因坐落在填平的"梅溪"故址上,1882年扩建校舍时易名梅溪书院,1902年改称梅溪学堂,1903年改名官立高等小学。1912年改建了校舍,先后更名市立初等小学、上海市立梅溪小学。1946年改名上海市第四区中心国民学校。1950年人民政府接管,改名蓬莱区第一中心小学,1956年改称蓬莱路第一小学。1984年,在旧址建造新校舍,恢复"梅溪小学"校名。2000年迁至现址,与永宁街小学合并,沿用"梅溪小学"名称。

梅溪小学今貌

梅溪小学校史陈列室

梅溪小学114周年校庆

上海学生联合会日刊社职员合影 (1919.12)

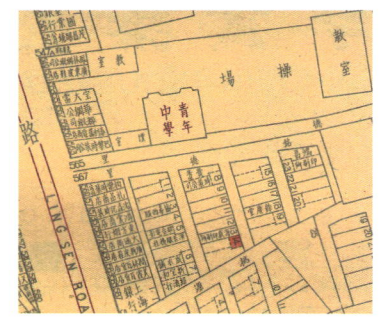

霞飞路渔阳里14号地块图 (1947)

五四运动时期上海学生联合会会所旧址

位于上海市淮海中路567弄（原霞飞路渔阳里）14号。建于1917年，砖木结构三层旧式石库门里弄建筑，坐北朝南。1919年6月11日，上海学生联合会会所迁至此处。现为居民住宅。

五四运动中诞生的上海学联

1919年5月4日，北京13所大专学校3000多人在天安门前集会，随后举行示威游行。北京五四游行示威的消息传出，举国震动，纷起响应。5月8日，上海31所学校81名学生代表齐聚复旦大学，筹备成立上海学生联合会（简称"上海学联"）。11日，在静安寺路51号寰球中国学生会会所召开上海学联成立大会，明确"期合全国青年学生之能力，唤起国民之爱国心，用切实方法，挽救危亡"的宗旨，坚持"死生以之，义无反顾"的态度。

从5月中旬至6月初，上海有84所学校建立了学联分会。1919年6月4日，出版《上海学生联合会日刊》。6月5日，发起召开各界联席会议，成立上海商学工报联合会，领导罢工、罢市、罢课的"三罢"斗争。同时，为了加强全国学生运动的协调和统一，上海学联联合京、津、宁及留日学生代表发起成立中华民国学生联合会。上海学联成立后，领导五二六总罢课，支援北京学生的"挽蔡斗争"、召开郭钦光烈士追悼大会，为推动五四运动起了重要作用。

《申报》刊登上海学生联合会组织之经过 (1919.5)

《上海学生联合会日刊》

上海学生联合会会所旧址今貌

飘忽的会所

上海学联领导的斗争引起了租界当局恐慌。1919年6月9日，公共租界工部局宣布封闭上海学联办公室，声称："工部局不能允许将租界作为政治上激动之中心点，贵会关于近日骚动之举动，因与和平秩序有害，故特通知静安寺路51号之事务所，当日6月10日上午10时，由巡捕房封闭。"学联于11日搬到法租界霞飞路渔阳里14号，当天法租界巡捕房又要求下午5时前迁出。为了坚持斗争，避开巡捕房当局的管辖，学联总部遂迁到闸北博文女中。

上海学联的变迁

1927年4月12日，蒋介石在上海发动反革命政变，成立"上海学生运动指导委员会"，查封上海学联，并通令逮捕学生中的共产党员和革命学生领袖。此后，上海学联在改组中接受中国共产党领导，动员与组织上海学生参加革命斗争，成为上海革命学生运动的指挥中枢，在维护学生切身利益方面，做了大量工作。

商务印书馆职工会第一届委员合影 (1926.8)

商务印书馆发行所旧貌

商务印书馆发行所旧址

位于上海市河南中路 221 号（原 211 号）。始建于 1911 年，1912 年商务印书馆发行所新厦开业。1925 年，陈云在商务印书馆加入共产党，并领导了商务印书馆的罢工斗争。现为商业用房。

陈云在此"走向革命"

1919 年，14 岁的陈云离开青浦练塘，进入商务印书馆发行所，在文具部当学徒。商务印书馆浓厚的文化氛围，为刻苦学习、追求革命真理的陈云，提供了得天独厚的条件。他还参加进步读书团体——上海通讯图书馆的读书活动，集中研读了《马克思主义浅说》《辩证唯物论》和《共产主义 ABC》等书籍，以及《新青年》《向导》等刊物。1925 年 8、9 月间，

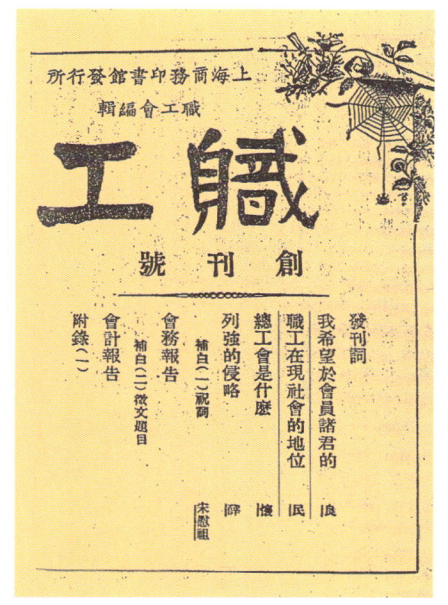

商务印书馆发行所工会编辑的《职工》创刊（1925.10）

商务印书馆发行所旧址今貌

陈云加入中国共产党，后来成为商务印书馆发行所支部书记。1927年9、10月间，因遭通缉被迫离开。陈云曾回忆："离开练塘进入商务，在那里使我有可能走向革命的方向。"

罢工斗争

1925年6月，为支援五卅运动，商务印书馆工会成立，职工中的共产党员发展到30余人，党在工会中建立了罢工临时党团，徐梅坤任书记，党团成员有：沈雁冰、杨贤江、陈云、章郁庵、丁晓先、邬家良、王景云、徐新之、陈醒华等十几人。

8月22日，商务印书馆总发行所、虹口发行所和总厂印刷工人，首先实行同盟罢工。罢工得到全国各地商务分馆支持。随后，宝山路印刷总厂、编译所等加入罢工。罢工工人发表《罢工宣言》《职工会章程草案》，提出复工条件。8月27日，资方同意复工条件，罢工取得胜利。

复工不久资方撕毁协议，解雇近百名罢工职工。12月22日商务印书馆职工进行第二次罢工，提出8项复工条件。工人纠察队遭军警开枪镇压，职工中有三四十人受伤，42人被捕。工会谈判代表与资方艰苦谈判，同意26日复工。商务印书馆的两次罢工斗争，是五卅运动后觉醒起来的职工为自身经济要求和政治要求进行的抗争。

商务印书馆创办于1897年，创始人是青浦人夏瑞芳，最初只设立一家印刷所经营印刷业务，是一个小小手工工场，后逐渐发展壮大，尤其在编译所所长张元济加入后，开始编辑出版教科书、辞典、外国文学作品等，规模不断扩大。全盛时期，不但在上海设有总务处、总发行所、总编译所及机械、技术相当完善的印刷总厂，还在北京、香港设有印刷分厂，在全国各主要城市设有分馆80多处。

徐梅坤（1893～1997），又名徐行之。浙江杭州人。1922年加入中国共产党，在商务印书馆中发展党员。1925年当选上海印刷总工会委员长，参加五卅运动。1926年至1927年组织并参加上海工人三次武装起义。1939～1942年在昆明创办民生印书馆和南方印书馆。后至重庆，留在党外从事进步活动。

第三号船坞

江南造船厂工人斗争地

位于上海市高雄路2号。中国近代工业发祥地,中国共产党领导下的工人运动红色堡垒。2008年该厂整体搬迁,部分建筑保留。

发展建立党组织

1920年8月,江南造船所工人李中加入上海社会主义青年团,不久转为中国共产党发起组成员。10月,在江南造船所发起筹组并于11月成立上海机器工会,担任筹备会书记和工会临时主席。1921年7月,转为中国共产党党员,是最早的工人党员。1940年夏秋,顾开极受党组织委派到江南造船所开展工作,先后发展乔关生等8名党员。1941年春,造船部首先建立党支部,朱庚森任书记。8月,胡桂宝调入该所,在造机部先后发展5名党员。1942年春,造机部党支部成立,胡桂宝任书记。同年夏,江南造船所成立总支委员会,书记由顾开极兼任,下设造船部、造机部两个支部。至1945年,全所主要部门几乎都有党员。

与日寇斗争

1939年9月21日,江南造船所工人孙增善、张才宝将侵华日军缴获并已修复的"民生"号军舰破坏放沉。10月11日,该所4000余工人怠工,并将待修日舰放沉,工人被捕100余人。《新华日报》为此发表短评"向上海工人致敬"。1943年秋天,组织领导工人怠工,开展三斗米斗争,迫使日方答应每人每月增发三斗米津贴。1944年6月,由于美军空袭严重威胁工人生命安全,但日方却不让工人疏散到厂外躲避。经交涉无果,江南造船所地下党组织工人开展"逃警报"斗争,警报一响,党员、积极分子带领工人冲向厂外。起初由于日本士兵堵在门口用刺刀相逼,未能成功,后改为冲向江边码头,推倒围墙后冲出厂外,日本士兵朝天鸣枪无效。此后,"逃警报"不断,生产常陷于瘫痪。无奈之下,日方被迫发放安全费并“奖励”回厂生产工人1/4工资，但由于“逃警报”频繁，舰船还是修不出来。在江南造船所工人“逃警报”斗争影响下，全市机器业各工厂也纷纷开展“逃警报”斗争。

中國人民解放軍上海市軍事管制委員會命令

令海軍江南造船所

為國民黨反動統治機關，茲任命王壽芳、張元培為本會接收專員，代表本會前往辦理接管事宜，仰該機關所有在職員工，各安職守，迅即負責辦理移交，切實服從領導，遵守革命秩序，並聽候甄別錄用；在接管期間，務須協助接管工作，保護資材、圖書、賬冊、檔案、車輛、用具等，並應由該機關負責移交人員造具詳細清冊，確實報告，聽候清點；凡保護有功者獎，企圖破壞陰謀搗亂者，依法嚴懲不貸。除分令外，仰即切實遵照，毋違為要！

此令。

主任 陳毅
副主任 粟裕

一九四九年五月廿八日

陈毅、粟裕签署接管江南造船所的命令

反破坏、反搬迁、迎解放

上海解放前夕，国民党图谋将江南造船所重要设备拆走，不能拆走的就炸毁。该所地下党总支便组织成立了千余人的人民保安队，广泛发动工人开展护厂运动，反破坏、反搬迁。当时国民党有13艘舰船在厂修理，当局日夜催工。地下党发动工人“磨洋工”、扩大修理范围或有意制造故障等，拖延修理时间，使所修舰船完工无期。

江南机器制造总局外门

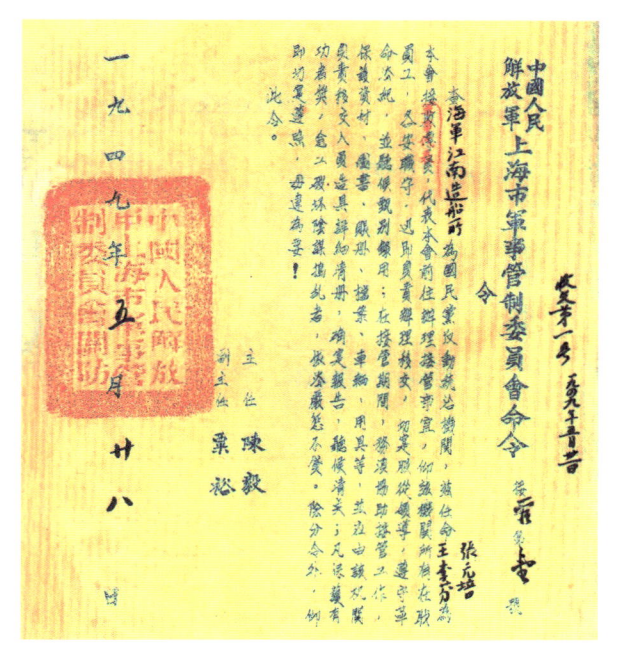

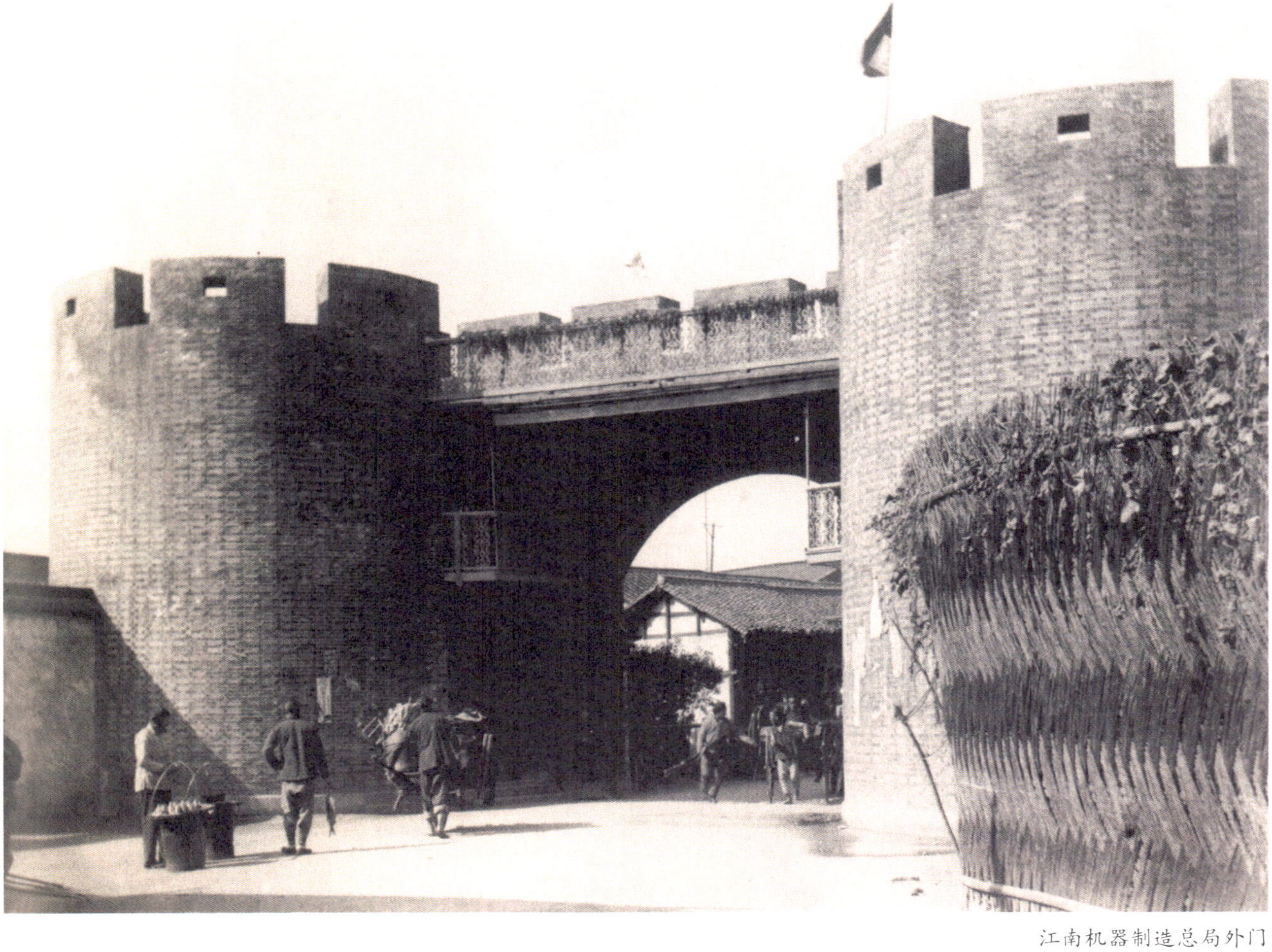

江南造船所工人福利会执委、监委委员就职典礼，3名中共地下党员、5名积极分子当选 (1947)

护厂有功者在江南造船所的表彰大会上领奖 (1949.7)

江南造船厂大门（1990年代）

为防止敌人破坏，船体厂工人将100多台电焊机分散各角落，吊车、汽车分散停放不进车库，船坞工人把三座船坞的水都放满，使敌人无法在坞内安放炸药。工程师王荣瑸将2.6万多张珍贵造船图纸转移到所外，同时还保存了全套英、美、日等国造船资料。1949年5月22日深夜，国民党海军陆战队在所内实施全面爆炸，很多重要设备被炸毁，但由于中共地下党领导下的人民保安队带领全厂工人奋力保护，使总变电间、氧气厂等重要设备未遭破坏，三座船坞也完好无损，最终以护厂斗争的胜利迎来上海解放。

江南造船厂前身为江南机器制造总局，简称"江南制造局"，始建于1865年，1867年迁至城南高昌庙今址。1905年局坞分家后为江南船坞，1912年改称江南造船所，1938年1月被日军侵占，后为国民政府接管。1949年5月28日，陈毅签署上海市军事管制委员会第一号命令，正式接管江南造船所。1953年更名江南造船厂，成为中国规模最大、设施最先进、生产品种最多的现代化造船企业，创造了许多"中国第一"。1996年，该厂更名江南造船（集团）有限公司。2008年，因举办世博会，该厂整体搬迁上海长兴岛。

《申报》刊登机器工会成立消息　　上海机器工会临时会所旧貌

上海机器工会临时会所、上海机器工会成立地遗址

位于上海市自忠路225弄（原西门路泰康里）41号。两层砖木结构房屋，坐北朝南。1920年10月上海机器工会发起会召开后，租用这里作为临时会所。原建筑已拆除，建翠湖天地御苑住宅区。

位于上海市凤阳路186号（原白克路207号上海公学）。1920年11月21日，上海机器工会成立大会在此召开。现为黄浦区教育考试中心。

筹备成立机器工会

1920年秋，江南造船所工人李中受党的委托，在江南造船所组织发起党领导下的全国第一个工会组织——上海机器工会。他与陈独秀起草了《机器工会章程》。1920年10月3日下午5时到7时，上海机器工会在霞飞路渔阳里（今淮海中路567弄）6号召开发起会。到会的除江南造船所、杨树浦灯泡厂、厚生铁厂、东阳纱厂、恒丰纱厂等发起人

上海机器工会成立大会会址上海公学

李中发表在《劳动界》的文章

80名外,陈独秀、杨明斋、李汉俊6人以参观者身份出席会议。这次会议由筹备会书记李中任会议临时主席。他在会上报告了机器工会筹备经过。会议讨论通过了《上海机器工会简章》,并决定只开成立大会一次,以通函形式选举产生理事会。在领导机构正式成立前暂设经募处,推选陈独秀为主任,李杰、陈文焕、吕树仁、陆章和李中为办事员。

发起会后不久,机器工会理事会正式选举产生。理事会决定:"暂设本会事务所筹备处于法租界西门路泰康里四十一号,如本会会员报告及询问等件,可向该处接洽。"

成立大会

同年11月21日下午3时,在白克路207号(今凤阳路186号)上海公学召开成立大会。参加大会的有该会会员、各工会代表及来宾近千人。孙中山、陈独秀等社会知名人士到会祝贺,会场气氛热烈,盛况空前。李中担任大会主席,他首先简要报告了机器工会成立经过,接着孙中山、陈独秀讲话。机器工会从发起到召开成立大会的两个多月里,要求入会的机器工人十分踊跃,会员从几十人很快发展到370人,并出版刊物《机器工人》。

上海机器工会的建立,在社会各界特别在工人中引起较大反响,使上海工人运动面貌一新,甚至还引起了国外工人组织的关注。

党领导的第一个工会组织——上海机器工会是根据发起组负责人提出"组织真的工人团体"原则建立的,是中国工人运动史上一件大事。标志着上海共产党早期组织在领导工人运动方面,由宣传教育阶段进入有计划组织工人的阶段,在工人运动历史上写下了光辉一页。

翠湖天地御苑住宅区

少年宣讲团组织宣讲活动

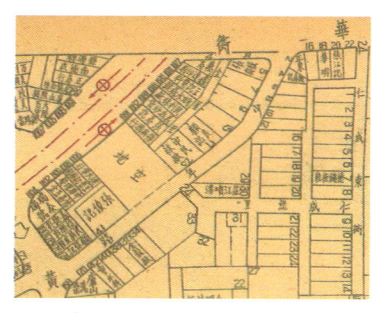

少年路地块图（1947）

少年宣讲团团所遗址

位于上海市中华路小西门。1923年建成，同年沪南工巡捐局将团所后一条小路命名为"少年路"，少年路位于西华弄至黄家阙路间，长95米。八一三淞沪抗战后，团所被日寇夷为平地。少年路保留至今，现名"黄浦少年路"。

私立社会教育团体模范

1912年1月1日，上海启明小学六年级爱国学生汪龙超为唤醒民众不忘国耻，成立"少年宣讲团"，为执行社会教育事业的私人团体，初期成员20人，大部分是15岁左右学生。宣讲团制作了团徽，以警钟为图案，寓意"警醒国人"，钟上刻字"爱人如己"，作为行动准则，定"万年青"为团花，表示永葆青春，效忠祖国。少年宣讲团成立后规模逐渐扩大，十年间团员从20人增至350人。

初期设事务所于英租界晋福里启明小学校。1916年，正式设办事处于嵩山路56号。1919年，因原有地点不敷办事，将办事处迁嵩山路47号。1920年决定筹建团所，由团员向工、商、学界筹集经费，在中华路小西门口购置地皮，于1923年建造少年宣讲团总部团所和上海通俗演讲场。1922年，江苏省教育厅社会指导员到尚未竣工的团所参观，称其为"私立社会教育团体的模范"。

奔走呼号

少年宣讲团以宣讲为主，附办化妆演讲、劝导印品、贫民生计、通俗游艺。为发展社会教育，团员们利用课余时间，分赴上海各区，借用庙宇、学校、菜馆等公共场所开讲，或在路上游行演讲。每逢星期假日，就分赴上海农村宣讲政治革新和国内外形势，并以"改良俗风"为题广为宣传，力图通过宣讲活动，唤醒群众的爱国热忱，进行社会改革。少年宣讲团还发行、刊印《少年月刊》《新少年报》等刊物推行文字宣讲，先后设立"公众阅报社""通俗图书馆""公众阅报牌"，订购各类报刊、图书，免费借阅给群众。组织人员改编旧曲调，加上反映时局的歌词，名为《改良小调》，编印数十万册，广为流传。

黄浦少年路

接受党的领导

1924年，少年宣讲团接受中国共产党领导，主要负责人之一李士林加入中国共产党，汪龙超宣誓接受中国共产党领导。五卅惨案发生后，中共中央在少年宣讲团团所开会，组织上海工商学联合会，并在团所内指挥一切活动。上海工人第三次武装起义时，宣讲团在上海市内日夜游行宣讲，并动员30余名团员参加起义。1932年一·二八事变爆发，少年宣讲团积极演出抗日戏剧，还搭起演讲台，动员各界人民开展捐献运动，支持十九路军抗日。在瞿秋白、恽代英等人带领下，少年宣讲团加强了化妆演讲，经常到上海附近城镇乡村演出反帝、反封建内容话剧，接受各地学校、团体、机关邀请表演。

八一三淞沪抗战后，团所被毁，少年宣讲团光荣战斗25年后，宣告结束。

少年宣讲团团所旧貌

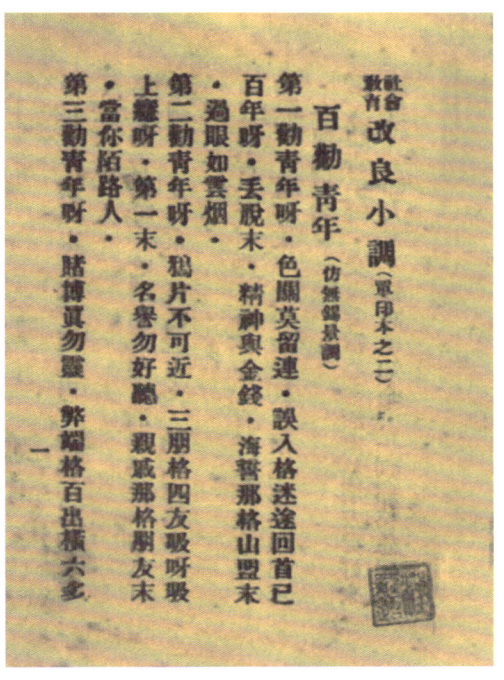

少年宣讲团《改良小调》

少年宣讲团团徽

上海华商电气股份有限公司厂房（1918）

上海南市发电厂遗址

位于上海市望达路55号。原为上海华商电气股份有限公司（简称"华电"），1918年由上海内地电灯有限公司与上海华商电车有限公司合并而成，是中国人在沪经营最早的民族电力企业，有着光荣的革命传统。2007年整体搬离，部分建筑保留。

华电的党组织

1926年五六月间，中共华商电气公司第一届党支部建立，直属中共上海区委南市部委领导，颜梦屏任支部书记，党员有宋凤祥、余茂怀、徐慎甫等8人，是上海电业系统最早建立党支部的组织之一。党支部不断壮大党员队伍，带领华电工人群众在创建工会、组建工人纠察队、参加五卅反帝大罢工等革命斗争中冲锋陷阵。

华电与上海工人第三次武装起义

1927年3月21日，华电党支部在中共南市部委直接领导下，参加了上海工人第三次武装起义。党支部有计划发动公司职工，组建了200多人的工人纠察队，下设1个大队3个中队，汪裕先任总指挥，袁化麟任大队长，并以袁化麟、宋凤祥、钱天宝等11名敢死队员为先导，攻占了淞沪警察厅，又与法电工人纠察队一起攻占了水仙宫警察分署、第一区警察署及上海电话局。最后，华电、法电和铁路工人纠察队三路人马合围江南造船所驻防部队、高昌庙兵工厂等重要据点，缴获大量武器弹药，上海工人第三次武装起义在南市首战告捷。

汪裕先(1908～1934)，江苏南汇(今上海浦东)人，16岁进上海华商电气有限公司工作，1926年加入中国共产党，参与组织筹建华电工会和工人纠察队。1927年3月21日，带领华电工人参加上海工人第三次武装起义。四一二反革命政变后遭通缉，按照党的指示回到家乡，后任中共南汇县委委员兼周浦区委书记、中共川沙县委书记等职。1930年4月，赴太湖地区组织农民武装，途中因叛徒告密被捕。在狱中，秘密建立中共党支部，为争取政治犯应有权利，组织难友绝食，和敌人展开斗争。1934年5月，被杀害于南京雨花台。

工人纠察队在高昌庙兵工厂缴获的大炮

世博园区建设前的南市发电厂厂区

重庆南路275号地块图(1947)

上海法商电车电灯公司旧貌(1930)

上海法商电车电灯公司工人斗争地

位于上海市重庆南路275号(原吕班路康悌路一带)。1906年,上海法商电车电灯公司(简称"法电")在此建厂。在中国共产党领导下,法电工人运动持续不断,始终站在上海工人斗争前列。现为巴士大厦及停车场。

工人斗争录

1926年10月,中共法电支部成立。同月,法电全体党员参加上海工人第一次武装起义。

1926年12月16日,法电工会成立。

1926年12月21日,法电500多人罢工并取得胜利,这是法电工人在党领导下首次罢工。

1927年2月19日,参加全市工人总同盟罢工。

1927年3月21日,参加全市第二次总同盟罢工和同时举行的上海工人第三次武装起义,并取得胜利。

1927年4月13日,参加全市工人总同盟罢工和游行,抗议四一二反革命政变暴行,遭镇压,法电党支部和工会被破坏。

1928年5月,法电党支部恢复。

1929年12月,法电机务部重建工会。

1930年6月,法电工人大罢工持续57天。

1940年9月25日起持续开展长达29天罢工斗争。

1945年夏,中共上海法电区委成立。

1945年9月,组织1800余人开展九二六大罢工。

1946年6月,组织600余人参加反内战大游行。

1947年9月,组织为期7天半的大罢工,有效阻击了国民党大逮捕计划。

1948年2月,参加"申九惨案后援会",组织法电工人集体佩戴黑纱,募捐救济,开展声援活动。

1949年5月,组织700余人民保安队员开展护厂斗争。

法电57天大罢工的工友在八仙桥"状元楼"合影

法电六烈士

徐阿梅、钦家俊、张永康、黄福林、奚良、张富祥。他们生前均在上海法商电车电灯公司从事工人运动。徐阿梅，1927年3月加入中国共产党，1928年5月任法电党支部书记，翌年9月任中共江苏省委委员，1930年6月领导法电工人57天大罢工，1939年12月29日被日伪特务暗杀，年仅33岁。张永康和钦家俊在抗战期间先后被日伪杀害。张富祥、黄福林、奚良于1941年撤退到解放区，在革命斗争中先后牺牲。1949年底，法电六烈士纪念堂（今巴士大厦内）建成。1950年春，在虹桥公墓建徐阿梅暨法电六烈士墓，1966年移葬上海市烈士陵园，改集体墓葬为个别墓。

设在巴士大厦内的法电六烈士纪念堂

大同附中学生赴南京请愿佩戴的标志(1931.11)

解放初,大同学生被批准参军时的热烈场面

上海市大同中学

位于上海市南车站路353号。1926年,学校建立中共地下支部。现设有大同博物馆,展示学校革命烈士事迹及中共地下党活动情况。黄浦区爱国主义教育基地。

救亡运动

1931年九一八事变后,大同大学和附中召集学生大会,及时组织抗日委员会、演讲队,到南市一带宣传抗日。9月24日,大同附中学生参加全市中小学生十万人大罢课。9月底至10月,学生们先后在南站到西门一带及京沪、沪杭铁路沿线宣传抗日。11月,附中代表组成"上海市大同附中请愿团"和其他中学代表两三千人,分批赴南京请愿。1932年2月,附中学生将募捐和茹素节约下来的钱,慰问抗日将士,并在南车站路校园内,建立一座抗日纪念碑,决心收复失地、坚持抗日。1935年一二·九运动后,附中成立学生救国会,并于12月19日参加全市抗日救国示威游行。1938年4月,上海市学生救亡协会大同附中协小组秘密成立。10月,中共大同大学及附中地下联合支部成立。党支部发动群众建立互帮互助组织,开展读书活动,互相借阅进步书刊,介绍八路军、新四军英勇抗战的事迹,开座谈会讨论同学关心的问题等,逐步启发同学觉悟。

1942年9月开始,继任党支部书记的有戴利国、徐祖德、裘民山、钱其琛,党员包括大同附中一院和二院学生。1945年春,杨榴英任支部书记后,利用基督教青年会团契(大同团契)合法形式,组织歌咏、演戏、春游,创办唐家湾义务小学,联系同学、培养积极分子,壮大党的队伍。抗战胜利时,党支部有十余名学生党员,并在党组织周围团结了一批积极分子。

迎接解放

解放战争时期，附中一院学生积极参加反内战罢课斗争，参与了1946年六二三反内战运动、1947年"上海学生抗议驻华美军暴行联合会"示威运动及"上海市抗议五二〇惨案后援会"的抗议声援活动。1948年初，在救饥、救寒运动中，学校"学生服务团"中的地下党员领到善后救济总署救济米200包，发放到丽园路棚户区200多户贫民手里。11月，物价飞涨，地下党组织发动同学拒绝学校收取二次学费的要求，抵制国民党因内战军费支出而克扣教育经费的行径。1949年4月，在党领导下，全校性秘密外围组织先锋社成立。先锋社社员发动社会募款救助棚户区300户受灾贫民，举办居民文化夜校，组织治安小组，成立大同附中一院人民保安队分队及救护队。5月26日至29日，附中一院人民保安队连续四天夜间巡逻，维持社会秩序，迎接上海解放。

南下服务团

1949年6月，根据党中央决定吸收大、中学生参加革命及支援新解放区的精神，中共华东局、上海市委决定成立中国人民解放军华东随军服务团（简称"南下服务团"），由张鼎丞任团长。上海市委要求青委与学联挑选优秀骨干，支援福建。6月17日，在大同大学附中举行大会，正式宣布成立南下服务团。服务团由2400人组成，其中学生1000多人，按部队编制组建4个大队、21个中队及若干分队。7月19日凌晨，南下服务团挥师南下，9月25日抵达目的地福州市。10月8日，服务团同志被分配到福建各地、各系统参加工作，成为福建革命斗争和经济建设的骨干力量。

1912年，胡敦复等立达学社成员发起并自筹经费在南市肇周路南阳里租屋创办大同学院，以"研究学术，明体达用"。1914年，学院迁入南车站路自建校舍。1922年，改名大同大学。1933年，大同大学改制，中学部（即普通科）改称大同大学附属中学（简称"大同附中"）。1937年八一三淞沪抗战后，部分校舍被炸，学校几经迁移。1939年，大同附中拆分为附中一院和附中二院。1946年，附中一院迁回南车站路校舍上课。1952年因全国高校院系调整，大同大学建制取消，附中独立，附中一院改称私立大同中学。1953年，私立经世中学高中部并入。1956年改公立，称上海市第五十七中学，私立三八女子中学（原圣心女中）同时并入。1958年，两江中学部分师生并入。1959年，恢复"大同"校名，全称为上海市大同中学，被定为市重点中学。1969年，培坚中学并入，学校易名为上钢三厂五七中学。1978年恢复现名，同年2月1日被重新确定为市重点中学。2005年，被命名为上海市实验性示范性高中。

大同中学今貌

黄金大戏院旧貌

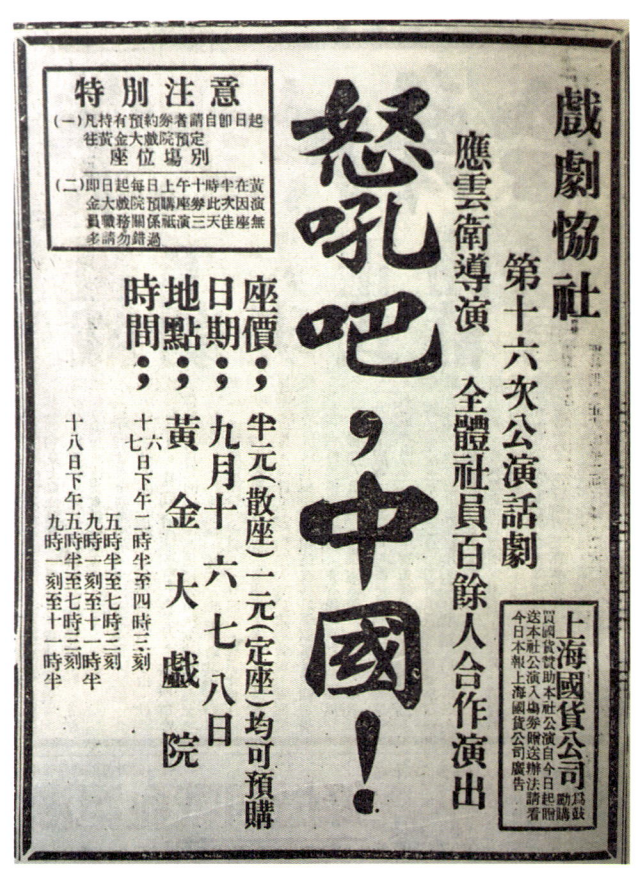
《申报》刊登《怒吼吧，中国！》演出广告

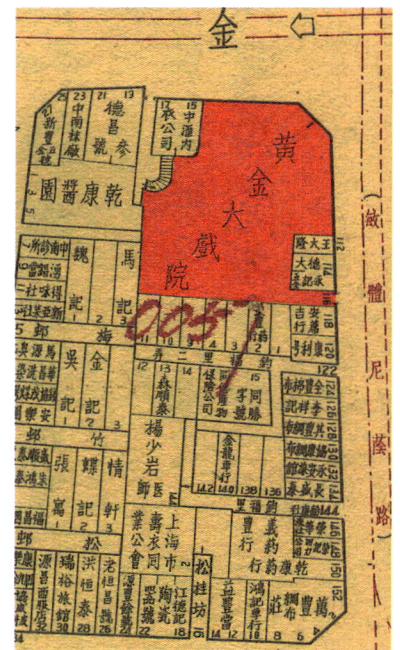
黄金大戏院地块图（1947）

黄金大戏院遗址

位于上海市金陵中路（原恺自尔路）1号。1930年建成开业，拥有三层观众大厅。1951年改为华东大众剧场，后更名大众剧场。原建筑1994年拆除，建兰生大厦。

上演《怒吼吧，中国！》

1933年9月16日至18日，上海戏剧协社为纪念九一八事变两周年，在黄金大戏院公演《怒吼吧，中国！》。田汉组织，应云卫担任导演兼舞台监督，9个剧团联合演出，主演袁牧之、陈波儿等，石挥、严峻、姜明、顾也鲁、陈琦等100余位演员参演，阵容非常强大。《怒吼吧，中国！》根据苏联剧作家特列季亚科夫原著改编，反映英国殖民者的侵华暴行，表达中国人民的激愤之情和怒吼之声，对日本军国主义入侵的有力回击。因剧情涉及英美，公共租界禁止该剧上演。经剧组多方联系斡旋，《怒吼吧，中国！》最终得以在法租界黄金大戏院公演。

《山河恋》剧照

革命舞台

1939年7月，上海11个业余话剧团为救济难民和支援新四军，在黄金大戏院举行联合义演。这次演出对外公布的名义是"业余话剧界慈善公演"，实际上直接策划人是八路军驻沪办事处负责人刘少文。据记载："（义演）规模空前。参加演出的有十几个剧团，上演了七台大戏，一台独幕剧，演职人员达三百余人之多。"

1945年，上海党组织发动黄金大戏院女职工成立职业妇女联谊会，后改名妇女生活互助社。1946年3月7日，互助社参加上海党组织领导的"三八国际妇女节"大游行。

1947年5月4日，上海文化艺术界在黄金大戏院举行纪念五四运动28周年集会，与会者千余人，郭沫若发表演讲。

1947年8月19日至9月12日，越剧界著名演员袁雪芬等"十姐妹"在黄金大戏院联合公演《山河恋》。郭沫若在《新闻报》评价越剧演员"有了新的觉醒"，懂得了"必须求取团结，团结才是力量"。

大众剧场旧貌

浦东同乡会大厦

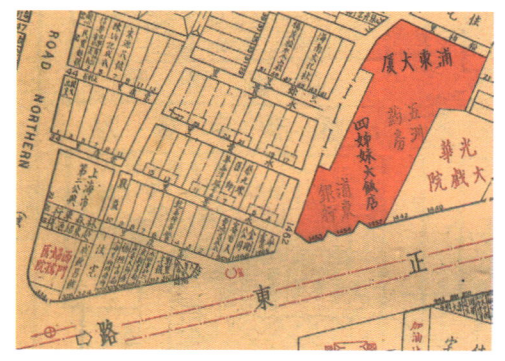

浦东大厦地块图（1947）

上海市文化界救亡协会遗址

位于上海市延安东路成都北路交叉口绿地（原爱多亚路1454号）。1936年建成，八层钢筋混凝土结构，坐北朝南。原名浦东同乡会大厦，是浦东同乡会会所。抗战期间，抗日救亡团体总部多设于此，是上海抗日救亡活动重要场所。上海市文化界救亡协会（简称"文协"）办公场所设于五楼。原建筑于1990年代拆除。

《申报》报道上海文化界救亡协会成立(1937.7)

抗日救亡运动

1937年7月15日，中共发出《关于组织抗日统一战线扩大救亡运动给各地党支部的指示》，要求各地党组织"派出适当人士出面，向当地党、政、军、警、学、商各界接洽"，组织救亡团体。根据这一指示精神，由胡愈之、钱俊瑞等出面，与上海文化教育界人士广泛联络，发起组织共产党、国民党和中间派人士普遍参加、带有统一战线性质的救亡协会。7月28日，文协正式成立。到会文化界人士500余人，胡愈之、钱俊瑞、蔡元培、茅盾、张志让、巴金等83人被选为理事。协会成立后即向当局申请注册并获核准，成为全国最早具有合法地位的群众抗日救亡团体。

文协在浦东大厦公开办公，下设组织、宣传、经济、总务等部。8月初，协会发表宣言，呼吁进行全面抗战。八一三淞沪抗战爆发后，文协于16日举行外国记者招待会，揭露日军侵略罪行。8月24日，文协机关报——《救亡日报》创刊，积极宣传全民族团结一致、共御外侮，曾连续刊发《八百战士专页》。9月，在党组织领导下成立"孩子剧团"，作为文协团体会员，在难民收容所等地演出。至9月底，文化各界都组织了救亡团体并成为文协团体成员，如上海戏剧界救亡协会、上海战时文艺协会、上海漫画界救亡协会等。10月初，文协举办救亡工作人员训练所，为上海各救亡组织和内地救亡运动培养骨干力量。同月，文协还动员100多个宣传队到伤兵医院、难民收容所等宣传抗日救亡；发表宣传大纲，提出在当前救亡宣传要以组织民众为中心；发表《鲁迅逝世周年纪念宣传大纲》，提出发扬鲁迅精神，反对妥协与幻想，坚持抗战到底；召集各团体联席会议，要求政府拒绝国际间一切破坏中国领土主权完整的调停，并与日绝交。11月1日起，举行"保卫大上海"宣传周。文协逐步成为上海文化界救亡团体的大本营。

上海话剧界救亡协会会议地遗址

位于上海市黄河路21号（原派克路卡尔登大戏院）。1923年建成，折衷主义风格的欧洲古典戏院建筑。1937年8月20日，上海话剧界救亡协会在此召开大会，组建"救亡演剧队"。原建筑于1993年拆除。现为鸿祥大厦。

话剧界救亡协会成立

1937年8月17日上海话剧界救亡协会成立，主席郑伯奇，副主席欧阳予倩、洪深，秘书长马彦祥（离沪后于伶接任），推定辛汉文、尤兢、潘孑农、凌鹤、曾焕堂、王愓予、陈白尘7人为常务理事，分任总务、组织、宣传工作，同时成立经济筹募与剧本供应两种委员会，公推阿英、欧阳予倩等为经济筹募委员，郑伯奇、夏衍、宋之的、马彦祥、章泯为剧本供应委员。

组建救亡演剧队

1937年8月20日，上海话剧界救亡协会在卡尔登大戏院召开大会。根据周恩来"上海戏剧宣传要面向全国，广泛开展"的指示精神以及中国剧作者协会会议精神，秘书长于伶在会上宣布成立13个救亡演剧队（实际成立12个）。除十队和十二队留守上海外，其余各演剧队在会后陆续组建、先后离沪，分别沿铁路、水路和公路深入内地乡村、中小城镇，开展广泛的戏剧宣传活动。初期，演剧队主要上演街头剧、活报剧和独幕剧，如《最后一计》《血洒卢沟桥》《放下你的鞭子》等；后期，各队分别创作了一批新剧目，如《上海战争》《八百战士》《飞将军》等，也选排专业作家剧目，如《我们的家乡》《塞上风云》《魔窟》等，剧目迅速及时反映现实，具有强烈的战斗性。除演剧外，还以歌咏、美术、演讲、办墙报、贴标语等多种形式，宣传抗日。1938年后，有5个演剧队集中到武汉和其他进步戏剧团体一起改编为抗敌演剧队，在国统区宣传抗日。有队伍坚持活动到解放战争获得最后胜利。

1937年10月7日，300多位文化界、戏剧界人士集会卡尔登大戏院，宣布话剧界救亡协会扩大为上海戏剧界救亡协会，下设话剧部和歌剧部，原话剧界救亡协会即为话剧部。

鸿祥大厦

救亡演剧队第二队全体队员在开封

《救亡日报》关于上海话剧界救亡协会的报道(1937.8)

中法中学早操 (1949.4)

上海市光明中学

位于上海市西藏南路181号。在民主革命浪潮中,学生积极投入革命实践,经受了洗礼。现设有校史馆。

难以禁锢的爱国心

作为被法租界公董局和教会严格控制的学校,中法学校(光明中学前身)禁止学生阅报和参加校内外各种活动,但青年学生的爱国心无法被禁锢。1919年五四运动期间,中法学校学生积极投入罢课运动。九一八事变后,在蔡和民、叶叔良、夏高阳等领导下,学生们参加反对日本侵占东三省的示威游行。在抗日风暴影响下,张晓硕、王烈豪、唐恺等同学先后参加新四军、八路军,蔡和民参加浙江四明山三五游击支队。

1938年,中共地下组织派校友王烈帆(王中一)和张云啸等改造原中法校友会,激励校友的爱国抗日之心。

中法校友会

中法校友会成立于1925年。1938年,校友会内成立党支部,书记张云啸。中共地下组织对中法校友会有着明确的工作方针和任务:通过党在校友会的活动,开展对法租界三大单位——法公董局、法巡捕房、法电公司的群众工作,同时开展对法商

中法学校校友会第十三届会员大会合影 (1939.2)

银行、洋行、工厂及其他机构的群众工作。利用校友会这一合法组织形式，扩大党的抗日民族统一战线，在法租界各机构中发展党的力量。至1941年，中法校友会党支部发展了吴复培、程达肯、伍正大等7人入党，并团结了一批积极分子。

抗战胜利后，中法校友会重建。因校友会中不少党员进入政府机关工作，1947年另组建市政公务员工作小组，成立党支部，争取团结市政公务员中的进步分子，壮大党的力量。

1886年，由法租界公董局设于公馆马路（今金陵东路）63号，初名法文书馆，以教授华人法语为主，首批入学者仅78人。夜间附设补习科，专教法租界巡捕以初级法语。学校经费由公董局和法国天主教会共同承担，试行法国学制，各级学生享有法国同等学校待遇，毕业后可在法租界警政机关或法商洋行中任职，部分还被派遣赴法国深造。1909年，学校由天主教主母会修士管理，但仍受公董局控制。1911年4月，因原处要建电站，迁到宝昌路（今淮海中路）尚贤堂上课。1913年迁敏体尼荫路（今西藏南路）新建校舍，改名中法学校。1946年，更名中法中学。1951年，更名私立光明中学。1953年，改为公立。1956年，与新进中学合并。2005年，被评为上海市实验性示范性高中。

中法中学第三届初中毕业班全体师生留影 (1949.12)

光明中学

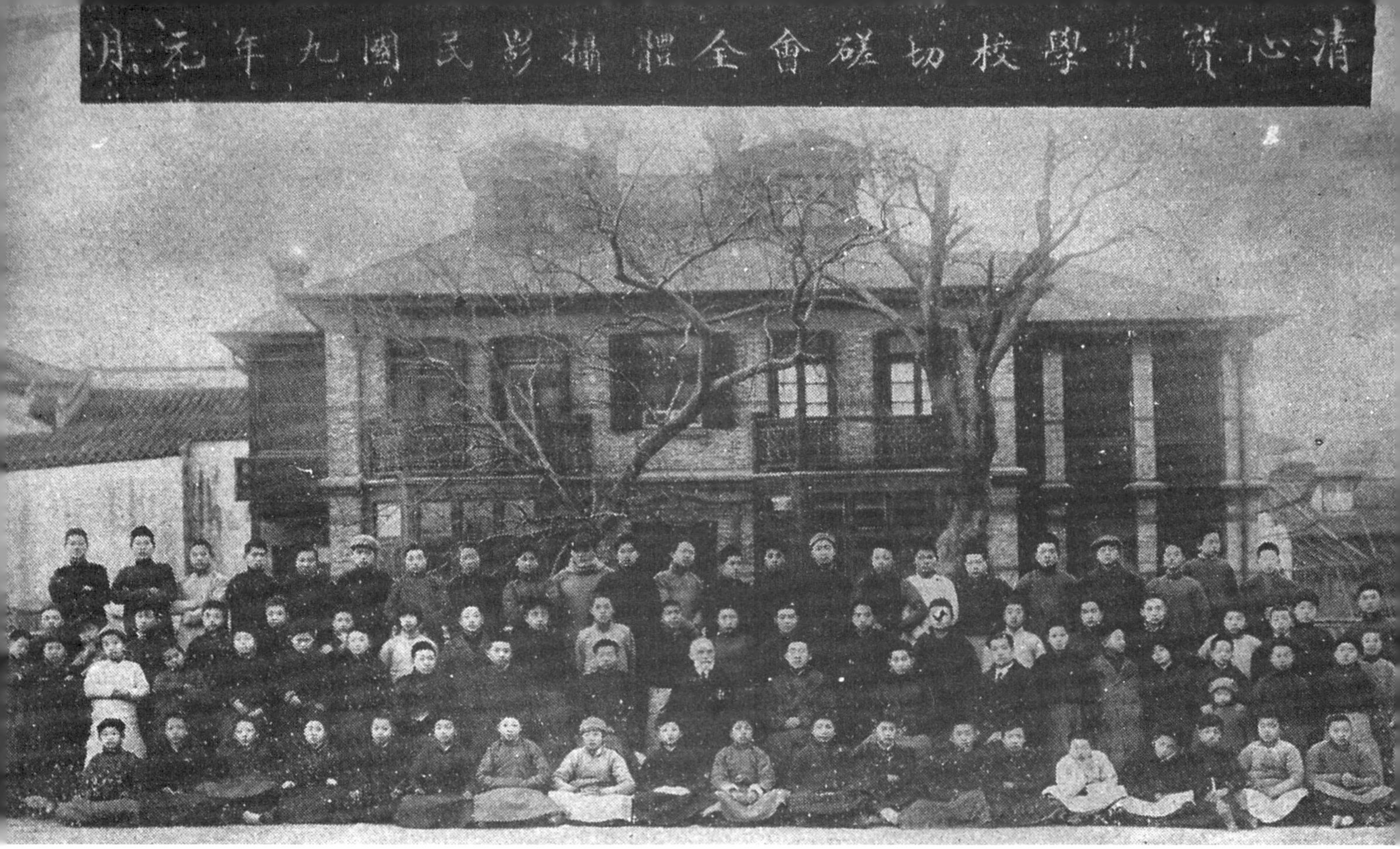

清心实业学校切磋会全体合影 (1920.1)

上海市市南中学

位于上海市陆家浜路 597 号。1938 年，学校建立中共秘密组织，学生爱国运动风起云涌。现设有校史馆——清心馆，每年开展爱国 (12 月 20 日为爱国日)、爱校 (2 月 28 日为爱校日)、爱家 (5 月 15 日为爱家日)“三爱” 主题教育，并将 5 月 25 日 (陈仲信烈士牺牲日) 确定为烈士纪念日。黄浦区爱国主义教育基地。

校歌

(一)申江之濱 黌舍如林 伊誰振先聲
紅羊當年 吾校肇興 締造費經營
「副歌」 蔚矣清心 茂矣清心
聲教總無垠 願我同門 敬教樂羣
相愛更相親

(二)思鮑堂前 芳草如茵 桃李看繽紛
人傑地靈 騰蛟起鳳 春風化雨頻
「副歌全上」

(三)同門桃李 金箭如林 寰宇盡知名
切磋琢磨 取精用宏 海內任從衡
「副歌全上」

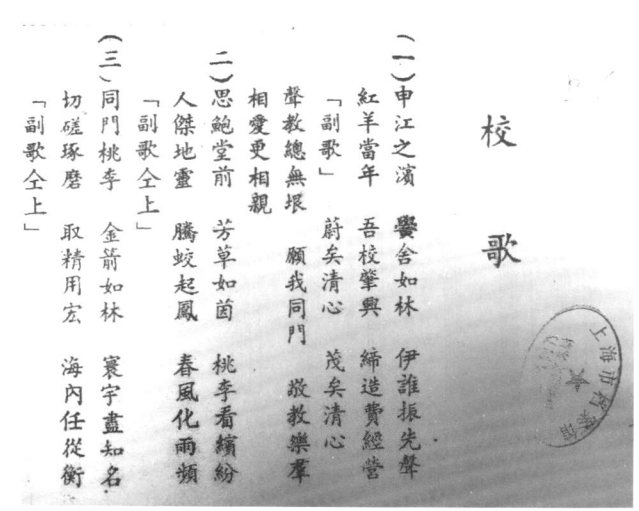

清心中学最早的校歌影印件

全福读书会

1937 年 10 月清心中学迁入法租界内惠中中学暂借该校校舍上课。其间会同惠中中学联合成立救亡组织“清惠社”。因遭惠中校方干涉，清心中学于 1938 年 2 月单独建立救亡组织。为避开租界当局注意，取名“全福读书会”，孙燮文任会长，何乐福（郭世毅）任副会长，各班也相继成立读书小组。在全福读书会领导下，清心中学抗日救亡运动蓬勃兴起。校内，利用合法的团契活动组织歌咏团，举办时事讲座。成立漫画木刻班，用漫画和木刻作品讽刺日本侵略者和汉奸投降势力，歌颂抗日民族英雄。

散发《新华日报》《解放周刊》和《学生生活》等抗日救亡书刊，宣传党的主张和抗战形势。校外，组织学生参加抗日义卖、捐款、慰问"四行孤军"、劝挂国旗等活动；参加上海学生救亡协会（简称"学协"）举办的各种讲座、训练班，接受抗日爱国思想教育；部分进步同学还协助发行《续西行漫记》和《鲁迅全集》等进步书籍。

打响上海学生护校运动"第一炮"

1938年7月初，伪督办公署要求租界内学校一律向伪政府申请登记。学协执委会决定，在全市各校开展护校运动，反对校方向日伪政府登记，抵制奴化教育。学协主要负责人陈伟达（王经纬）、张英（黄文荃）秘密来到清心中学，与"全福读书会"骨干孙燮文、何乐福等一起开会讨论，决定在清心中学首先发动护校斗争，作为全市斗争的突破口。7月6日下午1时，学生们把守住学校各要害部位，护校斗争正式开始。在学生们愤怒声讨中，校长当场解释，接受了以后绝不向伪政府登记并登报声明、成立护校会、不开除同学及保障同学安全等条件。第二天，《译报》首先报道了清心中学护校斗争的新闻，《上海的一日》发表报告文学《斗争的开始》。清心中学的护校斗争在上海教育界引起连锁反应，8月26日，租界内87所中等学校联合在报上发表声明，拒绝向伪政府登记。至此，上海学生护校运动取得了决定性胜利。

陈仲信（1929～1949），1946年加入中国共产党。陈仲信在建承中学、清心中学、省吾中学读书时，积极参加学生运动。1949年任人民保安队第一指挥部大队大队长。5月25日，前往圣约翰大学联系工作途中遭流弹击中牺牲，年仅20岁。5月25日被定为市南中学烈士纪念日。

市南中学内"打响上海中学生抗日救亡运动的第一炮"纪念碑

1860年，美国长老会教士范约翰·密尔斯创办男塾，名为娄离华学堂（1861年，范约翰夫人增办女校，后女校分出为清心女中，今上海市第八中学）。1882年学校改名清心书院。1908年改名清心中学堂。1918年改名清心实业学校。1924年改名清心两级中学。1926年开始由华人担任校长。1932年秋，改名上海私立清心中学校。八一三淞沪抗战爆发后，暂借法租界惠中中学校舍上课。抗战胜利后迁回原址并扩建校舍。1953年，定名为上海市市南中学。

市南中学

上海市立敬业中学高二文组同乐会合影 (1949.1)

上海市敬业中学

位于上海市蓬莱路 345 号。抗日战争期间，是上海学界抗日救亡运动活动中心之一。敬业（南方）中学累计有中共地下党员 38 名，9 名校友在革命战争中英勇牺牲。现设有校史陈列馆，黄浦区爱国主义教育基地。

从南方中学到四维学社

1937 年 11 月上海沦陷后，敬业中学迁入租界，改称私立南方中学。1938 年 9 月，南方中学最早加入中国共产党的顾秋石、周东葵在法国公园（今复兴公园）参加秘密宣誓仪式。10 月，学校地下党组织成立，顾秋石任支部书记。10 月 28 日，在学协成立大会上，南方中学被选为 17 家理事单位之一。1939 年，学校党员分赴各商号劝挂国旗。1940 年，学校党支部通过校级联会召开大会，反对汪精卫粉墨登场，并由校"宪政研究会"以全体师生名义致信蒋介石要求坚持团结抗战。太平洋战争爆发后，日军占领租界。校长徐梦周宣布南方中学停办，大部分教员离职、学生离校，原训导委员王美中接任南方中学校长职务，并向汪伪政府办理登记手续。同年冬，时任南方中学地下党支部书记蒋照明（乔石）根据"上海的中学一定要继续办起来，以免群众失散"的指示，团结四位教师（物理教师费世圻、数学教师陈荣庆、国文教师王芝九、英文教师吴鸿寿）和部分学生组建四维学社，借正风中学教室开学。取名"四维"，一是寓意"礼义廉耻，国之四维"；二是说明这所学校由四位老师维持下来。为了不受汪伪政府控制，四维学社坚决不向伪教育局登记，借用其他中学教室上课。对外不用"四维"名义，而用所在中学名称掩护。1942年7月，四维学社迁往松光中学（今金陵西路连云路口）。1943年3月，四维学社停办。

敬业中学

反内战和护校活动

1945年10月，敬业中学复校。1946年6月，敬业中学恢复建立中共地下党组织，王关澄（王一明）负责，并于当月发动本校数十名学生参加六二三反内战示威。事后，王关澄因身份暴露撤离。9月，上级党组织安排中共党员胡彭年、冯曼文考入敬业中学，充实力量。1947年上半年，经上级党组织批准，正式成立敬业中学地下党支部，胡彭年任书记。五二〇惨案发生后，敬业中学罢课抗议和声援。1948年春，学校进步社团"青年课余图书馆""启智图书馆""青年学生读书会""启智社"等兴起，编印《青年学生》《启智图书馆讯》等油印刊物，传播进步思想。后发展成敬业中学地下党外围组织。1949年二三月间，"敬业中学地下学联小组""敬业中学学生自治联合会"先后成立。南京四一惨案后，学校地下党支部通过自联会，成立"敬中后援团"，募捐115320元。5月，组织以学联小组为核心的120人护校队，并由胡彭年代表党组织劝留时任校长陶广川，等候接管。之后，市军事管制委员会顺利接管敬业中学。

1748年，江苏按察使翁藻等创建申江书院，初设于原明左都御史潘恩旧宅世春堂，1862年迁址县东旧学宫基（今聚奎街一带）。1870年，改名敬业书院。1902年，改名敬业学堂。1905年，更名上海县官立敬业高等小学堂。1913年转公立，改名上海县立第一高等小学。1923年，创办初中，定名上海县立敬业初级中学。1928年，改名上海特别市市立敬业初级中学。1929年增设高中，兼设师范科，改名上海特别市市立敬业中学。1930年，定名上海市立敬业中学。1937年11月，迁入租界，改名私立南方中学。1941年，另组新校——"四维学社"。抗战胜利后，迁回老城厢并恢复市立敬业中学校名，成为一所"市立模范中学"。1956年两江中学高中部、1971年民办望云中学、1982年南市一中相继并入，1996~1999年间与强恕中学合办敬强高级中学，1997年起承办民办申江中学。2000年，停办初中部，敬业中学成为一所高级中学。2005年，被命名为上海市实验性示范性高中。

南方年刊（第一辑）封面(1938)　南方中学校歌

工部局格致公学时期学校旧貌

上海市格致中学

位于上海市广西北路66号。1939年前后,学校组建中共党支部。上海解放初,119名学生参加南下服务团或进入军事干校。现设有校史馆,黄浦区爱国主义教育基地。

格致公学支部

1939年前后,中共地下组织为打破校方压制,提振学校低迷政治氛围,派李琦涛以学协联络员身份联系格致公学,吸收学生参加学协活动,学唱革命歌曲,组织时事讨论会,吸引和发展知识青年入党。不久,格致公学学生吴庆德(吴学谦)、钟信超(钟沛璋)、程念梁先后加入中国共产党,并组成第一个党支部,由吴庆德任中共上海格致公学支部书记。党支部成立后,根据上级指示,一方面以"勤学、勤业、交朋友"为原则,开展维护学生切身利益的活动;另一方面积极开展抗日宣传,通过传阅《论持久战》《西行漫记》等进步书刊团结积极分子,发展党员,充实党组织力量。

反内战,迎解放

1945年5月后,一些党员学生先后转学格致中学就读,党的力量得到增强。党组织利用"学生自助图书馆",提供进步书刊,宣传革命思想。1946年,党组织采用合法形式继续扩大在学生中影响。成立群众性读书会——"阿Q团契",组织学生阅读《民主》《文萃》等进步刊物;开展"民主政治的模式""什么是革命世界观和人生观"等主题讨论会。同时,配合中共上海地下党学委安排,发动师生上街宣传募捐,抗议与控诉国民党暴政;发动

"反内战人人签名运动"。1948年后,团结全校师生,鼓舞斗争信心,迎接上海解放成为党组织主要任务。在积极发展党员同时,格致党支部建立党的外围组织"格致学联",学习党的文件,秘密成立人民纠察队,开展护校斗争,迎接上海解放。

李鸿章所题格致书院校匾

1874年,国人徐寿与英人傅兰雅等创办格致书院于福州路元芳花园北首。1876年6月22日开院,徐寿为首任山长(即院长)。书院教授西学,旨在使国人便于考察欧美"格致之学、工艺之法、制造之理",是近代中国最先系统传播自然科学知识、培养民族科技人才的新型学堂之一。1915年起隶属公共租界工部局。1916年迁至现址临时校舍,1917年以"格致公学"名正式开学。1928年,格致公学新校舍建成启用。1937年全民族抗战爆发后,学校校舍被占用,同年11月借四川路基督教青年会会馆上课,后又几次迁校,1942年迁至山海关路育才公学(今育才中学)上课(半日制)。1943年更名上海特别市市立格致中学。1945年更名上海市市立格致中学,1946年2月迁回现址。上海解放后,定名上海市格致中学。1958年,被确定为市重点中学。2005年,被命名为上海市实验性示范性高中。

格致中学

上海市立万竹国民学校第11届毕业摄影(1941)

上海市实验小学

位于上海市方浜中路669号。抗日战争期间,学校曾是一处重要难民聚居点,校内设有流通图书馆及难民临时医院。1941年始有中共地下组织活动。现设有校史廊,黄浦区爱国主义教育基地。

发展组织

1941年太平洋战争爆发后,日军进入租界,上海全部沦陷。在中共地下组织指示下,万竹小学党员教师经常与其他教师个别谈心,相互交流对学校工作、国家形势的看法,从中发现积极分子,再由他们团结更多教师。同时,通过组织剧团、球队、歌咏队等,把教师团结起来,宣传抗日统一战线,提高教师政治觉悟,从中发展党员,增强党的力量。

迎接解放

上海解放前夕,万竹小学已有多名中共党员。他们在校内积极发展党领导下的"市立小学老师福利会"会员,反对国民党在学校的反动措施;发展党的外围组织"教师协会",团结教师,迎接解放。

1949年5月25日,人民解放军进入邑庙区。25～27日,邑庙区人民保安队全体队员分别集结于队部(中华路55号联市大楼)和万竹小学。三天里,配合解放军肃清残敌,捕获一批

李廷翰

李廷慧

万竹乙种商业学校附设商店

武装特务，缴获大批武器弹药。5月27日上海全境解放，缴获的军用物资送交解放军。

该校创建于1911年，创办人为李廷翰、李廷慧。因建于古露香园万竹山房遗址，故名万竹小学。早期分男女生两部，男生部设初小及商业科（亦称乙种商业学校），附设万竹商店，作为实习场所。女生部设初小及幼稚舍，后停办幼稚舍，于1914年春设补修科，1915年夏设师范讲习科。1927年男女生部合并。抗战期间，校舍被日伪占据，部分教职员在租界另辟他处，成立万竹小学借读处、阜春小学，坚持办学。抗战胜利后复校，改名上海市第三区中心国民学校。1949年后，改名上海市邑庙区中心小学。1956年改为现名。

万竹小学时期学校大门

联谊会参加宣教工作部分同志合影 (1947)

联合市场联谊会旧址

位于上海市中华路55号。1924年建成,砖混结构,古典主义风格,顶部建有巴洛克特征中央塔楼。1932年改为上海市糖业南北杂货同业联合市场,后为"六业"联合市场。1945年10月,联合市场联谊会在此成立,是解放战争时期上海地下斗争的重要堡垒。现为商业办公用房。

传播革命真理

1945年10月,邑庙小东门地区糖、海味、北货、桂圆、水产、水果六个行业组织在各业中共党员积极活动下,召开"六业职工庆祝抗战大会",会上宣布成立联合市场联谊会。

该联谊会的成立为开展团结工作,发展壮大党员队伍提供了舞台。其党员积极组织开展内容丰富、形式多样的团体活动,免费向会员放映《血战硫磺岛》《波茨坦公告》等反法西斯战争影片;请复旦大学地下党领导团体"复旦团契"的同学演唱进步歌曲,表演民族舞蹈;邀陶行知、周建人、王绍鏊、林汉达、孙晓村等著名人士演讲等。陶行知在联市演讲"要和平,反内战;要民主,反独裁",并在职工代表郑芳龙递上的纪念册上题词:"即知即传。"随着联谊会团体工作迅速展开,大批"六业"青年被吸收进团体。1946年7月,其党支部在此成立。

联合市场大楼旧貌

联合市场大楼

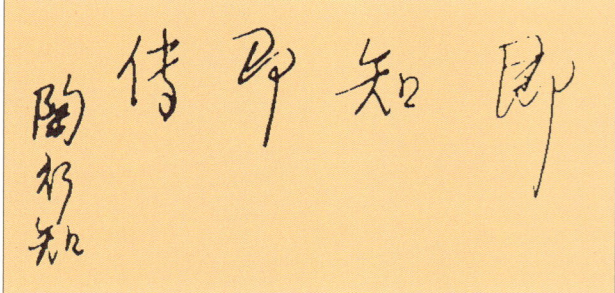

陶行知题词 (1946)

联市联谊会会徽 (1945)

策反警员　迎接解放

1948年3月，联谊会派党员打入上海市警察局邑庙分局"义务警察"（简称"义警"）第三中队第一分队，掌握领导权，并在另两个分队培养吸收党员和积极分子。同年5月，成立中共义警支部，利用义警合法身份，绘制敌驻地、哨卡及重要金融、工厂、仓库、码头等处地图，交上级党组织，配合人民解放军入城作战和接管。

联谊会党组织以义警支部为核心，筹建"义务警察后备队"，团结各阶层人士，成立应变委员会，提出"保家保业，保境安民"，组织起一支七八十人纠察队和一支四五十人救护队，在其中秘密物色人民保安队队员。至上海解放前夜，该地区人民保安队达300多人。上海解放时，邑庙区人民保安队队部就设在联合市场大楼内。

储能中学八烈士群雕

上海市储能中学

位于上海市成都北路200号。是上海教育界抗日爱国民主革命运动堡垒之一。学校累计有中共地下党员80余名,有8名优秀学子在革命战争中英勇牺牲。现设有校史陈列室,黄浦区爱国主义教育基地。

民主革命堡垒

储能中学自创办之初,就成为中共上海地下党组织直接领导的几所中学之一。一些中共党员和进步人士如冯宾符、王元化、段力佩、陶行知、周建人、马飞海、叶圣陶等,或在此任教,或应邀来校讲演。1945年12月20日,学校进步学生参与全市4000名大中学生在中央路广场(今外滩·中央)集合活动,准备到华懋饭店(今和平饭店北楼)向抵沪美国总统特使马歇尔递交公开信,要求"撤退驻华美军""停止援助政府进行内战",遭暴徒殴打。1946年,储能中学学生党支部成立。2月,中共地下党员成立校工联谊会,掩护进步师生并帮助传递信息。6月,为争取和平、反对内战,储能中学发表反内战宣言,在六二三反内战运动中,参加示威游行。10月6日,为保护老师利益和团结教育广大群众,中共地下党教委成立上海教职员工消费合作社(简称"教合"),储能中学事务主任、共产党员眭忠诠当选常务理事、经理,兼任教合党组书记。1947年1月,学校部分共产党员和积极分子参加了全市27所大中学校"上海学生抗议驻华美军暴行联合会"示威运动。5月,学校师生响应上海市学生抗议五二〇惨案后援会号召,于22日开始罢课,23日走上街头,控诉和抗议国民党罪行。1949年上海解放前夕,学校一批学生参加人民保安队开展

储能中学旧貌

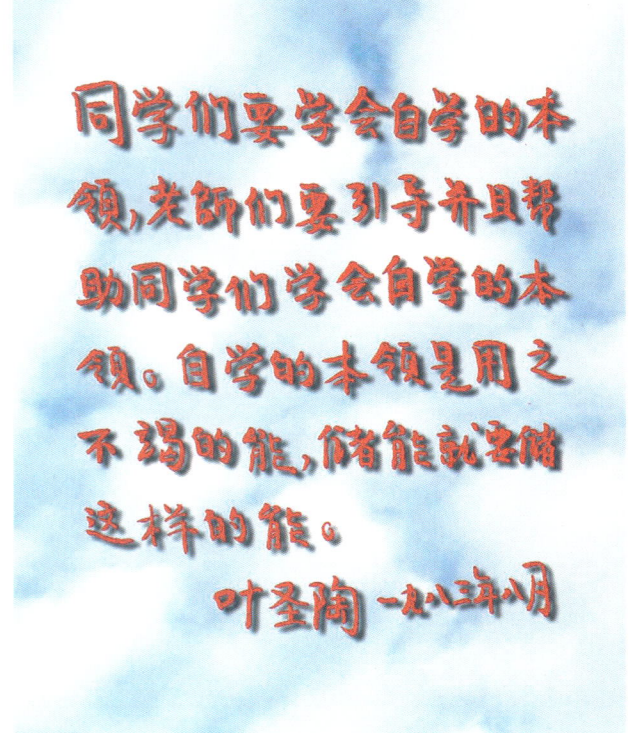

叶圣陶为储能中学题词

护校斗争,迎接上海解放。

八烈士群雕

1992年冬,黄浦区教育局筹集资金,在储能新校舍落成之际筹划在校园内建造八烈士群雕,纪念储能中学为民族解放和新中国诞生抛洒热血的8位年轻志士:陈忠良、张处让、蔡达君、陆如心、董学高、林舜琴、葛镇洋、王妙发。1993年10月群雕竣工,成为弘扬革命传统,开展爱国主义教育的阵地。

1938年,宁波效实中学被日机炸毁,部分师生来上海租界避难,后由秦润卿等甬籍工商人士共同出资,创办效实中学上海分校。1941年太平洋战争爆发后,日军占领租界,上海分校被迫解散。1942年重新组织,改名私立储能中学,校舍初设牛庄路770弄清凉寺后院。1949年8月,并入新建中学。1956年2月,新建中学和新民中学、新联中学合并,改名成都中学。1983年,恢复储能中学校名。同年8月,叶圣陶先生专门为储能中学恢复校名题词,2006年,原储能中学与原六十二中学合并,建立新的储能中学;2007年,裘锦秋实验学校初中部并入。2012年,被命名为黄浦区实验性示范性高中。2020年,更名为"上海理工大学附属储能中学"。

储能中学

报童学校最初的办学点四川路青年会会所

报童小学

位于上海市山西南路35号。前身为报童学校,由著名儿童教育家陈鹤琴创办于抗战初期。报童们学习文化,帮助传递革命出版物,为前线抗日将士募衣捐被。1939年报童学校被迫停办。1948年初重新开办。1982年3月15日,"报童小学"在现址办学。现设有校史室,黄浦区爱国主义教育基地。

报童近卫军

1948年初,中共上海市委学委中学区委派党员张家昌、施仲华等5人去四川路基督教青年会内的报童学校当教师,后又从民校调去中共党员沈婷娇等3人,增强党的力量。1949年初,中共上海市委为适应解放上海的需要,调整党组织,建立中共沪中区委,报童学校地下党支部划归沪中区委领导。3月,经中共沪中区委批准,成立报童近卫军,成员有沈婷娇、伍进忠、吴照、屠国良等14人,由沈婷娇、伍进忠负责。不久,报童近卫军散发300份《告上海人民书》。为了配合人民解放军解放上海,报童近卫军还与其他地下党组织一起调查与搜集国民党军队在市区各处布防等重要情报。

好朋友团

1949年4月,党组织决定建立以报童近卫军为核心的好朋友团,把校内外报童和市中心区部分流浪儿童联合起来。在好朋友团总部下设三个分团,每

学生高举横幅上街游行

个分团由党员老师担任顾问。在上海解放过程中，他们活跃在市中心区，张贴标语。5月25日晚，组织书写欢迎人民解放军的标语，把大批中国人民解放军布告、命令等印刷品送到泥城桥煤气厂。当时这一带还在战斗，好朋友团团员屠国良、吴照冒着枪林弹雨进入煤气厂，把印刷品交给护厂工人纠察队。27日，上海全境解放，报童近卫军和好朋友团被编入上海人民宣传队。

陈鹤琴(1892～1982)，浙江上虞人。1914年毕业于清华大学，后赴美留学，获哥伦比亚大学教育学硕士学位。1919年回国后，先后在南京高等师范学校、东南大学、晓庄试验乡村师范学校、上海工部局华人教育处等任职。创办中华儿童教育社、上海儿童保育会。全民族抗战爆发后，从事中共领导的难民教育和推广新文字等进步文化运动，组织上海市成人义务教育促进会，营救被捕进步人士。1940年在江西创办公立幼稚师范学校。抗战胜利后回沪，任上海幼稚师范学校校长。他支持并参加爱国民主运动，曾两次被捕。1949年后，历任南京师范学院院长、江苏省政协副主席、九三学社南京分社主任委员、江苏省人大副主任、中国教育学会名誉会长等。其著作编入《陈鹤琴教育文集》。

高年级学生在校史陈列室为入学新生讲解

报童小学今貌

文宣机构

《民国日报·觉悟》副刊

《民国日报》报道俄国十月革命

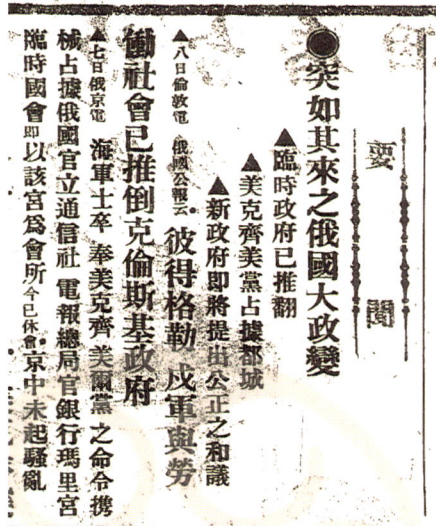

《民国日报》题头，社址位于河南路第12号、13号（三茅阁桥北首）

20世纪早期河南路洋泾浜一带地图

《民国日报》社遗址

位于上海市河南中路延安东路北（原河南路第12号、13号）。1916～1922年，《民国日报》社设于此处。1919年6月，《民国日报》副刊《觉悟》在此创刊。

创刊之初的《民国日报》

1916年1月22日，《民国日报》在上海创刊。筹办人陈其美，叶楚伧任总编辑，邵力子任经理。《民国日报》创刊之初，发表过电讯稿《袁世凯一命呜呼》和评论《呜呼洪宪》等文章，其鲜明的反袁立场为报纸赢得不少读者。五四运动期间，《民国日报》发表了《合伙卖国的铁证》《快下个决心罢》《曹汝霖之辞呈》等多篇文章支持学生爱国运动。1919年5月31日，上海学生联合会组织学生游行示威经过河南路，《民国日报》编辑邵力子等在报社二楼鼓掌支持游行队伍。中国国民党第一次全国代表大会后，成为中国国民党机关报。第一次国共合作期间，中国共产党人曾参加报纸编辑工作，宣传反对帝国主义、反对封建军阀。五卅运动后逐步右倾，成为国民党右派报纸。

创办《觉悟》副刊

《民国日报》创办后，曾开办过《民国闲话》和《民国小说》两个副刊。1919年6月16日改办《觉悟》副刊，由邵力子主编。《觉悟》副刊宣传马克思主义和社会主义，曾登载署名"鹤"（李达）的《什么叫做社会主义》《社会主义的目的》两篇文章，还译载马列学说，如施存统等译《见于〈共产党宣言〉中的唯物史观》，子敏译列宁《从战争到和平》，张太雷译列宁《马克思政治学》，丽英译恩格斯《空想的及科学的社会主义》。

《星期评论》出版《劳动日纪念》专号（1920.5）

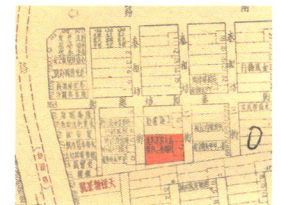

自忠路163弄（泰和坊）17号地块图（1947）

《星期评论》编辑部旧貌

《星期评论》编辑部遗址

位于上海市自忠路163弄（原白尔路三益里，后改名泰和坊）17号。一幢三楼三底石库门建筑。该处曾为李书城和李汉俊住宅。1920年2月至6月，《星期评论》编辑部设于该处。原建筑已拆除，建翠湖天地雅苑住宅区。

研究、介绍社会主义和劳工运动

《星期评论》创刊于1919年6月8日，是五四时期的进步刊物，注重研究、介绍社会主义和劳工运动问题。主要撰稿人戴季陶、沈玄庐、李汉俊等人先后发表了《工人教育问题》《工会组织的方法》《中国劳动问题的现状》《上海的同盟罢工》《劳动运动的发生及其归趣》《香港机器工的同盟罢工》《浑朴的社会主义者底特别的劳动运动意见》等。此外，还出版《劳动日纪念》专号，介绍工人的工资、工时、劳动及罢工情况。该刊还特别注意介绍欧美、日本的劳工运动情况，如《劳动问题的新趋向》《英国的劳动组合》《美国产业界大恐慌》《国际劳动回

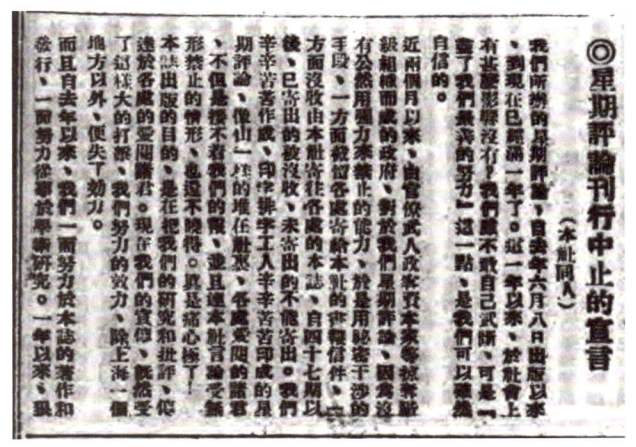

《星期评论》刊行中止的宣言

忆与日本劳动委员这个问题》《劳动者与国际运动》《五一运动史》等。为当时中国的劳工及关心劳工运动的人提供了很有价值的材料和借鉴，对提高工人觉悟，促进工人运动起了积极作用。

宣传马克思主义

《星期评论》是当时宣传马克思主义最有力的刊物之一。在1920年1月1日出版的"新年号"上，刊有《马克思传》和《马克思逸话一节》等文章。戴季陶在第十七期发表《"世界的时代精神"与"民族的适应"》一文，介绍马克思和马克思主义，说马克思是社会主义"集大成者"，是社会主义"科学根据"的"创造者"，马克思主义是"世界的"，而不是"国家的"。李汉俊在第十一期发表《怎么样进化？》和在《劳动日纪念》专号发表《强盗阶级底成立》等文章，阐述了人类进化与生产发展的历史，宣传马克思主义的历史唯物主义和政治经济学观点，抨击资本主义制度。

共产主义细胞

在《星期评论》背后，有一个指挥部，这就是《星期评论》社。《星期评论》社是早期共产主义知识分子活动基地，聚拢了一大批具有初步共产主义思想的知识分子，如李汉俊、沈玄庐、陈望道、俞秀松、施存统等，他们经常在一起学习和研究马克思主义理论，探讨中国革命的出路。

陈望道回忆："1920年我到上海后，住在法租界三益里《星期评论》所在处，邵力子也在这里。我们几个人都是搞文化的，认识到要彻底改革旧文化，根本改革社会制度，有研究马克思主义的必要。""同时陈独秀也从北京被赶到上海。我们几个人，是被赶拢来的。""大家住得很近（都在法租界），经常在一起反复谈，越谈越觉得有组织中国共产党的必要，便组织了'马克思主义研究会'。"《星期评论》与中共创建有着密切关系，因此中共早期领导人多次高度评价其地位，瞿秋白曾说《星期评论》是产生中共的"细胞"。

1920年6月，《星期评论》被迫停办。

李汉俊（1890～1927），原名李书诗，又名李人杰，湖北潜江人。1904年赴日留学，毕业于东京帝国大学。1918年回国后，在上海从事写作、翻译工作。参与编辑《新青年》《星期评论》《共产党》月刊等进步刊物，创办《劳动界》周刊。1920年与陈独秀等人发起成立中国共产党发起组，后任代理书记。1921年7月，出席中共一大。

翠湖天地雅苑住宅区

《天问》编辑部旧貌

《天问》编辑部遗址

位于上海市淮海中路 523 号（原霞飞路 277E 号）。1920 年 2 月至 7 月，《天问》编辑部设此。原建筑上世纪五六十年代拆除，现为锦江国际购物中心。

《天问》问世

1920 年 2 月 1 日，《天问》周刊在上海创刊，由湖南旅沪驱张运动人士傅熊湘、彭璜等编辑。《天问》刊名取自楚辞《天问》篇名，其发刊词写道："今魑魅魍魉之祟，遍于中国，天固不可问矣；然欲穷怪秘，抒民志，极冥昭暮暗之事看，使斯民尽知其纪事者，舍天而谁哉！"其"宗旨以排除张毒为初步，铲除军阀为究竟"。

《天问》周刊以驱张为宗旨，分有"评论""译论""湘事要闻""国内述闻""国际述闻"等主要栏目，有时还增辟"余闻""谈苑""诗话""小说""通讯""来稿"等栏，大部分篇幅专门揭发张敬尧祸湘罪恶，刊载驱张文章，如《欧战罪犯与张敬尧》《去张运动与湖南人》《最近之去张运动》《张敬尧之小史》以及《张敬尧被逐后之状况》等，从各方面系统揭发张敬尧在湖南两年多的昏暴统治。《天问》周刊的问世，有力推动了驱张运动，它始终强调只有依靠"民众自决"才能取得斗争胜利。

《天问》共出版 24 期，每周日发行，1920 年 7 月 11 日最后一期出版后休刊。毛泽东曾以"泽东投稿"署名，撰写《湖南人民的自决》一文发表于《天问》第 23 号。杂志发行范围很广，在法国、日本、南洋等地也可看到。

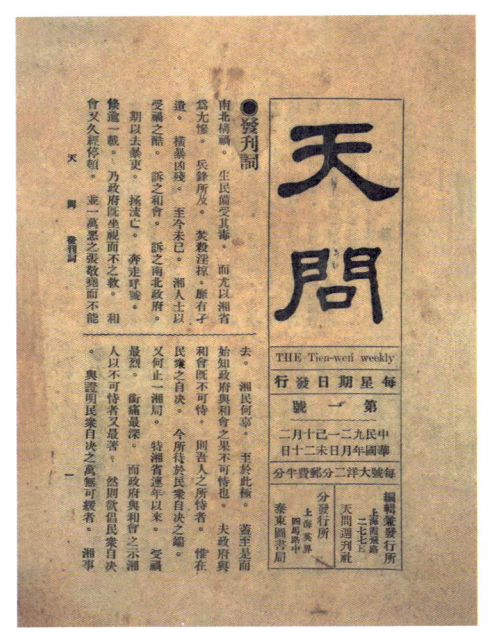

《天问》第1号

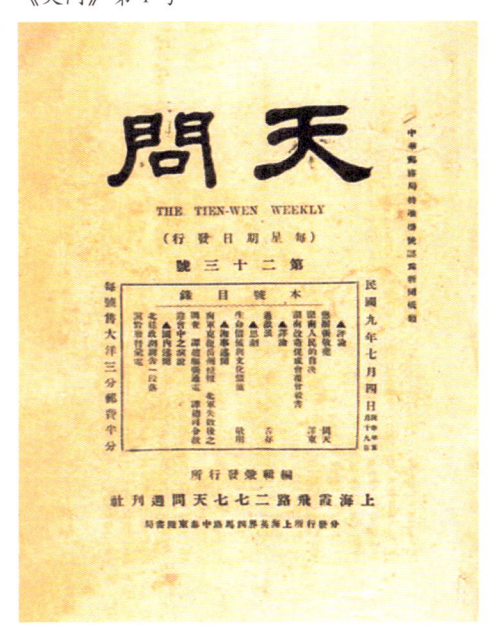

《天问》第23号刊发毛泽东撰写的《湖南人民的自决》

锦江国际购物中心

驱张运动

1918年张敬尧任湖南督军和省长后，实行暴戾统治，遭民众强烈反对。1919年12月2日张敬尧派兵镇压学生反日斗争，重伤数十人，驱张运动正式爆发。6日，新民学会和省学联组织长沙学生教员万余人总罢课，并派代表团分赴北京、上海、衡阳等地扩大宣传。同时，利用驻衡阳直系军阀吴佩孚和湘军与张敬尧之间矛盾，策动他们参加驱张斗争。1920年5月，湘军发动驱张战争。6月，张敬尧退出湖南，斗争取得胜利。

彭璜（1896～?），字殷柏，湖南湘乡人，早年就读湖南商业专门学校。1919年，与毛泽东等发起成立湖南学生联合会，被推选为会长，组织学联发动长沙及各城市罢课，掀起以抵制日货为中心的反日爱国运动高潮。同年8月，彭璜等人被湖南学联派往上海进行驱张运动宣传联络，并在上海主编《天问》周刊。1920年加入长沙共产党早期组织。

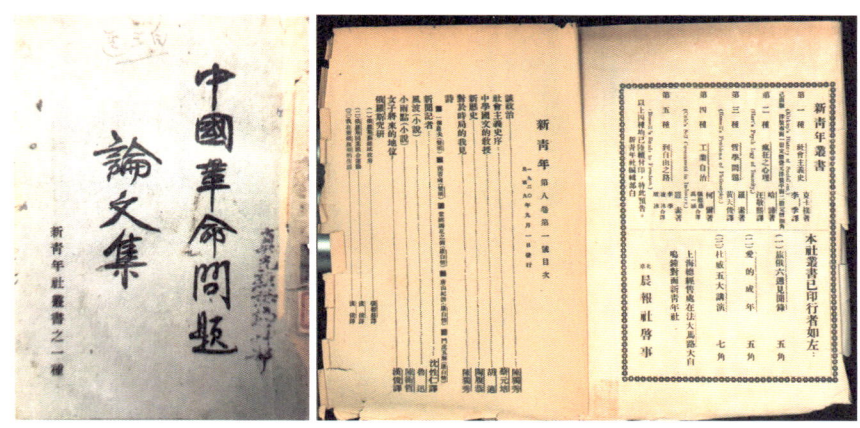

新青年社总发行所旧貌　　新青年社丛书　　《新青年》第8卷第1号

新青年社总发行所

位于上海市金陵东路 279 号（原法大马路大自鸣钟对面）。1920 年 9 月至 1921 年 4 月，新青年社总发行所设在此处。

成立新青年社

自 1915 年陈独秀主编《新青年》杂志创刊以来，均由上海群益书社出版发行。1920 年发行的第 7 卷第 6 号《劳动节纪念号》因篇幅增加，群益书社擅自加价，引起陈独秀不满，决定自第 8 卷起，成立新青年社独立发行。新青年社总发行所设在法大马路大自鸣钟对面，陈独秀同乡苏新甫任经理，负责出版发行。

1920 年 9 月出版的《新青年》第 8 卷第 1 号封面上，第一次采用版权标识"上海新青年社印行"，取代了此前的"上海群益书社印行"。《新青年》在第 8 卷第 1 号上，还特意刊登"本志特别启事"，说明自本期起"由编辑部同人自行组织新青年社，直接办理编辑部印刷发行一切事务。凡关于投稿及交换告白杂志等均请与上海法租界环龙路渔阳里 2 号新青年社编辑部接洽；凡关于发行事件，请与上海法大马路大自鸣钟对面新青年总发行所接洽"。

党的第一个公开发行机构

新青年社总发行所是中国共产党早期组织建立的第一个公开的出版机构。除发行《新青年》杂志外，也发行上海共产党早期组织指导创办的《劳动界》《伙友》等杂志，同时还出版《新青年丛书》，如《社会主义史》《阶级争斗》《劳动运动史》，重印《马格斯资本论入门》等。

1920 年 8 月，由陈望道翻译的首个中文全译本《共产党宣言》由又新印刷所印刷后在新青年社总发行所发行。沈玄庐在《民国日报》副刊《觉悟》上刊登了一封公开信《答人问〈共产党宣言〉底发行所》："你们来信问'陈译马格斯共产党宣言'的买处，因为问的人多，没工夫一一回信，所以借本栏答复你们的话……我看的一本，是陈独秀先生给我的；独秀先生是到新青年社拿来的；新青年社在'法大马路大自鸣钟对面'。"

1921 年 2 月 4 日，法租界巡捕房搜查新青年社总发行所。4 月出版的《新青年》第 8 卷第 6 号在广州发行。

《共产党宣言》第一版

《共产党宣言》第二版

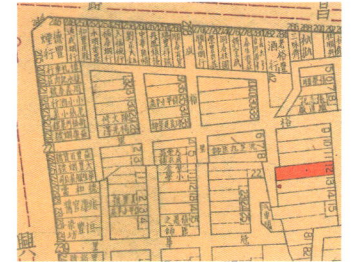
成裕里12号地块图（1947）

又新印刷所旧址

位于上海市复兴中路221弄（原辣斐德路成裕里）12号。建于1920年代初，单开间两层砖木结构旧式石库门里弄建筑，坐北朝南。1920年8月，中国共产党发起组在此开设"又新印刷所"，承印首个《共产党宣言》中文全译本。旧址平移至黄陂南路复兴中路东南角，2021年6月修复开放。上海市爱国主义教育基地。

战斗的印刷所

1920年7月，为学习和传播马克思主义和社会主义，进一步发动和组织工人运动，中国共产党发起组决定建立"一个战斗的印刷所"作为宣传阵地，陈独秀委托协助他工作且熟悉印刷出版工作的郑佩刚全权负责。此时，经共产国际批准，维经斯基等人来华。陈独秀与其商议，争取到共产国际2000元资助，作为印刷所开办费，用这笔费用在辣斐德路成裕里租到一幢新建好的石库门房子开办印刷所。印刷所名为"又新"，取自《礼记·大学》中"苟日新，日日新，又日新"之意。

印刷所公开营业，接受社会订单，同时秘密印刷社会主义和马克思主义书刊、文件和传单。印刷所筹备好后，接受的第一个任务就是印刷出版《共产党宣言》中译本，还承印《新青年》《共产党》，无政府主义者主办的《自由》《正报》，以及《新湖北》《美术杂志》等刊物。印刷所还印制各式各样小册子和进步传单。

又新印刷所旧址

1921年2月，又新印刷所因承印《新青年》《正报》等进步刊物被查封。

首部《共产党宣言》中文全译本

1920年春，陈望道受《星期评论》邀约，翻译《共产党宣言》。陈望道回到浙江义乌老家着手翻译任务。他依据戴季陶和陈独秀提供的日文本与英文本《共产党宣言》，凭《日汉辞典》和《英汉辞典》，字斟句酌翻译，费了平时译书的五倍功夫，译出全文。

1920年四五月间，陈望道将《共产党宣言》中文全译稿本带至上海，由陈独秀和李汉俊校阅。因《星期评论》杂志已停办，转由又新印刷所以单行本印制。8月，《共产党宣言》以"社会主义研究小丛书第一种"由"社会主义研究社"出版发行，初版共印了1000本。封面上印有马克思半身坐像，

陈望道

水红底色，比现在的小32开略小，共56页。由于译音缘故，马克思、恩格斯被译为马格斯和安格尔斯；书名也因排字工疏忽被印成了"共党产宣言"。但这一错误也成为辨别《共产党宣言》最早版本的依据。水红色封面、书名《共党产宣言》的8月最初版，很快赠售一空。在9月份改正书名后再印，将水红色改为蓝色。

这本薄薄小册子的出版，为中国共产党的建立从理论上和思想上作了积极准备，成为当时国内流传最广、影响最大的一部马克思主义经典著作。

陈望道(1891～1977)，浙江义乌人，早年留学日本。上海社会主义青年团创建者之一，参加中国共产党发起组，是中共上海地方委员会第一任书记。

准备移位的又新印刷所旧址(2020.9)

兰发里弄口旧貌

复兴东路1047弄3号

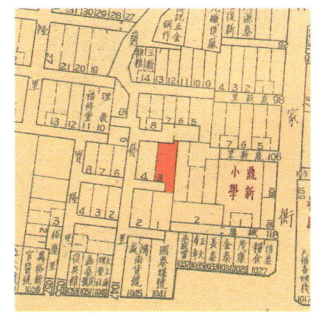

兰发里地块图(1947)

《向导》周报总发行处旧址

位于上海市复兴东路1047弄(原老西门肇浜路兰发里)3号。两层砖木结构石库门建筑,坐北朝南。1922年9月至10月,《向导》周报总发行处设在此处。

中国共产党第一份中央机关报

中共二大以后,党中央认为全党必须全力投入现实的反帝反封建的民主革命斗争,宣传工作重点必须由过去一般的理论宣传转向现实斗争的宣传。8月,中共中央在西湖会议上决定创办一份权威刊物,广泛宣传党的反帝反封建民主革命纲领。1922年9月13日,作为中央机关报的《向导》周报在上海创刊发行,每周三出版,16开四版,以政论、时评为主,蔡和森任主编。

《向导》以大量事实报道和马克思主义理论分析,揭露帝国主义列强竞相控制中国政治和经济命脉,操纵军阀内战及压迫中国人民的真相。1922年8月,杭州西湖会议后,中国共产党逐步确立了以国共合作为基础组建革命统一战线的政策。《向导》也随之跟进,大力阐述建立革命统一战线的必要性和重要性,推动国民革命发展,充分反映了作为党中央政治机关报的特点与性质。

《向导》周报受到广大读者热烈欢迎,发行量

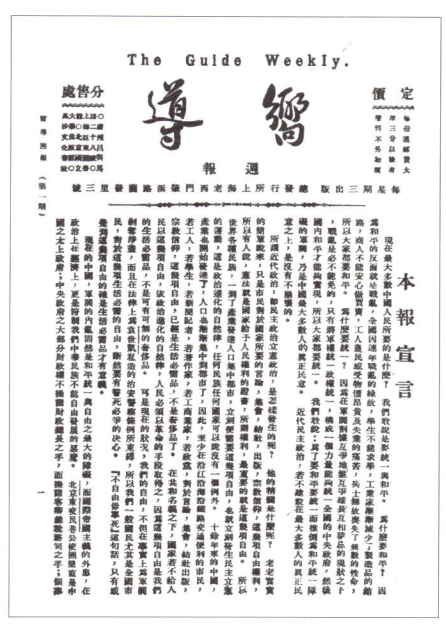
《向导》第1期

蔡和森　报纸记载《向导》发行处被查封经过

由开始的两三千份迅速增至 2 万份、4 万份，最高达 10 万份。为满足读者需求，又合刊集结再版，也很快销售一空。

艰难存续

《向导》周报屡遭军阀政府和帝国主义封杀。《向导》在租界印刷，印刷厂先后被查封十余次，发行机构也几易其址，先后搬迁至兰发里 4 号和 8 号，从 1922 年 10 月第 6 期开始，《向导》总发行处搬离老西门兰发里，改在北京发行。1927 年 7 月 18 日，鉴于大革命失败后公开出版党的机关报已不可能，《向导》在出版 201 期后被迫停刊，发行近 5 年时间，是中国共产党成立初期创办时间最长的一份机关报。

蔡和森与《向导》周报

在党的二大上，蔡和森接替李达负责党的宣传工作，负责筹备创办《向导》周报，并担任主编。《向导》创办初期，陈独秀、蔡和森、高君宇、瞿秋白等人都曾担任《向导》编辑和撰稿人。蔡和森以"和森""本报同人""记者"等名发表了 156 篇，占《向导》文章总数的 11%。

《向导》周报编辑人员很少，许多具体工作实际上由蔡和森承担。蔡和森主编了 116 期《向导》。他不仅写稿、组稿、改稿，还要做编排、校对等工作。为了保证《向导》能按时出版，蔡和森夜以继日工作，深夜疲惫不堪时，不脱鞋子、和衣躺在床上休息一会，醒来又立即工作。

1925 年 10 月，根据中央安排，蔡和森赴莫斯科参加共产国际执委会第六次扩大会议，会后留在莫斯科，从此离开《向导》。从 1922 年 9 月到 1925 年 10 月，蔡和森主编《向导》近 3 年，为其发展奠定了坚实基础。

蔡和森（1895～1931），湖南双峰人。早年同毛泽东等人一起组织新民学会，参与创办《湘江评论》，参加五四运动，后赴法勤工俭学。1921 年回国后加入中国共产党。在中共三大、四大上当选中央局委员，参与中央领导工作。并在中共五届一中全会上当选中央政治局委员、常委，随后又兼任中共中央秘书长。1931 年，遭叛徒出卖被捕，在广州军政监狱牺牲。

振业里旧貌

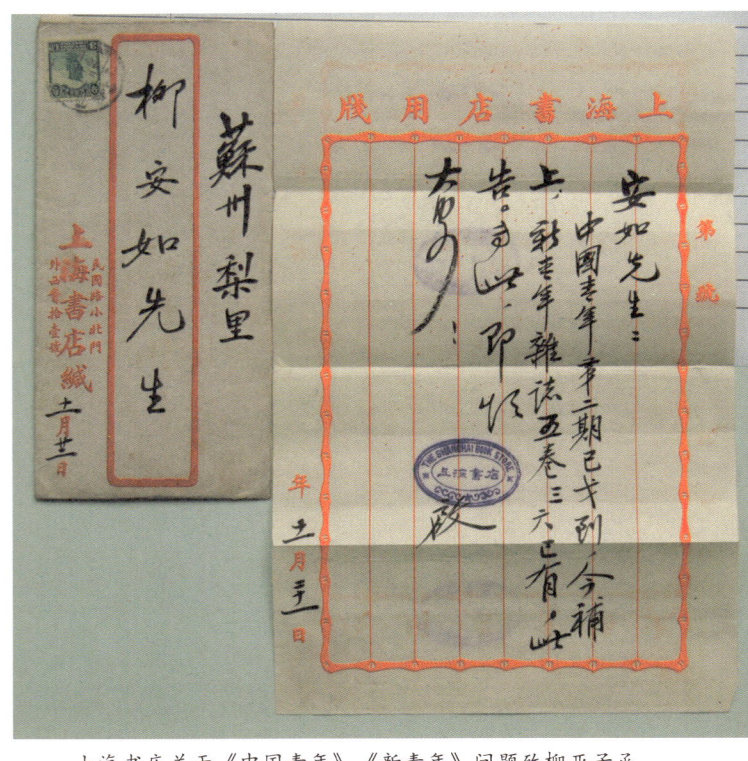

上海书店关于《中国青年》《新青年》问题致柳亚子函

上海书店遗址

位于上海市人民路1025号（原小北门民国路振业里11号）。一楼一底带一过街楼砖木结构老式街面房屋，坐东朝西。1923年11月至1926年2月，中国共产党早期出版发行机构——上海书店设于此处。原建筑已拆除，立碑纪念。

创办书店

1923年党的三大以后，短暂迁离的中共中央局迁回上海。为了加强宣传工作，扩大影响，中共中央决定在上海创办一个公开出版机构。据徐白民回忆："在这以前，党在上海本来有一个公开的发行机构，那就是'新青年社'，社址在法租界大自鸣钟对面。该社自被法捕房封闭后，迁到广州，在广州展开活动究不及上海方便，但是，迁回来就不能再用原来的名称，也不能设在租界里，因此，党决定另起炉灶，并在华界找一个适当的地方开一家书店，这就是'上海书店'。"

是年秋，在浙江一所女子师范学校任教的徐白民来沪主持书店相关工作。徐白民租下位于华界与法租界交界处的民国路振业里11号街面店房，将楼下布置为书店，楼上过街楼作为宿舍和党内活动秘密场所。店堂陈设简单，只有靠墙两侧的两口木头玻璃书橱，是依据房子高矮新做的，其余如账桌之类都是买现成的旧货，店门口挂上一块搪瓷招牌，蓝底白字，上写"上海书店"四个大字。

传播革命声音

上海书店开业后，秘密印行了《向导》周报和新创刊的《中国青年》杂志，还再版了《共产党宣言》。1924年下半年，上海书店的经济开始稳定下来，出版了一些新书如《社会科学讲义》《反对基督教运动》等。1925年开始，由于革命形势高

上海书店发行的进步书籍

上海书店遗址纪念碑

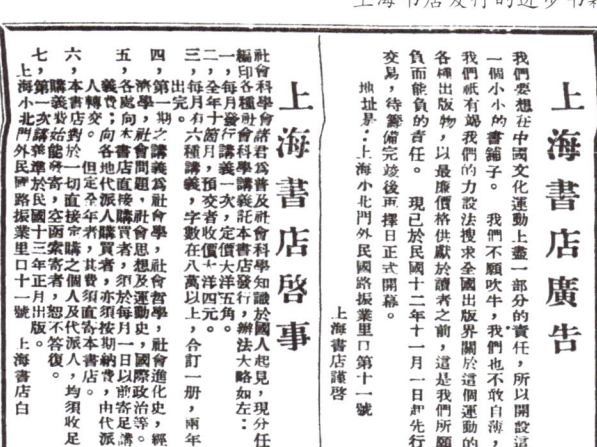

上海书店开幕启事

涨，南方各省对该店出版物的需求也日益迫切，这一年，继续出版了不少新书，有《评中西文化观》《孙中山先生遗言》《新梦》等。除书籍外，还把《向导》《中国青年》两本刊物上重要文章汇编成册出版发行。

除出版单部学术著作外，还出版了《青年平民读本》《革命歌声》《世界名人明信片》等通俗小册子、画片，这些丛书对当时青年学生、工人中存在的各种问题，作了深入浅出的论述，有力批判了帝国主义、军阀和国民党的恶意污蔑。又如关于关税问题，就出版了《关税问题与特别会议》《中国关税问题》和《不平等条约》等，并一再重版。上海书店出版物内容密切配合党的宣传意图，还十分注意书籍印刷与装帧。

遭反动军阀查封

上海书店由于设在南市，沪西、沪东等处学生、工人读者购书不便，就另设沪西、沪东分销处。该店设在上海大学内的书报流通处，实际上是沪北分销处。1925年12月党中央派毛泽民到上海，任中共中央出版发行部经理，领导上海书店和印刷厂工作。在他领导下，上海书店迅速发展，经营范围进一步扩大。1926年，在长沙、广州、南昌、宁波等大中城市先后设立发行机构，在香港和巴黎也设立了书报销售点。

1926年2月4日上海书店遭军阀当局查封，罪名为印刷过激书报、词句不正、妨碍治安等。

上海书店被查封后刊登在《民国日报》上的情况说明

《中国青年》编辑部旧址

《中国青年》编辑部旧址

位于上海市淡水路66弄(原萨坡赛路朱衣里)4号。一正一厢两开间两层旧式石库门里弄建筑,坐北朝南。1924年春至1926年2月,《中国青年》编辑部设于此。现为延中绿地保留建筑。上海市文物保护单位。

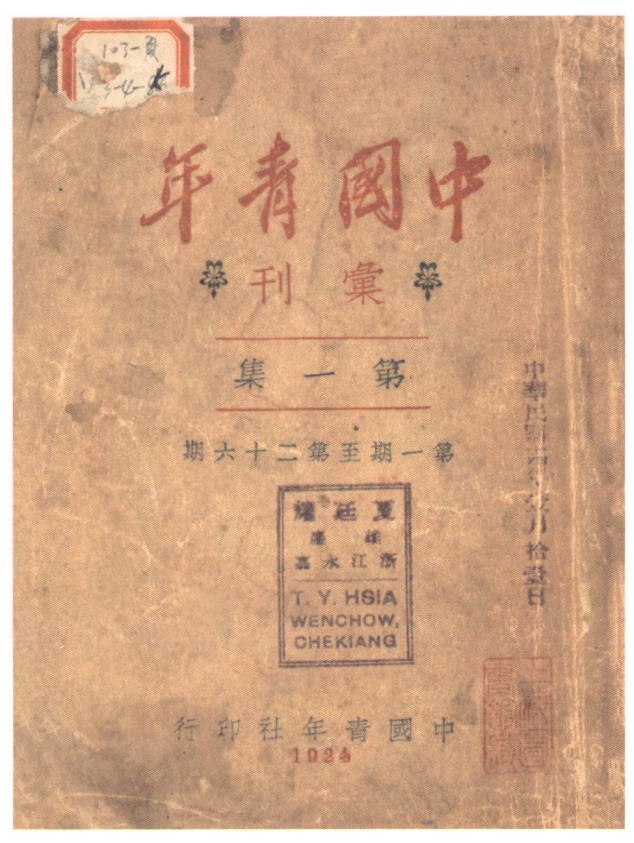

《中国青年》

青年的指路明灯——《中国青年》

1923年10月,《中国青年》在上海创刊,成为团中央机关刊物,是在中国共产党领导下创办,传播马列主义,坚持以爱国主义、共产主义精神教育青年的刊物。

《中国青年》出版后,成为团中央、各地团组织、各种青年团体和广大革命青年联系的通讯中枢,对指导各地团组织和教育团员青年起了积极作用。邓拓回忆:"那时不少年轻人的衣袋中常常藏有一本32开的周刊;在反革命统治的角落里,这样一本刊物,往往要秘密地传递过十几个甚至更多人的手。它和《新青年》《向导》成为革命的群众、进步的学生、教职员乃至一部分稍有新思想的老先生们所特烈追求的读物"。毛泽东在大革命时期的重要代表作《中国社会各阶级分析》就在《中国青年》杂志刊载。

《中国青年》创刊时印发3000册,最多时发行3万多册,成为当时发行最多的革命刊物。四一二反革命政变后,《中国青年》迁往武汉出版,此后陆续在广州、瑞金、延安等地继续发行。作为团中央机关刊物的《中国青年》成为革命青年不可缺少的精神食粮和忠实朋友,是一面引导青年前进的旗帜。

恽代英与《中国青年》

1923年8月,中国社会主义青年团第二次全国代表大会在南京举行,恽代英出席并被选为中央执

《中国青年》编辑部旧址今貌

行委员。《中国青年》创刊后,恽代英是主要编委之一。他用"代英""但一""FM"等笔名先后发表了100多篇文章和四五十篇通讯,深刻分析中国社会各阶级状况,阐明中国革命的基本问题,宣传马克思主义理论。他时刻与广大青年保持密切联系,几乎每天都收到许多青年读者来信,复信回答有关理想、前途、学习、工作和婚姻恋爱等问题。恽代英主编《中国青年》教育和影响了一代人。正如郭沫若所言:"在大革命前后的青年学生,凡是稍微有些进步思想的,不知道恽代英,没有受过他的影响的人,可以说没有。"

《中国青年》创办之初,编辑部没有固定场所,信件由辣斐德路(今复兴中路)186号但一转,"但一"即恽代英,1924年春迁至萨坡赛路朱依里

《中国青年》编辑部旧址碑文

252号(今淡水路66弄4号),底楼客堂是肖楚女寓所;二楼客堂和亭子间是编辑部办公室;三楼小阁楼是印刷间,辣斐德路186号仍为恽代英住所。

大观园绿地

中兴印刷所遗址

位于上海市北京西路大观园绿地（原新闸路57弄鸿祥里14号）。一楼一底石库门建筑，带有边厢房。1926年春至1927年4月，中共中央地下印刷所中兴印刷所设于此。

选址租界闹市区

1925年五卅运动之际，北洋军阀和外国帝国主义对印刷厂管制严格，党的宣传品很难在一般印刷厂印刷，加上革命形势迅速发展，对宣传品需要与日俱增。党中央决定开办地下印刷所，专门印刷秘密刊物和内部文件。自1925年夏，在闸北地区接连创办了两个印刷所，都由于安全问题存续不久。

1926年初，在青云路印刷所失事前，从中华书局机器房调来工人毛齐华，遵照中央出版局指示，在租界闹市区泥城桥鸿祥里租赁了一幢带边厢房的石库门房子，挂牌中兴印刷所。中兴印刷所负责人毛齐华，另增添了由商务印书馆转来的徐鸿生、毛品章、施有章，组织上从北方调来王芝惠充任账房。

为了保密，采取了一些新措施。一是与青云路印刷所不发生横向联系，必要的业务联系均由毛齐华一人交接；二是凡由该所印刷的印件均改由本所专人负责护送到户，不让外人来取；三是精减设备与人员，只在灶披间设置一架可印全张报纸的印刷机和一套浇铸铅版设备，包括圆盘机、切纸机、铸字机、浇版机、五号铜模等，都系新购，不设排字房，印件暂由青云路印刷所排版后制成纸版送来浇成铅版付印。

中兴印刷所不排字，只浇铅版和印刷。由于能印全张报纸，因此印的份数较多，曾印过布哈林的《共产主义ABC》一万册。这一时期的《新青年》《向导》和一些党的重要文件也在此印刷。印好的东西，都由厂里工人发送，不让外人来取。

一条马路两家厂

1926年夏，青云路印刷所失事不得不转移，党组织在新闸路池滨路（今慈溪路）路口新康里租了两幢房子，由陈豪千等青云路印刷所原班人马负责，陆续搬迁青云路印刷所设备来此，并挂牌国华印书馆。

"中兴"和"国华"总负责人是倪忧天。由于"国华"规模较大，工作较复杂，组织上将毛齐华调去主持全盘业务，作为具体经办人，毛齐华两边跑，但以"国华"为主，"中兴"改由徐鸿生日常负责。

于是，党的两家地下印刷厂都在新闸路上，一家在东头，一家在西头。虽距离相近，但两厂除毛齐华一人外，不发生横向联系。"中兴"所因无排字房设备，只凭借铅版用全张机印刷，供以上海书店为轴心的书店全国发行进步书刊，如瞿秋白的《社会科学概论》以及进步作家蒋光慈、陈望道、高语罕、李达等人的著作。一般党的内部文件和被公开查禁书刊仍由"国华"排印。

"中兴"和"国华"两家印刷厂共有工人20多，骨干力量多为党团员，学徒工是领导干部子弟，政治条件较好，组织纪律性较强。为了保密，全体人员都不与亲友来往。厂里没有加班任务时，大家集中在一起学习。工作中大家兢兢业业，也有人不满足学习，在工余偷偷同上海印刷总工会工人

大观园绿地简介

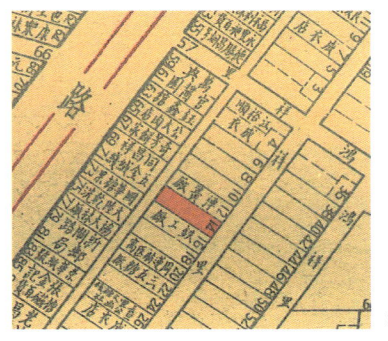

鸿祥里地块图（1947）

一起，到南京路先施公司屋顶花园散发传单。

为了加强对印刷厂的领导，中共中央出版局负责人王若飞、毛泽民、彭礼和到厂参加了由两厂各部负责人出席的民主会，听取意见，肯定了工厂成绩，提出改进意见。对发传单一事，指出革命精神可嘉，但不通过组织私自行动，纪律上是不允许的。

安全转移

有一次，毛齐华坐黄包车送一批传单，车子到新闸路，由于震动，绳子断了，传单吹散到马路上。幸好几个热心人赶来帮忙收拾，大家无心留意纸上内容，才没出事。虽然遭遇过一两次风险，但由于地处租界和华界交界线，有时能利用两界治理中的缝隙，或凭经验用派进去请出来的办法化险为夷。

随着北伐胜利进军，组织上决定在武汉建立党的印刷厂。1927年1月倪忧天赴武汉组织建厂事宜，不久毛齐华赴武汉协助办厂，中兴印刷所的全张铅印机也在不久后运往武汉。

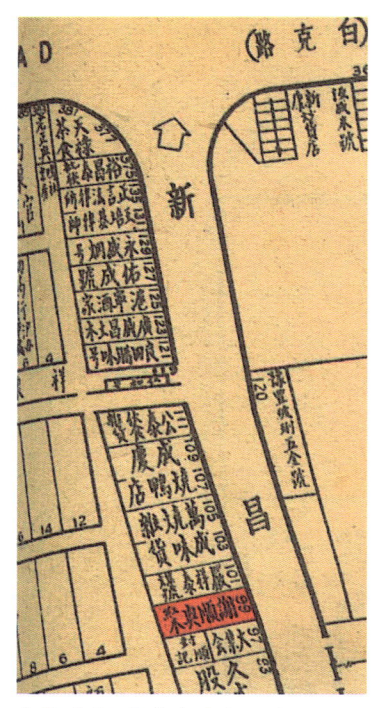 

新昌路99号地块图(1947)　　中共中央秘密印刷厂旧址今貌

中共中央秘密印刷厂旧址

位于上海市新昌路(原梅白克路)99号。砖混结构,沿街三层两开间公寓式建筑,坐西朝东。1931年六七月至1932年夏,这里曾被用作中共中央秘密印刷厂。现为居民住宅。上海市文物保护单位。

烟纸店掩护的印刷厂

1931年4月,顾顺章在汉口被捕叛变,开春刚筹建起来的中共中央秘密印刷厂面临暴露危险,必须转移。恰好梅白克路白克路(今新昌路凤阳路)口有一排新建沿街房子正在招租,房子前面沿马路,后门通弄堂,左右都是居民区,四通八达,进退方便。此处靠近跑马厅和南京路,属于繁华的闹市区,附近有电影院、游乐场,离此不远处正在新建20多层的国际饭店,整天施工声不断,极有利于掩盖印刷厂的声音。负责印刷厂的钱之光便将99号租下来,再以转租方式安排印刷厂工作人员入住,他既是老板,又是二房东。

钱之光化名徐之先,以烟纸店老板身份为掩护开展工作。他在底层开设了一家烟纸杂货铺,经营香烟、笔墨、纸张、手绢、纽扣、香脂、热水瓶等小百货。房子外面是一道横拉开关的铁杆门,然后有一道木板门,住进去后又加装了铁栅。一到夜间,两道铁门和木门关上,在木门上开个小窗口,有人敲门,就从小窗口探视。铺面后面,隔出一间小屋住人守夜。二层前面有两个房间,住着钱之光及其家属,后面是厨房,厨房隔壁还有一间小屋,何叔衡大女儿何实楚曾住在里边。三层是排字、印刷、装订间,还住着印刷厂的同志。

新昌路99号东立面

繁忙的印刷任务

其间，相继发生九一八事变和一·二八事变，印刷任务也随之加重。为了提高工作效率，印刷厂工人把后脚踏印刷机改装成半自动的电动印刷机，大大减轻了劳动强度，提高了工作效率。运送印刷品也极为隐蔽。钱之光等人有时装成运送货物的样子，用老虎车把纸张运进来，把印刷品运出去；有时用藤箱、皮箱，上面放些衣服日用品之类东西，把印好的文件、书刊放在中间或箱子底下；有时用网篮，把印刷品藏在里面送走。

印刷厂秘密印制了不少苏区来的文件、文章，印制有关宣传形势、罢工斗争情况的传单，同时还印刷《党的建设》《红旗周报》《布尔塞维克》《实话》等革命刊物。

1932年夏天，工作人员发现有人开始注意这幢房子，经集体研究决定暂停印刷，转移别处。

钱之光 (1900～1994)，浙江诸暨人。大革命初期投身革命，1927年参加中国共产党。1929年来沪从事地下工作，直到1933年春节期间去中央苏区。在上海期间，钱之光负责的中共中央秘密印刷厂，先后搬到齐物浦路、梅白克路、麦特赫斯脱路、武定路、北京西路张家宅路等处，五易其址，坚持工作，及时印刷党的文件、刊物及各种宣传材料，顺利完成了这一时期党中央交办的任务。

丰裕里4号地块图(1947)　　丰裕里4号今貌

左翼美术家联盟活动地

位于上海市淡水路(原萨坡赛路)214弄丰裕里4号。这里是春地美术研究所所在地，1932年5月至7月左翼美术家联盟(简称"美联")的重要活动地。

左翼美术家联盟早期活动

1930年7月中下旬，美联成立大会在法租界环龙路(今南昌路)举行。来自中华艺大、上海美专、新华艺专、白鹅画会、杭州一八艺社的左翼青年画家参加大会，夏衍代表中共中央宣传部文化工作委员会、石凌鹤代表左翼剧团联盟(简称"剧联")出席大会并发表演说。成立大会上通过"组织参加一切革命的实际行动""供给各友谊团体画材""组织工场农村写生团、摄影队""组织研究会、讲演会"等十大决议案。美联在成立后于26日召开第一次全体大会，一致通过发表纲领和宣言，提出在目前形势下应积极加紧"政治的漫画"工作。美联成立之初相当活跃，8月1日，美联成员参加南京路反战示威游行。1930年秋，美联划归上海反帝大同盟领导，在上级组织领导下参加游行示威活动，为各左翼群众团体画宣传画稿。1931年初美联组织活动一度中断。1931年夏，原杭州一八艺社社员陈卓坤、陈铁耕等联合上海的江丰、黄山定，在江湾路虹口公园旁成立上海一八艺社研究所。在鲁迅、冯雪峰等人支持下，以一八艺社成员为主的力量成为美联的一支新军，开始从事以木刻为中心的革命美术活动。九一八事变后，左联、剧联与美联发表抗日反帝宣言。一八艺社创作大幅壁画张贴街头、工厂，印刷《反帝画报》、抗日内容的小画报和木刻传单，主

《文艺新闻》美术专版刊登春地美术社木刻画作

《文艺新闻》刊登的春地美术研究所征求社员启示（1932.5）

张反日行动。11月底，因国民党政府压迫及经费困难等原因，上海一八艺社研究所被迫解散。1932年一·二八事变后，原一八艺社社员张眺、江丰等为上海反帝大同盟领导的《反帝画报》《民众画报》《慰劳画报》画宣传画，进行抗日斗争宣传工作。美联在中国左翼文化总同盟和剧联帮助下于4月2日在法租界召开复活大会，左翼美术界20多人参加，商议恢复美联组织活动，确定新的工作方针。复活大会后，美联出版《斗争画报》二期，《美术情报》一期。

重建阵地——春地美术研究所

1932年5月后，美联工作重心更多转向恢复组织。5月26日，以上海一八艺社研究所原有成员为基础，春地美术研究所在丰裕里4号创立。成员有江丰、于海、李岫石（李诚）、黄山定（黄聊化）、力扬（季春丹）、方海如、萧仲英、吴似鸿、倪焕之等十余人，由江丰、于海负责。原国立杭州艺专学生赴法国深造专攻美术的蒋海澄（艾青）返国留沪，也参加了该团体。成立时，发表《春地美术研究所成立宣言》《春地美术研究所简章》。研究所为了培养进步有为美术人才，公开招收研究生。据5月30日《文艺新闻》第57期报道："春地美术研究所已于本月22日开学，内分石膏、人体、舍外写生三门主要科，附设有漫画研究会、木刻研究会等，理论方面设艺术概论、美术史、艺术社会学及美学四科为主要科。另设有文艺研究会、社会科学研究会及英、日、法、德、世界语等语言研究会。"春地美术研究所既开展招生教学，也开展进步活动，它是一所实习性质学校，更成为美联开展革命活动的阵地。6月17日起，研究所在上海八仙桥青年会举办春地画展，展出研究员们创作的油画、木刻、国画等百余幅，此外还展出德国艺术家作品数十件。木刻作品中有江丰的《码头工人》、黄山定的《穷人之家》、胡一川的《到前线去》、郑野夫的《五一节》等。鲁迅对春地美术研究所给予了极大支持。不仅于研究所成立时资助活动经费，在画展当日还前往观展，购木刻10余幅，另捐款5元，支持春地美术研究所的活动。

7月中旬，当局突然包围春地美术研究所，将在场进行教学和创作研究活动的江丰、于海、艾青、力扬、李岫石、黄山定、萧仲英等十余人逮捕，把各种绘画工具作为罪证一并带走，接着以"危害民国罪"将他们"定罪"。春地美术研究所被迫解散，刚刚重迎革命美术运动高潮的美联再遭破坏。

大陆商场旧貌　　　　　　　　　　《救亡日报》创刊号(1937.8)

《救亡日报》社旧址

位于上海市南京东路353号（原南京路631号大陆商场）。1933年建成，钢筋混凝土结构。1937年8月24日至11月9日，《救亡日报》社在此办公。现为悦荟广场。

国共合办的日报

1937年7月28日，上海市文化界救亡协会成立，计划创办机关报《救亡日报》。此时，正处于国共进行第二次合作商谈期间，经商议，报纸由国共双方合办。8月24日，《救亡日报》在上海创办。除郭沫若任社长外，共产党一方由夏衍任总编辑，阿英（钱杏邨）任编辑部主任，国民党一方由樊仲云任总编辑，汪馥泉任编辑部主任，周寒梅任总经理。巴金、茅盾、胡愈之、章乃器、邹韬奋、郑伯奇等30人组成报刊编委会。报纸主持、编辑和发行等方面工作主要由共产党方面负责。

团结抗日　救亡图存

《救亡日报》高举抗日救亡旗帜，以宣传抗日民族统一战线方针策略为主要任务。在创刊号发表《发刊词》，指出团结抗日的主旨，"救亡图存的第一件事，全国人士必须有忍痛牺牲的决心，四万万五千万人一心一德是御侮的长城"。在报纸每版边缘刊救亡标语："拥护政府，信仰领袖，举国一致，抗战到底！""我们要抱定国存与存，国亡与亡的决心！"

《救亡日报》刊载大量救亡文件，如《上海市文化救亡协会宣传大纲》《中国共产党宣言》《上

悦荟广场

海各界抗敌后援会为保卫大上海运动告市民书》等。设专栏报道各地战况及救亡运动。设《文艺》副刊，根据抗日救亡需要，刊登适合街头宣传的文艺作品，形式多种多样，文字短小通俗，有社会杂感、书报评论、演剧批评、街坊报道剧、报告文学、小品、散文、随笔、诗歌、漫画、木刻等。

编辑出版抗日救亡增刊、特刊、特辑。如"'九一八'六周年纪念特别增刊""国庆纪念特刊""怎样组织民众特辑""抗战绘画流动展览会特辑"。还有许多政界、军界、商界、文化界等知名人士积极为抗日救亡义务撰稿，如：宋庆龄、何香凝、冯玉祥、郑振铎、李公朴、包天笑等。

1937年11月23日因上海华界沦陷停止出版，后辗转广东、桂林。1945年9月，夏衍受周恩来派遣回沪复刊，根据其批示，"宗旨依旧是团结、民主、进步，但重点放在反对内战，争取民主这两个方面"。10月10日改名《建国日报》（实际为《建国日报晚刊》）复刊，仅仅出版至10月22日就被国民党上海市党部以手续不全、需重新登记为由下令查封。

复社旧址

复社出版的《西行漫记》

复社遗址

位于上海市巨鹿路160号(原巨籁达路174号)。一幢一开间三层建筑,是胡愈之及其兄胡仲持的住宅,1937年12月,胡愈之在此成立秘密翻译出版机构——复社,至1939年秋结束。原建筑已拆除,建延中绿地。

组织翻译《红星照耀中国》

1937年10月,美国记者埃德加·斯诺所著《红星照耀中国》在伦敦出版。该书详尽记载了1936年他在陕甘宁边区实地采访的所见所闻,向全世界报道了中国共产党和中国人民的革命斗争,扩大了中国共产党和中国革命在国外的影响,引起了广泛关注。

中共党员胡愈之获得该书样本,发现这是难得的著作,对消除国统区对共产党的误解很有帮助,于是决定出版此书。为了抢时间,胡愈之把英文版新书拆开,组织了胡仲持等十多人同时翻译,不到一个月,就全部完稿。

组织出版《西行漫记》

由于当时上海的出版社不敢公开出版此书,胡愈之提议创办一家出版社,取名"复社",意为复兴中华。社址设在胡愈之家里,自任负责人,救国会张宗麟为经理,成员有郑振铎、许广平、王任叔、胡仲持、黄幼雄、梅益、冯宾符等20多人。

为避免国民党查禁和破坏,《红星照耀中国》改名《西行漫记》。同时为了避免"中共是为外国利益效力的"攻击,把原书第十二章第五节《那个外国智囊》讲述"共产国际军事顾问"李德一节抽掉。经过大家努力,《西行漫记》于1938年3月1日正式出版

《红星照耀中国》

斯诺在延安

发行。第一次发售2000册,很快售罄,同年4月10日再版,10月10日三版,11月10日四版,1年内连印4次,销量达8000册。后来在香港一再翻印。

编辑出版《鲁迅全集》

鲁迅逝世后,复社组织5人专班,集中在霞飞路霞飞坊(今淮海中路927弄)64号许广平寓所二楼亭子间进行《鲁迅全集》编辑工作。由胡愈之、张宗麟总揽其成;编校由许广平、王任叔负责。

《鲁迅全集》20册共600万字。为了筹集资金,使全集能在国统区内发行,胡愈之带了预约券,专程赶赴香港,后到广州、武汉,沿途用茶话会形式,介绍《鲁迅全集》,当场销售书券。张宗麟、吴子良、施从祥等都不辞劳苦,热心奔走,积极推销,大有供不应求之势。

1938年夏,《鲁迅全集》出版。复社出版的《鲁迅全集》分普及本和纪念本两种,以适应不同读者需要。

1928年埃德加·斯诺以记者身份来到中国,后兼任北平燕京大学新闻系讲师。1936年,斯诺经宋庆龄、徐冰介绍,前往陕北革命根据地。当年7月,斯诺从北平到西安,经洛川到延安,又改骑毛驴到安塞、保安。周恩来为他安排了92天的行程。斯诺访问了毛泽东、周恩来、朱德、彭德怀、贺龙等多位领导人,也访问了战士和边区群众。

延中绿地

庆丰大楼

《每日译报》编辑部旧址

位于上海市延安东路(原爱多亚路)160号庆丰大楼(原泰晤士大楼)。1938～1939年间,《每日译报》编辑部设于此。现为居民住宅。

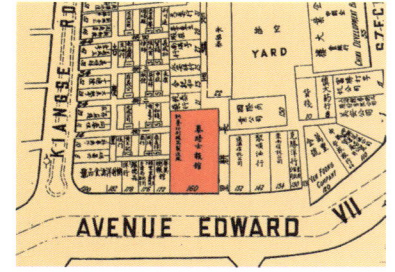

泰晤士大楼地块图(1939)

从《译报》到《每日译报》

1937年12月9日,在中共江苏省委文委领导下,《译报》在上海创办。夏衍主编,实际负责人梅益。《译报》是一张四开小型报刊,通过选译上海出版的外文报刊,向人民群众报道抗日前线战事消息和国内政治形势,宣传坚持抗战,扩大我党抗日民族统一战线的政治影响。随着《译报》影响不断扩大,引起日军和租界当局注意,仅发行12期,因日伪破坏而停刊。

《译报》停刊后,为争取早日复刊,经梅益、张宗麟、王纪华等商量决定,由在香港注册的英商大学图书公司孙特司·裴士和拿门·鲍纳两人出面发行，月给津贴200美元，不负责报社盈亏，不干涉报社内政，改名《每日译报》，挂英商牌子，于1938年1月21日出版，成为上海租界内宣传抗日的首家"洋旗报"。发刊词由英籍发行人具名，提出"《每日译报》宗旨"是"一张好的新闻纸，应该使人发生好奇的心理——对于别人所想的和所做的事，发生好奇的心理"，这种新闻观点，恰似一张洋商报纸，既掩护了创办《每日译报》的真实意图，也减少敌伪势力对这张新报纸的注意，而其实际上是中共江苏省委机关报。

报载内容

《每日译报》注重抗日宣传，阐释中国共产党抗战主张和统一战线政策，发表中共六届六中全会报告、决议和电文；毛泽东的《论持久战》和《中国的军队和人民》、周恩来的《论抗战的新阶段与侵略者新政策》等。其"专电"和"特稿"登载专文《中国的新四军》《新四军战绩纪实》等，译载斯诺等外国记者发表的文章《在日军后方的八路军》《东战场上的新四军》等，报道上海人民关心、而其他报纸很少刊载的有关共产党和八路军、新四军在抗日战争中的伟大业绩。发表《声讨汪精卫及其奸党》《汉奸论》等，抨击汉奸投降卖国行径；发表《历史上最惨酷的暴行日本"神圣的十字军"在广州》《南浔右翼战况激烈日军一再施放毒气》等，揭露日军侵华暴行。此外，为联系和团结各阶层群众，扩大宣传阵地和宣传效果，先后创办《爝火》《大家谈》《前哨》等副刊，《时代妇女》《职工生活》等周刊。

该报受到广大群众欢迎与支持的同时，也为敌人所嫉恨。1939年5月，租界当局受日伪压力，在《申报》刊登紧急启事，要求《每日译报》停刊两周。后敌伪对报纸发行人采取强迫及拉拢手段，致使报纸在停刊两周后，再也无法复刊。

《每日译报》刊载《论持久战》(1938.8)

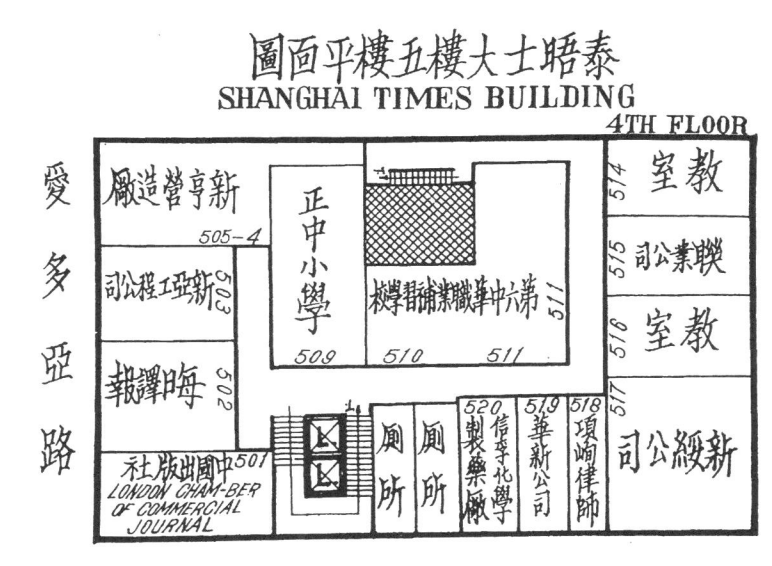

泰晤士大楼五楼平面图 (1939)

翠湖天地嘉苑住宅区

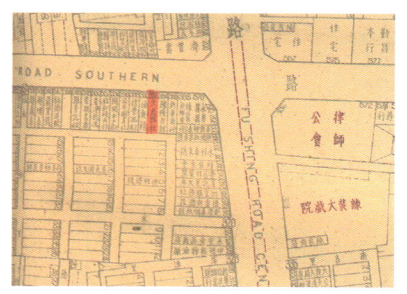

黄陂南路562号地块图(1947)

中共江苏省委新泰印刷所遗址

位于上海市黄陂南路(原贝勒路)562号。1941年春至1942年12月，曾为中共江苏省委秘密印刷机构——新泰印刷所所用。原建筑已拆除，建翠湖天地嘉苑住宅区。

"孤岛"里的秘密印刷所

1940年夏，中共江苏省委副书记刘长胜指示上海文委书记黄明建立一个印刷所，印制党的出版物，宣传抗日政策。组织上调来香港中华书局印刷厂夏国钧、吴俊荣、蒲润泉，上海印刷业联谊会监事胡宗骥，上海光华大学学生、女工夜校教师王云(黄明的爱人)等同志。1940年底，黄明等人克服种种困难，在公共租界山海关路租到一临街店铺三楼，办起了永康印刷所，夏国钧任经理兼党支部书记。但永康印刷所并不对外公开营业，只印刷进步书籍。组织上认为这样容易暴露，决定干脆开店营业，以印零件为主，利用公开招牌掩护秘密工作，便于1941年春迁至贝勒路辣斐德路路口一家店铺底层，更名新泰印刷所，承接信纸、卡片、账册、单据、喜帖、寿贴等零印件，同时还做点文具和玩具生意，以装点门面。

迁到贝勒路后印刷所空间变大了，前店堂放置玻璃柜台和两部圆盘脚踏架，后店堂安放一张双人床，空地堆存纸张、油墨等，厨房间放了一部新购四开机，一个较大的二层阁楼放置铅字、字架、拼版台和打纸型台架等。

险象环生

新泰印刷所经理仍是夏国钧，为便于掩护，他爱人纪英也进店工作，人称"老板娘"。

由于晚上容易暴露，印刷一般在白天进行。有一次，正在印内部文件时，版子刚落下，印件放在桌上，巡捕突然来搜查。纪英恰巧在缝衣袜，她眼明手快，立即将手上的裤子盖在印件上，同时热情应酬，倒茶招待。巡捕转了一圈，没发现什么就走了。

印党内文件时，总是与印普通印件同时进行。有一次，蒲润泉正在印党内宣传品，夏国钧在靠外的一部机器上印普通印件。巡捕又来搜查了，蒲的版子与印件来不及取下，便赶紧将夏的印件盖在自己的印件上，又躲过一劫。印刷工作要求"五快"，快排、快校、快印、快拆版、快送出。印完还要彻底干净打扫"战场"，消灭所有可疑痕迹。

中共江苏省委新泰印刷所遗址旧貌

坚守使命

1941年12月，太平洋战争爆发后，日军进驻租界。动荡中业务量大为减少，厂里收入大减，同志们生活面临困难。为了不增加组织上的经济负担，空闲的同志便去做小买卖，工作人员一天只吃三顿稀饭，以维持起码生活。在这样的艰苦环境下，印刷厂还在坚持。有时印完内部文件，由蒲润泉化装成卖年糕的小贩，用担子挑出去。

1942年7月，中共江苏省委机关和领导成员全部撤离上海。印刷所根据上级决定，将大部分同志转移到抗日根据地，只有吴俊荣、胡宗骥、王云留守。印刷所采取隐蔽埋伏的方针，只做生意。经理吴俊荣请来同乡潘子良在店面前摆了个玻璃柜，做刻字生意，又通过关系，拉来大批电影戏剧说明书印件，维持生计，使该秘密印刷阵地得以保存下来。

正当"生意"比较顺的时候，1942年12月印刷所不慎失火，吴俊荣被巡捕房带走，印刷所转往他处。

《文萃》社旧址今貌

《文萃》社旧址

位于上海市福州路89号申达大楼。建于1927年，砖木结构、部分钢筋混凝土结构建筑。1946年1月至1947年3月，《文萃》社在2楼219、223号房间办公。现为上海电气集团办公地。

《文萃》创刊

1945年10月9日，《文萃》周刊创刊，由著名记者孟秋江主办，1946年起由曾为《华西晚报》主笔的黎澍接办，接受中共中央南方局、中共中央上海局文委领导。

《文萃》在创刊之初，制定了"反对内战，反对独裁，要求和平，要求民主"的办刊方针，以民办、中偏左面貌出现，所刊稿件主要从重庆、成都、昆明、西安等地进步报刊上精选而来，每期仅刊一两篇特约"专论"或"来稿"。1946年二三月间起，陆续增加特稿数量，到下半年，已成为在全国有30多个特约经销处的时政性刊物，很快成为国统区民主人士和进步青年的必读刊物，被称为"唤起民众，组织民众的一面旗帜，激励人民投身革命的号角"。《文萃》主要撰稿人既有党的理论工作者及有关领导

文萃社铭牌

胡绳、姚溱、梅益、沙文汉、夏衍、乔冠华等，也有著名民主人士与文化界进步人士郭沫若、茅盾、马叙伦、马寅初等。

几易其址

《文萃》社初期没有固定社址，杂志上只印了"静安寺路德义大楼二门五楼"，该址实际上是个

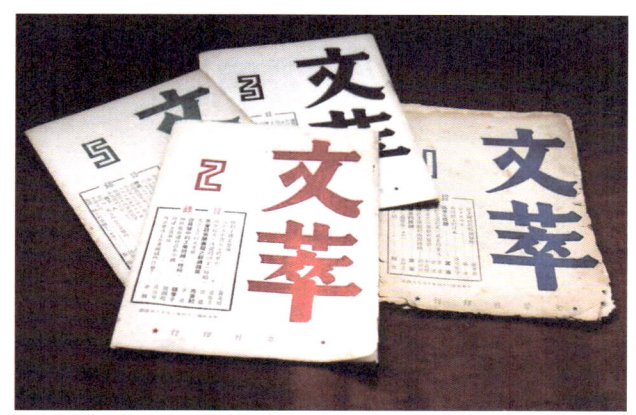

《文萃》周刊

通讯处。1945年11月中旬,在山东路290号三楼《大刚报》办事处内放了一张办公台,对外也挂了牌,算作社址。1946年1月开始,《文萃》社搬入福州路89号申达大楼2楼,219号房间作为经理部,对外挂牌,223号作为编辑部,不对外公开。

1947年3月,国共谈判破裂,中共驻沪办事机构和人员撤离。3月6日《文萃》第72期出版后,改为32开小册子,定名《文萃丛刊》,出版发行均转入地下,通过发行经理吴承德自办的人人书报社秘密出版发行。4月初,黎澍应胡绳要求赴港,《文萃丛刊》由中共中央上海局文委领导姚溱负责联系。《文萃》社也从申达大楼搬走,编辑部人员无固定办公地点,分散开展工作。同年7月,《文萃丛刊》遭国民党破坏停刊,共出版十期。

文萃三烈士

1947年7月19日,《文萃丛刊》被查封,同时承印该刊的友谊印刷厂也被查封,7月19日至22日,陈子涛、骆何民、吴承德、韩月娟等人,还有数名参与发行《文萃丛刊》的书报摊贩被特务机关逮捕。陈子涛、骆何民、吴承德三人被捕后,在监牢受尽酷刑,坚贞不屈,慷慨就义。

陈子涛原是成都《华西晚报》记者,1946年6月来上海参加《文萃》编辑工作,《文萃》转为地下后,临危受命担任主编,1947年加入中国共产党。1948年12月27日午夜于南京雨花台被害。

骆何民早年加入共产党,多次被国民党抓捕又越狱逃跑。1946年初冬,骆何民主动找到《文萃》主编黎澍,要求参加《文萃》工作,还开办友益印刷厂承印《文萃》,并把自己住所用作《文萃》工作人员的庇护所。1948年12月27日午夜于南京雨花台被害。

吴承德是《文萃》社兼管发行的经理,当时上海有二百多个书报摊出售《文萃》,由八个书报摊负责分发,组织严密而又灵活。《文萃》转入地下后,吴承德创办人人书报社,利用其他书报掩护《文萃丛刊》发行。1949年5月9日在宁波被害。

陈子涛

骆何民

吴承德

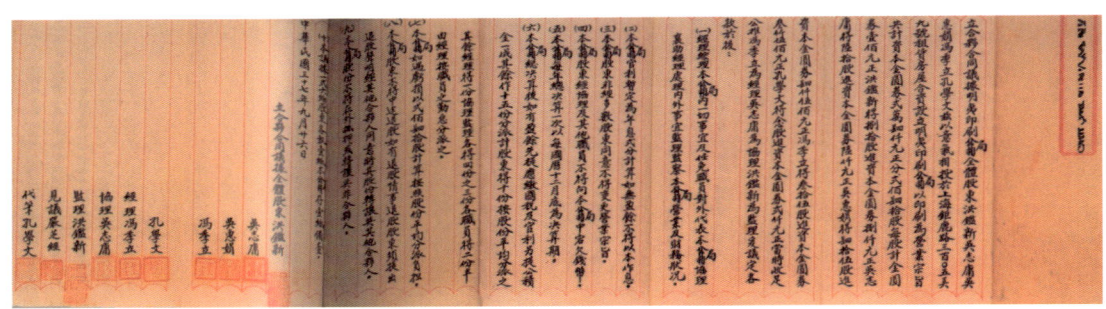

明夷印刷局合伙合同书

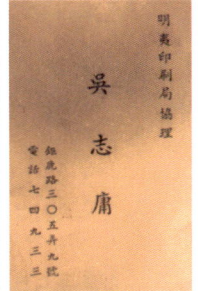

吴学谦(化名吴志庸)名片

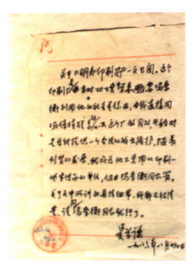

吴学谦就有关明夷印刷局情况复信中共卢湾区委党史研究室

明夷印刷局遗址

位于上海市巨鹿路305弄(小浜湾)9号。旧式里弄建筑,坐北朝南。1948年9月至1949年6月,明夷印刷局(简称"明夷")曾设于此地。原建筑已拆除,建凯德茂名公馆住宅区。

"移花接木"挂牌营业

1948年6月,为使中共上海市委学生运动委员会(简称"学委")副书记吴学谦有公开合法的身份掩护,并承印党的文件。学委用3根金条顶租小浜湾9号,筹办印刷机构。9月,明夷印刷局正式成立。

明夷印刷局接收了已暴露的、中共上海市委创办的中兴印刷厂全部印刷设备,另外添置了一些印刷设备。经3个月筹建,于1948年9月正式挂牌对外营业。工作人员全部严格挑选,并征得吴学谦同意。冯季衡、孔大成负责日常工作,支梅芳负责工务;徐贤庭(徐德宝)负责印刷;卢耕中(卢祖荫)负责装订;马全根负责排字;赵文甫负责烧饭和运输。内部成立党组织,孔大成是党小组长。吴学谦化名"吴志庸"担任"老板"。

隐蔽斗争

运用各种办法展开巧妙的隐蔽斗争,如在门后安装电铃,规定进出与发现敌情的暗号,安装隐蔽底稿或印刷品机关,布置销毁铅字版的措施,等等。平时,大家都警惕地坚守岗位,一旦发现敌情,相互配合,随机应变。直到1945年5月。

明夷印刷的宣传稿件有《告全市人民书》《告国民党军警人员书》《告国民党政府工作人员书》《中国人民解放军宣言》《三大纪律、八项注意》《将革命进行到底》等。除了印刷党的秘密宣传材料,还公开承接一些诸如练习簿、信封、发票本、卡片之类小型印刷品。

吴学谦(1921～2008),上海市人。1937年全民族抗战爆发后,积极参加抗日救国活动。1939年5月加入中国共产党。在上海从事党的学生工作,曾任中共上海市委学委书记、中共上海市委委员。

凯德茂名公馆

自忠路 355 号

《新少年报》社旧址

位于上海市自忠路 355 号（原自忠路 375 号）。建于 1926 年，两层沿街砖木结构石库门建筑，坐南朝北。1948 年初至 1948 年 12 月，《新少年报》社在这里办公。

我们在这里呀！

1946 年，中共上海市委学生运动委员会决定创办一份报纸，教育引导少年儿童健康成长。时任学委社会青年区委委员的蒋文焕接受了办报任务。2 月 16 日，第一期《新少年报》正式发行，这是一份旬报（后改为周报），八开四版，创刊号刊头"新少年报"四字由教育家林汉达题写。负责编辑工作的先后有施德铨、胡德华、吴芸红。参加编辑和发行、通联工作的有毛振珉、颜学榘、祝小琬、唐侃、唐微风、季勤先、段镇、马云连、冯炳城、沈理扬等。

最初《新少年报》没有固定社址，没有工作室，编辑、发行在自己家里或借用小书店进行。小读者常有来信问："《新少年报》大朋友，你们在哪里呀？我们想看到你们。"1948 年初至 1948 年 12 月，《新少年报》社租用自忠路 355 号东厢房作为办公场所。

青少年喜闻乐见

《新少年报》以少年儿童为对象，内容包括时事新闻、社会知识和自然知识，文艺及读者园地，图文并茂，形式活泼，深得小朋友喜爱。在"咪咪信箱"专栏中，"咪咪姐姐"吴芸红坚持有信必复，为小读者解决各种问题；蒋文焕笔名"哈哈大王"，撰写了《爱皮西游记》《爱皮东游记》《怪物游村》《马岛奇遇》等大量深受小读者喜爱的童话、幻想小说。

《新少年报》每期都刊载相当分量的新闻。新闻采录《申报》《新闻报》甚至《中央日报》的消息，以便顺利通过新闻检察官检查。1947 年 10 月 53 期起，《新少年报》新辟"小孙七十二变——周游历国"专栏，让小孙悟空去世界各地采访，巧妙冲破了国民政府的新闻封锁。

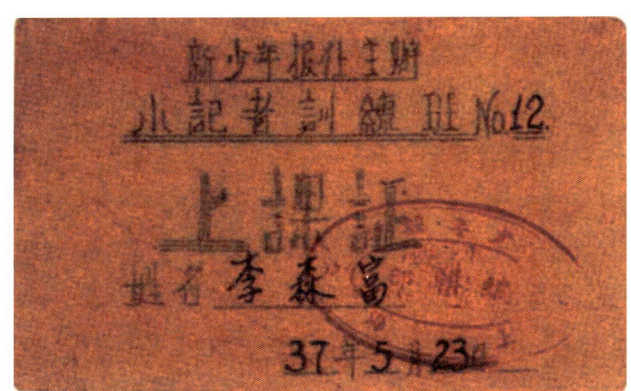

《新少年报》小记者训练班上课证

坚守初心

《新少年报》社缺少资金，经常靠中共党员东拼西凑，挤出微薄的工资，甚至变卖大衣、首饰，使报纸能连续发行。报纸负责人蒋文焕对工作人员说："我们一定要把报纸办成孩子们的好朋友、好老师，使孩子们喜爱它，如果我们被捕了，当读者知道《新少年报》是共产党办的，那时孩子们就会知道共产党能代表他们的利益，是好人，这就扩大了党的影响了。"他要求对读者来信来稿每件必复，因为只有做好报纸的通讯工作和组织工作，才能使报纸深入孩子中间。《新少年报》很快获得了少年儿童喜爱，发行量达10000份，甚至远销新加坡和马来西亚等地。

少年儿童好伙伴

《新少年报》小通讯员既是读者、作者，也是发行员。1947年2月，为纪念报纸出版一周年，举行了第一次小通讯员会议，给每个通讯员发了通讯员卡。每逢节日，他们戴上通讯员卡，拿起笔和本子进行采写。小通讯员活动多种多样，经常举行时事座谈、读书讨论，参观报馆和儿童福利机关，唱歌、演戏、舞蹈、联欢会，组织一日夏令营等，还办了图书馆。经过长时间的通讯员活动和读者活动，小通讯员越来越多，从30多人逐渐增加，最多时近200人，涌现出一批积极分子。1948年5月，还组织举办了一期小记者训练班，邀请当时进步作家、记者、戏剧工作

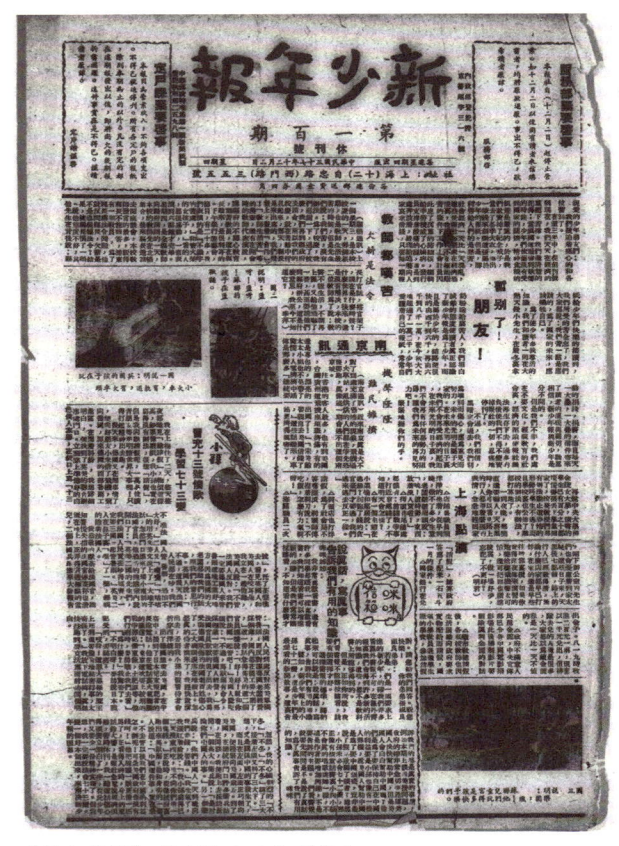

《新少年报》第100期（休刊号）

者、美术工作者给孩子们讲课，讲授怎样做记者、怎样写作以及相关戏剧、漫画等知识，组织他们实习，引导他们进一步深入生活，接触社会，了解社会。

第100期暂别

1948年11月，第99期《新少年报》刚发行时，突然传来消息，当局要查封《新少年报》。为了保存力量，《新少年报》决定停刊。但报社决定打好最后一仗，出满第100期。这时，自忠路社址已被特务监视，报社负责人胡德华等就在其新闸路的亲戚家，完成了编辑、出版和寄发。第100期《新少年报》于1948年12月2日如期出版，并附上告别信《暂别了，朋友》，信中说："我们不要为离别而悲伤，相信黑暗定会过去，光明是属于大家的……在不远的未来，我们一定会再见的！"1949年6月17日，《新少年报》复刊。1956年迁至北京。

交通联络点

平望街36弄弄口今貌

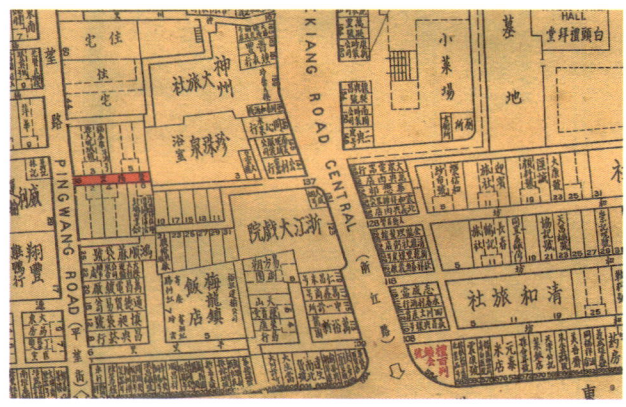

平望街荣阳里41号地块图（1947）

《申报》刊登旧址被破获的报道

中共上海区委对外联络点旧址

位于上海市平望街36弄内（荣阳里41号）。大革命失败后，一度作为中共上海区委一个联络点。

中共上海区委

1921年11月，中国共产党上海地方委员会成立，直属中共中央领导。1922年，上海地委改组为中共上海地方兼区执行委员会，其职权和管辖范围为管理和领导上海与江苏、浙江两省党的工作。1924年4月，中共上海地委兼区委改组为中共上海地方执行委员会，与原上海地委兼区委所辖中共南京地委和杭州组均直接隶属中共中央领导。

为适应新形势发展需要，加强党对各项运动和工作的领导，1925年8月21日，根据中共中央决定，将中共上海地方执行委员会改组为中共上海区执行委员会（简称"上海区委"），为大革命时期中国共产党成立较早的区委之一，管辖包括上海、浙江、江苏及安徽沿津浦铁路地区。1927年6月，上海区委撤销，建立中共江苏省委。

设立对外联络点

四一二反革命政变后，上海区委决定采取个别接触方式继续联系国民党左派，团结一切进步力量。根据上海区委布置和要求，黄竞西、姜长林、戴盆天租下荣阳里41号亭子间，作为对外联络点。姜长林居住在此负责联络点工作。不久姜长林调往汉口济难会，由黄竞西负责联络点。

由于叛徒出卖，同年6月25日晚，该联络点遭破坏，一批工作人员被捕，导致江苏省委机关暴露。第二天，黄竞西参加中共江苏省委在上海施高塔路（今山阴路）恒丰里104号召开的干部会议，与陈延年等4人一起被捕。

黄竞西（1897～1927），江苏江都人。1925年4月，加入中国共产党。曾当选国民党江苏省党部执行委员兼农工部副部长、总务处主任干事、省党部商人部部长。1927年4月，按照党组织要求在上海秘密恢复江苏省党部工作。6月被捕，不久被秘密杀害。

四成里旧貌

中共中央无线电训练班旧貌

中共中央无线电训练班旧址

位于上海市巨鹿路391弄(原巨籁达路四成里)12号。三层砖木结构建筑，坐西朝东。1930年9月至12月间，中共中央特科组织的无线电训练班在此举办。现为居民住宅。

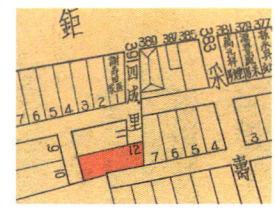
四成里12号地块图(1947)

建立电台

1928年中共六大以后，随着红军和根据地不断发展，单靠交通人员传递信息，已无法满足联络需要，于是中共中央决定在上海建立电台，并抽调一批留苏学生到莫斯科国际无线电训练班学习收发报及无线电通讯技术。同时中央决定成立特科无线电通讯科(又称四科)，制造和设立电台，培训报务员，开展与各地的联络工作，由曾在特科工作的李强负责。受周恩来委托，李强研制出中共第一台无线电收发报机，与担任法租界地方党支部书记的张沈川在上海建立了中共第一座秘密电台。同时通过分散训练、单线指导方式，在上海培训了第一批报务人员。

挂工厂招牌的训练班

1930年9月，党中央决定采用集中办班方式，在上海秘密培训电报人员，以满足苏区和红军对无线电通讯技术人才的需求，由中央特科具体负责。训练班选址巨籁达路四成里12号。教职员由莫斯科受训学成回国的学员和第一批学成报务人员担任。他们中有涂作潮、方廷桢(方仲如)、毛齐华、沈侃夫(陈宝礼)、李元杰、张沈川、吴克坚、宋廉等人。特科实际负责人是李强，兼管机务，张沈川管报务，吴克坚负责组织和财务。学员16人，由广东、江苏、湖南等地党组织选派。为掩人耳目，培训班门口挂"上海福利电器公司工厂"招牌。底层

四成里弄口今貌

张沈川在无线电训练班旧址前

展示窗里摆放收音机无线电零件、马达等，二楼是学员宿舍兼教室，二楼后楼和亭子间是办公室和教员备课室。学员平时身着工作服，对外称工人，教职员对外称经理或技师。学校规定平时不能与外界通信或将训练班地址告诉他人，外出需请假，并按时归来。以二楼前楼窗帘拉开为危险信号。

由于工厂平时没有对外业务，没有进材料、出产品，与社会上也没有往来，引起了侦探注意，曾先后两次借故进屋打探。同年12月17日上午11时许，一辆警车突然开到四成里12号，6名中外捕探持枪闯入无线电训练班，逮捕了正在教学报务的张沈川、方仲如、陈宝礼、李元杰、曾华伦5名教师和14名学员。先押到法租界巡捕房，旋又解渡到国民党上海市公安局，不久又解往南京中央军人监狱。被捕师生均以"宣传与三民主义不相容之主义"罪名，判处6～9年不等徒刑。其中4名师生病逝狱中。

中央特别行动科，1927年11月成立。下设一科（总务科），负责设立机关，布置会场和营救安抚等工作；二科（情报科），负责搜集情报和反间谍工作；三科（行动科），负责保卫机关、镇压叛徒等；四科（交通科），后改为无线电通讯科，负责无线电通信。1935年9月，特科分批撤离上海，从组织形式上结束了其历史使命。

上海滩新昌城

遗址纪念碑

中共中央特科机关遗址

位于上海市山海关路、成都北路路口东北角（原山海关路168弄肇庆里17号）。三底三层砖木结构建筑。1931年，这里成为中共中央特科联络点。原建筑于21世纪初拆除，建上海滩新昌城住宅区。

肇庆里17号地块图（1947）

新生印刷所

1930年，陈云委托李伟基用300元购置了两台小型印刷机和一些应用工具设备，并租用原山海关路168弄肇庆里17号一间统厢房，设印刷厂，陈云取名"新生印刷所"，寓意党的新生力量。统厢房被分隔为三小间，前间放置印刷机，中间是陈云的办公室和卧室，后间是李伟基夫妇卧室。陈云对外以"李介生"为名，是新生印刷所老板，印刷所实则为其办事机关。李伟基做具体业务，同时还雇了一名职员，收了一名学徒。印刷所还装了电话，号码33583。新生印刷所对外公开业务是承印红白帖子和名片传单之类印件。

中共中央特科联络点

1931年4月，顾顺章被捕叛变，陈云临危受命担任特科负责人，以印刷所为掩护，领导中央特科开展秘密工作。党组织一方面迅速组织人员和机构转移，一方面决定由新生印刷所制版翻印顾顺章照片，分发给领导负责同志和各地组织，张贴四处，以引起党内关注，避免更多党组织遭破坏。这里召开过两次党的秘密会议，参加会议的有周恩来、陈云、秦邦宪的弟弟秦邦礼和康生。新生印刷所出面担保，为从苏联回国的同志在上海找到居所，使他们顺利开展工作。

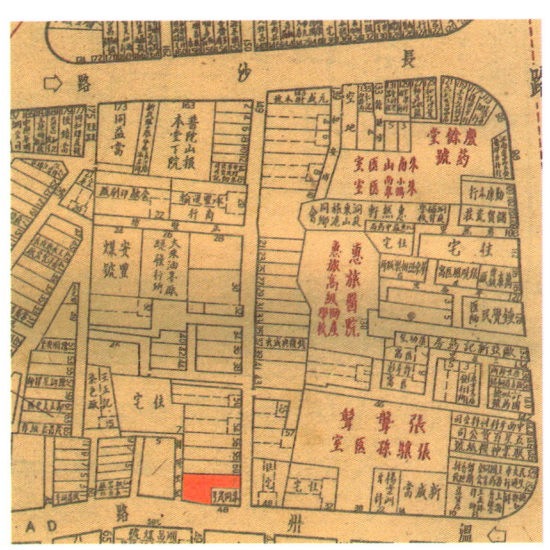

长沙路149弄62号行号地块图（1947）

长沙路149弄62号

中共秘密电台器材供应站旧址

位于上海市长沙路149弄耕畊里62号。砖木结构，旧式石库门里弄建筑。1932年前后，曾为中共秘密电台器材供应站。现为居民住宅。

从事秘密无线电通信工作

1928年，党组织安排毛齐华等人在莫斯科"国际无线电训练班"学习无线电通讯技术。1930年毛齐华毕业回国，由中央特科负责无线电通信工作的李强安排，搬到慕尔鸣路兴庆里（今茂名北路）一条弄堂里，这里也是新设的秘密电台所在地。毛齐华负责掩护工作，同时去巨籁达路无线电训练班任教。训练班出事后，考虑安全因素，电台工作改由陈昌寿领导，慕尔鸣路电台也在不久后转移。

1931年春节后,毛齐华在泥城桥鸿福里租了一间双亭子间。组织上要求毛齐华培训技术力量,训练报务员和发电机的装卸、维修技工。他采取家庭补习方式训练五名报务员,一组两人在虹口;另一组三人(其中一对夫妻)在同孚路附近。为了培训发电机技工,毛齐华在虹口找了家小工厂,借口小城镇需要维修发电机的工人,出钱请老板帮助培训技术人员。先后办了两期,两个月一期,每期两三人。这些受过训练的人,都由组织上派往苏区。

住进耕畴里

1932年一·二八事变爆发,虹口、杨浦居民纷纷涌向外白渡桥。毛齐华迅速雇了一辆出租汽车,把收发报机包装成行李,住进浙江南路一家旅馆。这时管理电台和搞电讯掩护工作的同志都汇集到此,有乐少华、王平、蔡和森的爱人李一纯和女儿阿娟、孙巨芳、邓中夏爱人夏明等。此后,程祖怡带着电台去沪西继续工作,乐少华调赣东北苏区,其他人陆续在沪西、沪中区分散居住。

毛齐华在耕畴里租到一大间统厢房(今长沙路149弄62号)住下。由于敌人严密封锁,根据地迫切需要电池,毛齐华打算从上海买原料输送到各根据地自己制造。为制造干电池,毛齐华先买书学理论,又买原料试制,经几个月试验,基本取得成功。

乐少华走时,给毛齐华调了一对夫妇,住南京西路徐重道药房楼上。丈夫李志超,四川人,上海无线电学校毕业生,懂一些无线电知识,妻子朱霞君,江西人,在大世界对面伯庸医院当护士。还有一位同住女同志,后来调程祖怡电台担任掩护。毛齐华常去李志超家指导他学习制造零件,装配机器,掌握各种零件性能等。他帮助毛齐华采购电讯器材,减少其外出。后来,组织上考虑程祖怡警惕性不高,决定他专门在家管电台,对外联络由毛齐华负责。

1933年,毛齐华搬到威海卫路(今威海路),程祖怡一家三口也搬来同住。毛是"二房东",程是"三房客",在楼上发报。为了避免电台暴露,使用室内天线,随用随挂。月余,出于安全考虑,又搬到高朗桥附近。中央军委又让毛齐华负责建立破坏部,同意他在苏区制造干电池的方案。由李志超采购锰粉、铅粉、炭精条、锌皮原料,包装后运往内地。

不久,中央上海局书记李竹声开会时被捕,书记处遭破坏。组织上要求毛齐华立刻从高朗桥搬走,专搞爆破工作。但由于机关遭破坏,人员调离,爆破工作进展缓慢。1934年10月,程祖怡在路上被捕,供出电台地址。上海局临时负责人盛忠亮也被捕叛变。活动近四年的上海秘密电台均遭破坏。毛齐华接到命令,负责电台重建工作,直到1935年9月奉命撤离上海去天津。

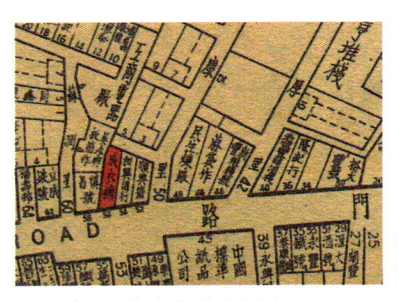

厦门路56号地块图 (1947)　　徐全直

中共秘密联络点旧址（厦门路）

位于上海市厦门路56号。砖木结构，两层旧式里弄建筑，坐北朝南。1933年，中共秘密联络点设于此。现为居民住宅。

被捕入狱　坚贞不屈

1933年2月，陈潭秋调往中央苏区工作，夫人徐全直因临产留在上海。生下孩子不久，徐全直为了工作，将刚满月的孩子让妹妹抱回湖北老家抚养。6月20日，徐全直来到厦门路56号秘密联络点交接工作，但联络点已被破坏。她发现情况异常，立即转身离去，却被早已隐藏在周围的特务抓捕。

徐全直初被关押在老闸捕房，后被引渡到国民党上海市公安局，不久又转押至国民党南京宪兵司令部监狱。在审讯中，徐全直化名黄世英，虽经多次严刑审讯，但坚不吐实，始终没有暴露自己的真实身份。

徐全直入狱后，她母亲四处奔波，设法营救。后来通过徐父的好友、在南京市政府任职的范汉民，找到时任浙江省主席的张难先出面活动。当局同意保释，条件是徐全直必须在"反省书"上具保今后不再当共产党员。徐全直拒绝签字，因而未能获释。

狱中斗争

在狱中，徐全直立场坚定，正义凛然，同敌人顽强斗争，一有机会就在难友中进行革命气节教育，增强革命信念。为了抗议反动派残酷迫害和对难友的非人待遇，她领导难友举行绝食，要求改善政治犯待遇，迫使狱方不得不同意他们提出的条件。

由于徐全直在狱中坚持斗争，其刑期从8年改判15年，最后以"拒绝坦白自新，侮谩公职人员，妨碍他人自新，不可理喻"的罪名改判死刑。1934年2月，徐全直被害于南京雨花台，时年32岁。牺牲后，同情者将其遗体葬于南京水西门外，并立碑"古复（沔阳）徐全直女士之墓"。

杰出的共产主义战士

1902年，徐全直出生于湖北沔阳，其父是同盟会会员，袁世凯篡权后被捕入狱，徐全直随母寄居外祖母家。1919年，考入湖北女子师范学校读书，受陈潭秋、刘子通等教育，秘密阅读了大量革命书刊，逐步成长为自觉革命者。1921年，参加陈潭秋发起组织的"妇女读书会"，次年，被吸收为社会主义青年团团员。

1922年，女师为了阻挠新文化新思想传播，解聘了刘子通，徐全直等深入发动广大同学，包围校长室，实行全校罢课以示抗议，遭校方开除。她还带领同学到教育厅请愿，坚持斗争三昼夜。教育厅被迫让女师校长王式玉辞职，被开除学生保留学籍，按时毕业，斗争取得了胜利。1923年，加入中国共产党。是年秋，中央派徐全直随陈潭秋等去江西安源煤矿，发动6000煤矿工人举行游行示威。1924年，与陈潭秋在武汉结婚。1926年，北伐军攻克武汉三镇，徐全直调任省立第二小学校长、湖北省妇女协会常务委员会。翌年三八节，发动武汉三镇十几万妇女举行示威游行。

1931年，徐全直与陈潭秋同赴上海工作，在中共中央机关任交通员，冒着生命危险，摆脱特务盯梢，传送党的秘密文件，出色完成党交给她的机要工作任务。

新闸路488号旧貌

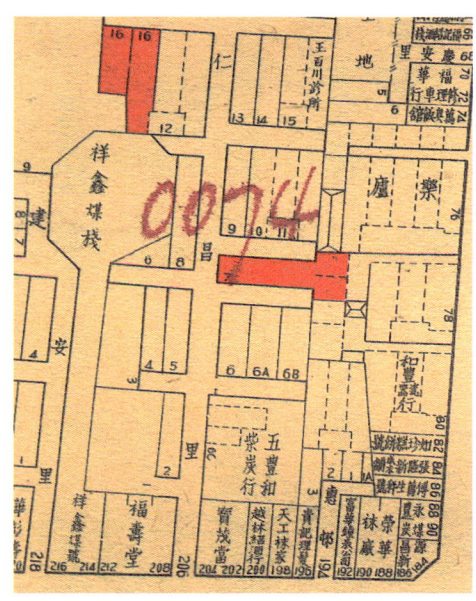

仁昌里地块图(1947)

中央文库遗址

位于上海市金陵中路(原恺自尔路)仁昌里7号、16号。石库门建筑。1936年底至1939年下半年,中央文库在此保藏。现为延中绿地。

位于上海市新闸路成都北路口东北(原新闸路488号)。石库门建筑。1945年抗战胜利前夕至1946年,中央文库在此保藏。原建筑已拆除。

接手保管文库

1936年下半年,中央文库负责人陈为人向特科徐强移交保管的全部中央文件。此后,保管中央文库的任务,一直由上海地下党情报系统同志担任。徐强,1928年曾参加领导浙江武义县秋收暴动,后调上海工作,1930年任松江、青浦两县中心县委书记。1932年调中央特科工作。1936年,徐强接手保管中央文件工作,文件搬到恺自尔路(今金陵中路)仁昌里7号一幢石库门房子二楼亭子间里,存放在共产党员周天宝亲戚家里。后受火灾影响搬至仁昌里16号。

1939年春,徐强调离上海去延安,保管文件任务交给他夫人李云。不久,李云也调延安,中央文库保管工作归八路军驻沪办事处刘少文领导,1939年底转为吴成方负责。1939年起,中央文库保管工作先后由刘钊、缪谷稔负责。1942年缪谷稔病重,吴成方将保管文件的任务交给陈来生。

保管时间最长的陈来生

陈来生先后将文件转移至新闸路 1851 弄、新闸路 944 弄（赓庆里）、新闸路 488 号、974 号、成都北路 972 弄 3 号等地点。他依靠家人掩护进行工作。转移时，陈来生将文件伪装成一包包废纸和货物分散转移。并和家人约定：第一，每次搬运中央文件时，都要绕过日军岗哨；第二，每次搬运中央文件时，都要边向前走，边观察前方情况，如遇前方有日伪武装警察搜身，要很自然地转弯走到弄堂里转圈子，等警察过去后再走。为了避免文件被鼠咬虫蛀，陈来生用樟脑粉谨慎包装，并经常曝晒和检查。

1945 年抗战胜利前夕，吴成方被日本宪兵队抓去，为了保障中央文库绝对安全，陈来生租下新闸路 488 号兴隆大饼店灶披间（内有阁楼）。在房间一端，用模板做了夹墙，将文件箱子和其他杂物混杂堆放在夹墙里，使人不易察觉。中央文件搬运到阁楼上，夜里，陈来生和弟弟睡在灶披间看管。

依靠高度责任心和严格执行保管规定，陈来生一直将文件安全保管至上海解放。1949 年 9 月，陈来生将中央文库文件呈交中共上海市委。上海市委开具证明："兹收到陈来生同志自一九四二年七月起所负责保管的从我党诞生时起至抗战时止……各种重要历史文件和档案。总计壹百另肆包，分装十六箱"，"在由陈来生同志负责保管的七年间未受到霉烂虫蛀、鼠咬等半点的损伤"。9 月 18 日，一份经毛泽东、周恩来、刘少奇、朱德签发的电报传到上海，命市委派专人将中央文库保存全部文件送中共中央秘书处。

陈来生

中共上海市委组织部关于接收历史档案给陈来生的证明信

珍贵史料

自中央文库建立以来，先后担负领导或保管中央文库任务的有：张唯一、于达、张晓梅、陈为人、韩慧如、韩慧英、李沫英、徐强、李云、周天宝、娄志美、刘钊、缪谷稔、刘少文、吴成方、陈蕙英、陈来生等人。近二十人接力，让中央文库安然无恙保管至上海解放。

中央文库保管着党成立至 1933 年党中央机关撤离上海留下的 104 包两万余件机密、珍贵历史文件和资料。其中有党的历次代表大会文件和会议记录、中央政治局会议记录，有中央各项决议、报告、宣告、通告，有各地给中央的请示、报告，有共产国际给中共中央的指示和中国共产党给共产国际的报告，有中央出版的刊物，有毛泽东、周恩来等党的领导人手稿原件，有瞿秋白、苏兆征、彭湃、罗亦农、恽代英等烈士遗墨。上交中央后，在编写党史、军史、革命史、地方史等书籍时，发挥了重要作用。

黄陂南路148号旧貌

李白用以掩护电台的肥皂盒和修理电台的工具

邓国军、林影夫妇存放收发报机用的皮箱

李白、邓国军贝勒路秘密电台遗址

位于上海市黄陂南路（原贝勒路）148号。沿街单开间三层建筑，坐西朝东。1937年10月至1939年2月，李白秘密电台设于此。1946年夏至1947年春，邓国军秘密电台设于此。原建筑已拆除，建香港新世界大厦。

李白秘密电台

1934年6月，李白在瑞金红军通讯学校学习无线电技术。后任红五军团电台台长兼政治委员。1937年10月，受党中央派遣，化名李霞，从陕甘宁革命根据地来到上海，建立上海同延安党中央的通讯联系，租住贝勒路148号。从安全考虑，党组织决定让李白与同情革命、思想进步的同盟会会员单志伊及儿子单惠民吃住在一起，掩护电台。单志伊与第一任八路军驻沪办事处（简称"八办"）主任李克农是同乡好友，其儿子单惠民是医生，诊所设在底层客堂间，单家住二楼。李白以单家亲戚名义，住10平方米的三楼，电台也设于此。平时，李白两只装有通信设备的皮箱与单家的皮箱混放在二楼单家卧室，晚上李白再将皮箱拎到三楼工作。

每到深夜零点至四点时分，是李白的发报时间。李白电台除向党中央上报所获各种重要情报外，还负责抄收新华社新闻，向国统区宣传中共抗日主张和方针政策，宣传八路军、新四军英勇抗日

香港新世界大厦

李白

业绩。电稿由八办分送上海各报刊选登。上海沦陷后，八办转入地下，根据中央指示，压缩电报量，减少电台联络时间，每星期两次同中央联系，每次不超过2小时。

1939年春，发生了两件可疑事件，引起党组织警觉。2月的一天，机务员涂作潮携带一部单惠民医生交给他的收音机，准备回家修理，走在路上被巡捕扣留，并至单家与单惠民核实情况后，才放了涂作潮。还有一天下午，一个身穿长袍、戴礼帽、皮鞋雪亮的人，乘机溜到单家，从二楼偷了皮箱下楼时，碰上单惠民和儿子回家，在父子俩喝斥下，皮箱被保护下来。事后，为了安全将电台撤离。

邓国军秘密电台

1946年6月，中共代表团驻沪办事处（周公馆）成立。为建立上海与延安党中央的通讯联系，7月，党中央社会部派遣邓国军（化名杜松一）、林影（化名李萍影）假扮夫妇，从重庆到上海，建立与延安的通讯电台。经时任中共上海工作委员会副书记刘少文安排，住进黄陂南路148号，仍由单惠民家庭掩护电台。这时底层已出租给别人做生意，单家住二层，邓国军、林影住三层，电台设在3楼。邓国军担任报务员，林影担任译报员。电台先后由刘少文、吴克坚领导。平时邓国军、林影与单家吃住在一起。

为安全起见，邓国军常在凌晨发报，为避免灯光和发报声引起怀疑，他常跪在床上，把被子披在身上或俯卧在被子里，借着手电筒微弱的光线，单手按键发报。

1947年春，国共谈判破裂，电台撤离。

秦鸿钧全家合影(1948)

新新里315号老虎窗

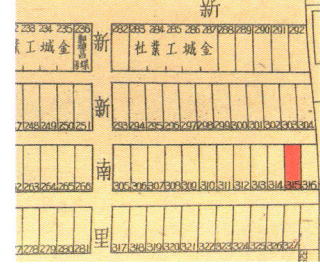

新新里315号地块图(1947)

秦鸿钧金神父路秘密电台旧址、新新里秘密电台遗址

位于上海市瑞金二路(原金神父路)148号。建于1935年，沿街三层西式建筑，坐西朝东。1937年底至1939年底，秦鸿钧在3楼开设秘密电台。现为黄浦区第二牙防所。

位于上海市瑞金二路(原中正南二路)409弄新新里315号。1940年底至1949年底，秦鸿钧在315号阁楼上设立秘密电台。原建筑已拆除，建日月光中心广场。

金神父路秘密电台旧址

秦鸿钧1926年加入中国共产主义青年团，1927年加入中国共产党。1936年，秦鸿钧受组织委派，赴苏联学习电台技术。在苏联的半年里，他克服种种困难，很快学会了一整套无线电通信技术。1937年，秦鸿钧受第三国际(共产国际)派遣，来到上海设立秘密电台，与第三国际远东局(苏联)直接联系。秦鸿钧从苏联返回上海时，为防止搜查，没带任何器材与图纸，只能从旧货摊上搜集电讯器材，凭记忆成功组装了一台发报机。电台就设

秦鸿钧　　　　　秦鸿钧当年使用过的电台

在法租界金神父路一栋三层小洋房三楼。

为了便于开展工作，经党内同志介绍，秦鸿钧结识了小学教师韩慧如，两人结为伴侣，共同掩护电台，并在辣斐德路菜市路（复兴中路顺昌路）开设了一家糖果工场。秦鸿钧白天去工场当"老板"，夜间在三楼发报，韩慧如则坐在窗边警戒。1939年末，秦鸿钧接到通知，离开上海赴哈尔滨接受新任务。

新新里秘密电台遗址

1940年底，秦鸿钧受党组织派遣再次来到上海，设秘密电台建立与华中局联系，电台前后使用时间长达9年。秦以失业者身份，负责报务，韩慧如以教师身份为掩护任地下交通。为了隐蔽，楼板缝隙用纸糊住，天窗和灯都用厚布遮盖。夏天小阁楼里酷暑难熬，冬天透过屋顶瓦缝刺骨寒风袭来，秦鸿钧在这样的环境中收发报，为解放区输送了大量情报。

1949年3月17日，秦鸿钧正在紧张工作，韩慧如照常在二楼窗口警戒。突然，楼下传来急促敲门声，十几名特务破门而入，秦鸿钧向华中局发出"危险"信号，并销毁机器和文件后，被敌人抓捕。5月7日，被杀害于浦东戚家庙。

瑞金二路148号

福熙邨46号旧貌

叶钟英、张志申
福熙邨秘密电台遗址

位于上海市黄陂南路710弄（原贝勒路福熙邨）46号。三层砖木结构旧式里弄建筑，坐北朝南。1940年8月至1942年夏，叶钟英、张志申受党组织派遣，在此三楼设立与中共中央华中局的联系电台。1990年代末原建筑拆除，建建德坊住宅区。

福熙邨里新"住家"

1940年8月，在党组织安排下，叶钟英和母亲汤绮、继父朱月三及张志申住进福熙邨46号。电台初设时安置在三楼，叶钟英任报务员，张志申担任机务员，住亭子间；叶钟英父母住底层，掩护电台；译报员为侯德华，不住机关。电台由地下交通员乔犁青负责，直接受潘汉年领导。平时张志申扮作汤绮的外甥，与他们一起吃住。1941年夏，叶钟英接受新任务，她与全家迁址他处。党组织重新安排孟述先以天津广顺皮毛公司驻上海办事处负责人身份，携妻子苏利民，通过朱月三在报纸上刊登招租，在经租处办理入住手续后搬进福熙邨，住底层和二层，掩护电台。孟述先和张志申没有直接的组织关系。乔犁青每天来孟家交接电报稿。平日里，孟述先夫妻俩与张志申互不相干，孟述先一家独自开伙，张志申在外解决一日三餐。

电台运转

为了安全，电台藏匿于三层室内夹墙下端暗室里，墙壁四周贴上墙纸，旁边置一茶几。同时在二层孟述先夫妇卧室里，安装了通向三楼的电铃和信号灯。电台的任务除了将敌占区情报发往华中局，同时还抄收新华社新闻电稿。

警铃响起

1942年夏的一天深夜，四五个日本便衣进门搜查。正在紧张工作的张志申接到二楼传来危险信号后，立即藏好电台，上床佯装睡觉。当他们从底楼搜查到三楼时，张志申装成被吵醒的样子去开门，敌人见室内陈设简单，全部家什一目了然，尽管有便衣发现连接天线的电线，但误以为是收音机天线。事后，党组织认为如果电台马上转移会引起敌人注意，因此决定暂停电台工作，张志申切断与外界联系，暂不撤离福熙邨46号。果然，日本宪兵队在弄内秘密侦听了两晚，没发现任何动静。一个月后，按照党组织决定，电台撤离上海，张志申撤至华中根据地。

刘鹤孔全家福

国际广场B座商住大厦

刘鹤孔安纳金路秘密电台遗址

位于上海市复兴中路以南，东台路东侧（原安纳金路283号）。沿街两开间两层石库门建筑，坐东朝西。1942年10月至1944年3月，刘鹤孔在此设立秘密电台。原建筑已拆除，建国际广场B座商住大楼。

建立电台

1939年6月刘鹤孔受第三国际派遣，到上海建立与海参崴联系的第三国际秘密电台，担任报务员兼机务员。联系人及电台领导人是刘逸樵（又名刘君瑞，化名老陈），他们之间单线联系。

1942年10月，党组织顶租安纳金路283号，电台迁至楼上厢房卧室。刘鹤孔夫妇是二房东，楼下出租给一个房客做生意。刘鹤孔化名李亦鸣，人称"李先生"，公开身份是做五金生意的。他负责收发电文，按规定时间和地点单线与刘逸樵见面，交接电文。

经历磨难

1944年1月，刘逸樵离开上海前，指示刘鹤孔继续与海参崴电台保持联系。3月15日，电台被日本宪兵队电波侦获，刘鹤孔夫妇及一周岁女儿被捕入狱，妻女被关四十多天后释放，回此处居住。因刘鹤孔坚称电台为商业用途，始终未暴露身份，以"军律违反"罪被判5年徒刑，关在提篮桥监狱。次年，抗战胜利获释，仍回此寓居。1945年9月，与中共地下党负责人张承宗、张琪接上联系。10月，刘鹤孔一家撤离上海，进入苏北解放区。

申达大楼 (2005)

中共上海市委联络机关旧址（福州路）

位于上海市福州路89号申达大楼前楼四楼东南角。建于1927年，五层砖木、部分钢筋混凝土结构建筑。1945年8月至1946年8月间，为中共上海市委联络点。现为上海电气集团办公地。

前身为兴生绸庄

在中共绸布业支部领导下，1941年建立了公开合法的社团组织"上海绸缎业职工联谊会"，在大昌祥绸布局工作的中共党员周良佐、周金畬等分别担任常务理事、理事。不久周良佐、周金畬等人离职。

为以公开身份开展革命工作，1942年，周良佐、周金畬等人租借福州路89号前楼四楼一个房间，开办"兴生绸庄"，以此为掩护，一边做捐客生意解决生活问题，一边继续开展上海绸缎业工会活动。不久在党组织安排下，周良佐秘密联系衣着业中共党员，开展工作。

开设联络点

1945年8月9日，中共中央华中局决定成立中共上海市委员会。书记先后为刘长胜、张承宗。这里又成为上海市委的秘密联络点之一，市委领导经常在此开会，研究布置工作。1946年8月，周良佐奉命调往苏州，周金畬也另有任务。

亚细亚大楼

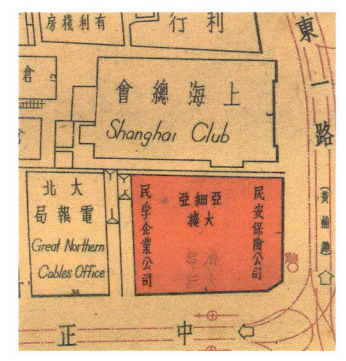

亚细亚大楼地块图（1947）

广大华行旧址

位于上海市中山东一路1号亚细亚大楼。1916年建成，八层钢筋混凝土结构折衷主义建筑。1945年底至1948年12月，广大华行总公司设在此处。现为商业用房。

成为党的秘密机构

1933年，卢绪章、杨延修、田鸣皋、张平、郑栋林5名职业青年在上海合作创办广大华行，主要经营西药和医疗器械的邮售业务。1937年10月至1938年8月，创办人员中的卢绪章、杨延修、张平先后加入中国共产党。1940年初，党组织决定将广大华行改建为党的秘密工作机构，刘长胜派职委员吴雪之进入上海广大华行担任党的领导。

1941年冬，广大华行在重庆成立总管理处，由卢绪章任总经理。此后，不断扩大经营，提高社会地位，分别在昆明、成都、贵阳、西安等地设立分支机构，与民生轮船公司组织成立民安保险公司，同苏联建立贸易关系，成为苏联的山道宁、鹿茸精、白报纸在华销售代理，还在纽约设立分行，成为美国施贵宝药厂的西药及原料在中国的销售总代理，并陆续发展了进口化工、钢铁、五金产品和出口桐油、肠衣等业务。

迁回上海 全面发展

1945年底，广大华行总管理处移到上海，地址设在中山东一路1号。迁回上海以后，刘晓受周恩

上海广大华行全体人员合影（1940.6）

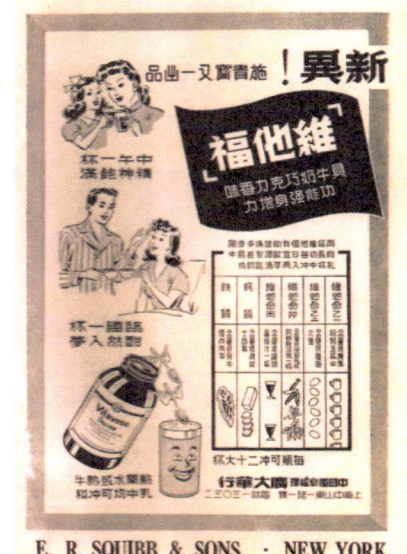

广大华行广告（1948）

广大华行五位创始人

亚细亚大楼今貌

来委托领导广大华行工作，吴雪之协助卢绪章主持全面工作，广大华行的业务得到迅速发展，先后开设广大药房，组建民孚企业公司，成立民益运输公司。为进一步掩护工作，经周恩来批准，广大华行与陈果夫合办中心制药厂，与国民党CC系在台湾合办七星纱管厂。

广大华行在为党组织筹集经费、锻炼培养党的经济工作干部等方面发挥了重要作用。如1948年广大华行先后两次由吴雪之交刘晓转给中共港粤工委15万美金，并给钱瑛领导的湖北、西南地区党组织20万港币。广大华行还通过开展业务和广交朋友与国民党的党、政、军、特建立广泛联系，利用这些关系取得了掩护党的机构和干部、开展国内外贸易和交通运输的方便。

1948年，党组织决定将广大华行的业务重点逐步南移香港。1948年冬，中共中央决定，除香港外，广大华行所有国内外机构全部撤销。按照周恩来和任弼时的指示，1949年3月，香港的广大华行与华润公司合并。

中央商场

外滩·中央广场

中共上海市委联络机关旧址（南京东路）

位于上海市南京东路123号（原中央商场二楼1号A室）。建于1921年，沿街四层钢筋混凝土结构，连拱廊形式商场建筑。1948年至1949年5月，为中共上海市委秘密联络点。现为外滩·中央广场。

永孚贸易行

联络点对外以永孚贸易行为掩护，沈振光任贸易行经理。1948年9月，中共党员周良佐任协理，郑济民任账房。中共中央上海局副书记刘长胜、张承宗以及工人运动委员会书记张祺、职工运动委员会书记陆志仁等经常来此碰头，研究部署工作。

部署迎接解放

1949年5月24日下午，张承宗、张祺在此会面，研判时局、分析形势，决定尽快通知各级党委，紧急动员各行各业相关人士于当晚组织人民保安队，正式佩戴预先制作的白底红字"人民保安队"臂章，公开以人民保安队名义值勤，坚守岗位，协助人民解放军解放上海。

解放前的中共上海市委委员合影（1950夏）

居住地

上海孙中山故居

上海孙中山故居

　　位于上海市香山路7号（原莫利爱路29号）。建于20世纪初，砖木混合结构两层欧式建筑，坐北朝南。1918年6月至1924年11月，孙中山与夫人宋庆龄寓居于此。1925年孙中山在北京逝世后，宋庆龄回沪继续在此居住至1937年12月撤离上海到香港。全国重点文物保护单位、上海市爱国主义教育基地。

著书立说

　　1918年5月，孙中山辞去海陆军大元帅职务后，于6月26日抵达上海，寓居莫利爱路29号。期间完成《孙文学说》与《实业计划》两本著作。

　　《孙文学说》是孙中山一生著作中唯一的哲学专著，他主张"知难行易"，要人们敢于行动，积极投身革命实践。

　　《实业计划》为建设繁荣富强的现代中国勾画出宏伟蓝图，提出以国家为主建设各项社会基础

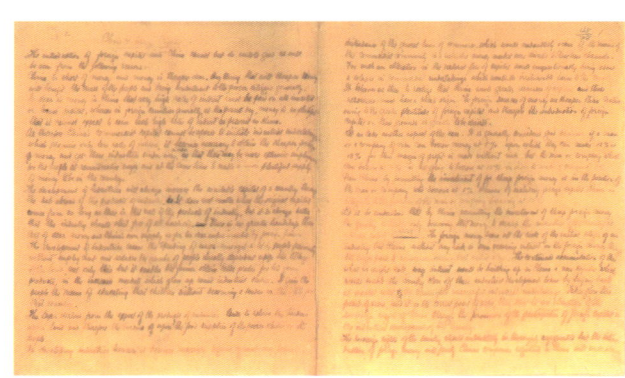

《实业计划》英文手稿

孙中山与宋庆龄在寓所接见各界欢迎代表(1924.11)

孙中山、宋庆龄与亲友合影

性事业的全局计划，同时也是近代以来政治领袖首次针对整个国家社会建设和实业发展提出全面系统的规划。该书后为《建国方略》的第二部分"物质建设"。

联俄、联共、扶助农工

1920年11月，孙中山在此会见共产国际远东局代表维经斯基，详细询问俄国革命情况，要求与苏俄建立电台联系。1922年8月23日，会见中国共产党人李大钊，交流中国革命和改组国民党问题。8月25日，会见共产国际和苏俄特使越飞的双重代表马林，李大钊、林伯渠参加会见，商讨当时远东局势和中国革命等问题，确立了"联俄、联共、扶助农工"思想。

1923年元旦，孙中山发表《中国国民党宣言》。1月18、20、22日，多次会见苏俄特使越飞。26日，发表《孙文越飞宣言》。1924年1月，中国国民党第一次全国代表大会在广州召开，通过了《中国国民党第一次全国代表大会宣言》，事实上确立了联俄、联共、扶助农工的三大政策，标志着国民党改组的完成和第一次国共合作的正式形成。

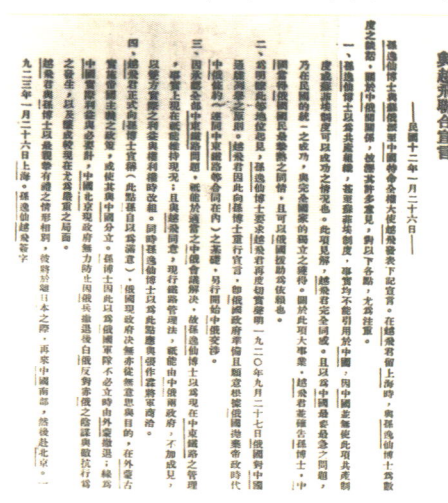

孙文越飞宣言

上海孙中山故居纪念馆

上海孙中山故居纪念馆由孙中山故居和孙中山文物馆组成。1945年12月底，宋庆龄将寓所遗赠国民政府，作为孙中山的永久性纪念地。上海解放后，定名"上海孙中山故居"。1961年3月公布为首批全国重点文物保护单位，1988年1月正式对外开放。1994年6月，改名上海孙中山故居纪念馆。

故居楼下是客厅和餐厅，楼上是书房、卧室和小客厅。现故居内陈设绝大多数是原物原件，并根据宋庆龄生前回忆，按上世纪二三十年代原样布置。2006年11月孙中山文物馆开馆，由原来的孙中山故居办公楼改建而成，共有三层、八个展区。

《民国日报》刊载《突如其来之俄国大政变》　陈望道　邵力子　自忠路163弄（泰和坊）5号地块图（1947）

邵力子、陈望道旧居遗址

位于上海市自忠路163弄（原白尔路三益里）5号。1919～1925年间为邵力子住所，1920年5～9月，陈望道曾寓居于此。原建筑已拆除，建翠湖天地雅苑住宅区。

进步报人邵力子

1916年1月，《民国日报》在上海创刊，邵力子为报社总经理兼编辑。1917年，俄国爆发十月革命，11月9～11日，《民国日报》在要闻版显著位置，以《俄国大政变之情形》《欧洲战电》《突如其来之俄国大政变》为题，连续报道了俄国无产阶级革命胜利的消息。

邵力子还到复旦公学讲演，宣传十月革命。1919年5月4日，北京爆发了大规模的反帝爱国学生运动。5月6日，上海《民国日报》以"本社专电"形式，最早刊发北京五四运动消息。当天一大早，邵力子手持《民国日报》到复旦大学发表演说，报告北京五四运动的起因和经过，动员大家联络上海的大中学校，响应北京的学生运动。

《觉悟》副刊与邵力子

1919年6月16日，邵力子创办《民国日报》副刊《觉悟》并任主编。从创刊起，《觉悟》就表现了彻底的民主主义立场和初步的社会主义倾向。邵力子有计划地组织李大钊、陈独秀、瞿秋白、恽代英、张闻天等人写专论文章，前后200多篇，还组织发表马克思主义经典著作译文。《觉悟》在邵力子努力下，办得有声有色，名噪一时，同北京《晨报》副刊、《京报》副刊、上海《时事新报》副刊并称全国"四大副刊"。邵力子在《觉悟》上署名发表950余篇文章。

志趣相投

1920年四五月间，翻译完成《共产党宣言》的陈望道带着译稿来到上海，住进三益里5号邵力子家中。邵力子用"和文汉读法"阅读了陈望道从日本带回的马克思主义书籍，对马克思主义产生了浓厚兴趣。此时，陈独秀在上海组织马克思主义研究会，邵力子成为其成员。中国共产党发起组在老渔阳里2号成立后，邵力子和陈望道均成为其早期成员之一。《觉悟》也成为中国共产党一个重要宣传阵地。

1923年，国共两党人士酝酿成立培养革命人才的上海大学，邵力子任副校长，除校务工作外，还给学生上课，并邀请知名人士周建人、刘大白等来校兼课。1924年，孙中山改组国民党，邵力子任国民党上海执行部农工委员、农工部秘书。1925年，邵力子离开白尔路三益里5号的寓所，前往广州。

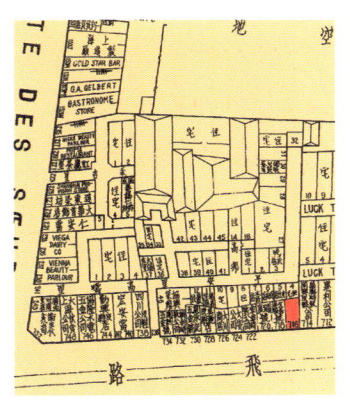
霞飞路716号地块图（1939）

维经斯基

维经斯基旧居遗址

位于上海市淮海中路地铁13号线出口附近（原霞飞路716号）。1920年，维经斯基受共产国际委派来到中国，在沪期间寓居此。原建筑已拆除，建设地铁车站。

1920年11月，维经斯基根据陈独秀的建议，在上海拜会了孙中山，长谈两小时。孙中山询问了有关十月革命和苏俄国内的一些情况，提出与苏俄建立电台联系。双方还认真探讨了如何把中国南方的斗争同苏俄的斗争结合起来。

出使来华

1920年4月，经共产国际批准，俄共（布）远东局海参崴（今符拉迪沃斯托克）分局外国处派出全权代表维经斯基等人来华，了解五四运动后中国革命运动发展情况，与中国进步力量建立联系，同时考察是否可能在上海建立共产国际东亚书记处。他以俄国《上海俄文生活报》记者身份来华，旅俄华人、俄共（布）党员、翻译杨明斋，维经斯基夫人库兹涅佐娃等同行。

维经斯基一行首先来到北京，李大钊热情接待了维经斯基一行，并召开座谈会、演讲会，邀请进步人士与革命青年出席。维经斯基广泛介绍了十月革命和苏俄的情况，介绍国际共产主义运动，使中国知识分子对苏俄社会主义经济、政治、军事、文化等各方面状况都有了进一步了解。

在上海的会见

经李大钊介绍，1920年4月下旬，维经斯基抵沪，住进大东旅社，后搬至霞飞路716号。到上海后，他首先会见了《新青年》主编陈独秀并向其介绍共产国际、俄共（布）及苏俄情况。维经斯基还会见了《星期评论》《时事新报》等杂志负责人李汉俊、戴季陶和张东荪等人，与上海学生联合会正副评议长狄侃、程天放及东吴大学学生代表何世桢等人接触，进行座谈。

帮助建立中国共产党早期组织

维经斯基在接触和了解后，着手帮助建立上海共产党早期组织。经反复酝酿，1920年6月，由陈独秀、李汉俊、俞秀松、施存统和陈公培五人开会商议，成立共产党组织，并初步定名为社会共产党，起草了党的纲领。8月，经与李大钊商议，正式定名为中国共产党（中国共产党发起组）。

为了学习和传播马克思主义，中国共产党发起组决定建立一个印刷所作为宣传阵地，与维经斯基商议，争取到共产国际2000元资助，作为印刷所开办费用。1920年7月，设立中俄通讯社，8月，成立上海社会主义青年团，9月，创办外国语学社，并输送中国革命青年赴苏俄东方劳动者共产主义大学学习。

维经斯基（1893～1953），出生于俄国，1913年移居美国，开始参加政治活动，1915年加入社会党。十月革命胜利后，回到海参崴，加入俄共。1920年1月，他参加共产国际工作，负责远东事务。4月，维经斯基率代表团到中国，实现"同中国的革命组织建立联系"的任务。从1920年到1927年，维经斯基先后6次来华，在中国时间累计达4年之久。

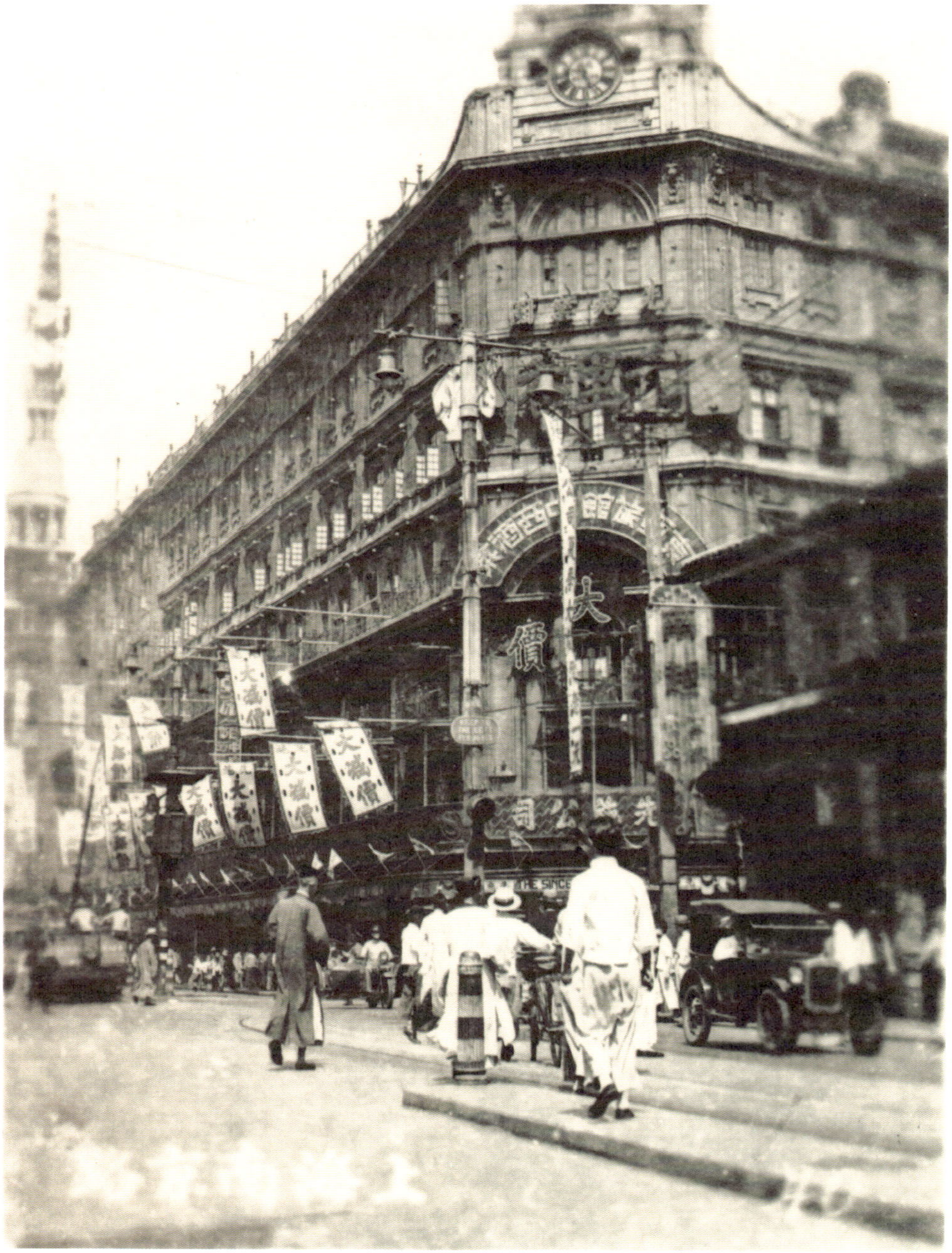

先施公司旧貌

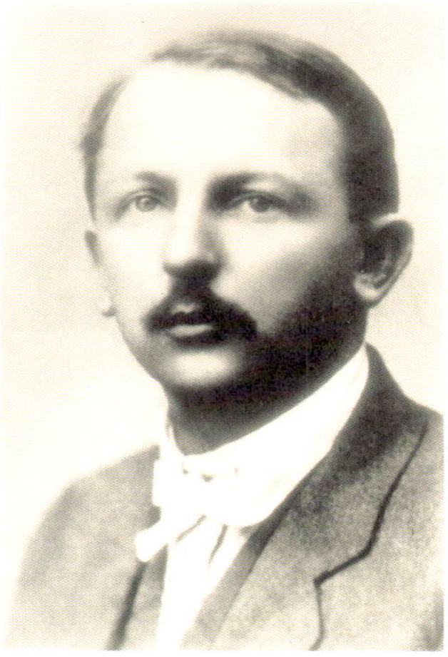

马林

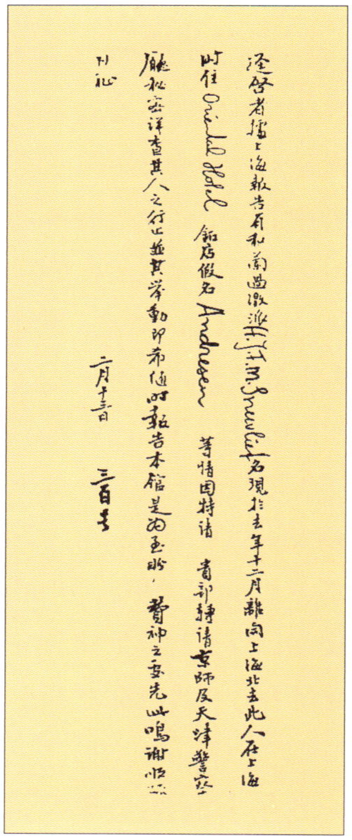

荷兰驻华公使欧登科致中国外交部照会，告知一名荷兰过激派化名 Andresen，在上海时住东亚饭店 Oriental Hotel

1921年马林入住地——东亚旅馆

位于上海市南京东路660号先施公司大楼。1917年建成，七层钢筋混凝土结构折衷主义建筑。1921年6月，共产国际代表马林下榻先施公司大楼内东亚旅馆。现为锦江假日酒店。

出使中国

马林,原名Hendricus-Sneevliet,在华化名孙铎,1902年参加荷兰社会民主党。1921年任共产国际驻中国代表。1921年3月,马林取道欧洲前往中国。6月初,和共产国际远东书记处代表尼克尔斯基先后来到上海,并与上海的共产党早期组织成员李达、李汉俊建立了联系。经过几次交谈,他们一致认为应尽快召开全国代表大会,正式成立中国共产党。

出席中共一大

1921年7月23日,中国共产党第一次全国代表大会在上海开幕,马林出席了会议。他代表共产国际对中国共产党的成立表示祝贺,并作了很长的报告,主要讲述国际形势,共产国际工作状况及其使命,中国共产党的任务,还介绍了他过去在荷属东印度的活动和经验。他提出要特别注意建立工人组织,并建议把会议进程及时报告共产国际远东书记处。

7月30日晚,会议遭到法租界巡捕房暗探闯入,马林机警提议中断会议马上转移。会议最后一天改在浙江嘉兴南湖一艘游船上继续举行,马林未出席。

促成第一次国共合作

1921年12月下旬,马林在翻译张太雷陪同下,到广西桂林会晤孙中山。回上海后,马林提议中国共产党及社会主义青年团均加入国民党。共产国际在听取马林汇报后,批准了他提出的国共两党实行党内合作的建议。

1922年7月,马林接受共产国际委派,再次到中国。为了解决国共合作问题,根据马林的提议,1922年8月29日至30日,中国共产党中央执行委员会在杭州西湖举行会议,讨论共产党员加入国民

先施公司大楼

党的问题。陈独秀、李大钊、蔡和森、张国焘、高君宇及马林、张太雷出席会议。经过马林的解释和说服,并经过充分讨论,会议决定在孙中山改组国民党的条件下,由共产党少数负责人先加入国民党,同时劝说全体共产党员以个人名义加入国民党。西湖会议后不久,李大钊、陈独秀、蔡和森、张国焘等首先以个人身份加入国民党。

1923年6月,中国共产党在广州举行第三次全国代表大会,马林在会上作"关于国际形势与国际工人运动"的报告。大会通过了《关于国民运动及国民党问题的决议案》,决定共产党员以个人身份加入国民党。1924年1月国民党第一次全国代表大会在广州举行,标志着国民党改组完成和第一次国共合作正式形成。

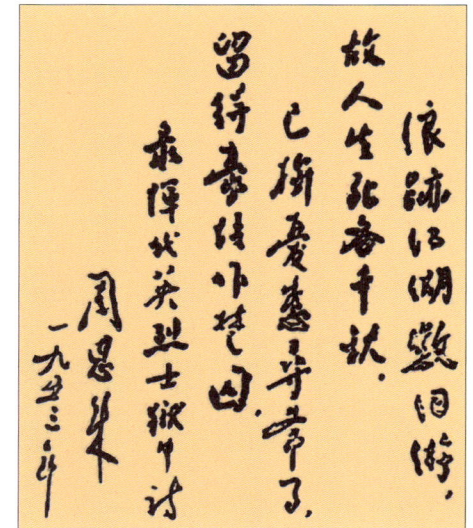
周恩来书恽代英《狱中诗》

恽代英

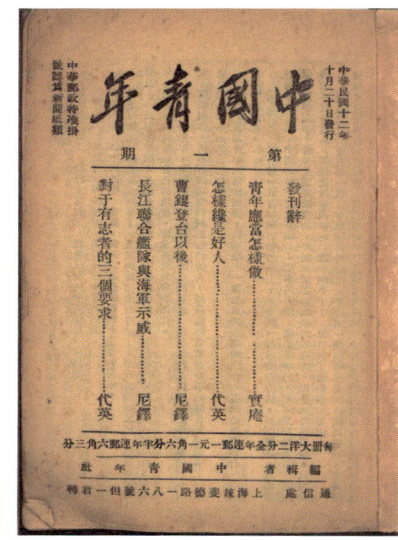
《中国青年》第1期

恽代英旧居暨《中国青年》编辑部遗址

位于上海市复兴中路196号(原辣斐德路186号)。砖木结构两层旧式里弄建筑,坐北朝南。1923年10月至1924年春,恽代英寓居于此。《中国青年》初创时编辑部设在这里。原建筑已拆除,建翠湖天地雅苑住宅区。

主编《中国青年》

1923年10月20日,在恽代英、邓中夏精心策划下,团中央机关刊物《中国青年》半月刊正式创刊,恽代英是主要编委之一。他曾为《中国青年》撰写过200多篇文章,指导各地青年建立进步团体,鼓励关心青年学习、工作、婚姻等切身问题,是为《中国青年》撰文最多的一个。

1924年11月,团中央曾通知各地团组织,凡寄中央局函件,统寄"辣斐德路186号但一君转宗菊收","宗菊"即"中局"谐音。"但一"为恽代英的笔名。

被捕遇害

1930年5月6日,恽代英在杨浦区老怡和纱厂被捕,以共产党嫌疑被引渡至国民党上海警察局。虽假扮成工人未被识破,但仍以"工人擅自开会,也有罪"判了5年徒刑。为改善狱中生活,反抗虐待,恽代英组织难友们开展斗争。八一南昌起义纪念日时,恽代英用亲身经历向难友们讲述了起义经过和经验教训。用通俗易懂语言编写了一本工人读本,解释党的"十大纲领"。他还写下了这样一首《狱中诗》:"浪迹江湖忆旧游,故人生死各千秋。已拼忧患寻常事,留得豪情作楚囚。"

恽代英被捕后,党组织曾设法营救,就在他即将提前释放时,被叛徒顾顺章出卖。蒋介石立即下令就地处决,他于1931年4月29日被害,时年36岁。

恽代英旧居暨《中国青年》编辑部旧貌

任弼时

任弼时

任弼时旧居及团中央机关旧貌（1990年代）

任弼时旧居及团中央机关遗址

位于上海市成都北路延安东路交叉口绿地内（原爱多亚路富康里7号）。单开间砖木结构两层旧式石库门里弄建筑。1924年8月至1925年6月间，任弼时在此居住。团的三大后，曾为团中央机关所在地。原建筑已拆除。

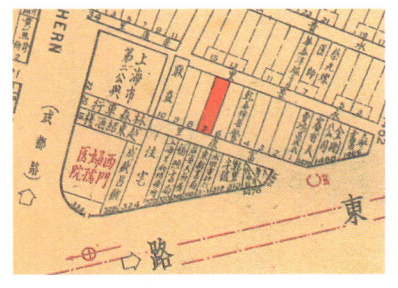
富康里7号地块图（1947）

投身青年工作

1920年8月，任弼时在上海外国语学社加入社会主义青年团。1924年8月，任弼时结束在莫斯科东方大学的学习，回到上海。9月，受党组织指派，在上海大学社会学系教授基础俄语。在课堂上，任弼时向学生介绍苏联革命情况，讲授马列主义理论知识。

任弼时回国后，先后参加江浙皖区委、上海地委工作。1925年1月26至30日，在上海召开青年团第三次代表大会。出席代表近20人。大会修改了团章，通过了一项宣言，宣布中国社会主义青年团改名中国共产主义青年团。大会选举张太雷、恽代英、任弼时、贺昌、张秋人、刘尔崧等9人为团中央执行委员，张太雷任书记。从此，任弼时辞去上海大学工作，专门从事共青团中央领导工作。不久，张太雷调任广州，任弼时代理团中央总书记。同年7月，任弼时正式任共青团中央局总书记。

亭子间里的日子

当时，任弼时住在富康里，房内摆设简朴，仅一张床、一张桌，一个旧书架。在这里，任弼时多次召开团中央会议，与团中央执委恽代英、贺昌等讨论工作，组织发动各界青年学生积极投入反帝斗争，大力推进青年团组织建设与发展。五卅运动期间，青年团组织迅速发展到全国大多数地区，团员

任弼时在《中国青年》发表的文章

遗址纪念碑

增长近3倍。

任弼时经常要求共青团员深入群众,接触工人,取得工人群众信任。他还在曹家渡纯善里举办"平民学校",以它为掩护,举办工人干部培训班,并亲自讲课。当学员对"阶级""资本"等概念不明白时,他就到工人聚居棚户区调查,然后用生动形象的材料讲解,使学员都能听懂。

《中国青年》是团中央宣传刊物,任弼时先后在上面发表了《列宁主义的要义》《马克思主义概略》《列宁与十月革命》《苏俄经济政治状况》等重要文章。

党的"骆驼"

中国共产党创建几个月后,不满17岁的任弼时成为中共党员,他以钢铁般的意志和吃苦耐劳精神奋斗30年,是上世纪40年代领导全党的"五大书记"之一。1950年10月因病逝世。叶剑英在《哀悼任弼时同志》一文中这样评价任弼时——"他是我们党的骆驼,中国人民的骆驼,担负着沉重的担子,走着漫长的艰苦的道路,没有休息,没有享受,没有个人的任何计较。他是杰出的共产主义者,是我们党最好的党员,是我们的模范。"

田汉和郑君里在南国社旧址 (1961)

田汉与郑君里重返日晖里 (1961)

田汉旧居暨南国社遗址

位于上海市瑞金二路409弄（原金神父路日晖里）41号。1927年冬至1930年秋，田汉寓居于此，并将南国社社址设在此处。原建筑已拆除，建日月光中心广场。

南国艺术学院部分师生合影 (1928春)

南国社的成立

1927年冬，田汉和欧阳予倩、徐悲鸿等在霞飞坊（今淮海中路927弄）99号徐悲鸿寓所召开南国复兴运动大会，到会者40余人，会上正式成立南国社。南国社以"团结能与时代共痛痒之有为青年作艺术上之革命运动"为宗旨，社址设于上海法租界金神父路日晖里41号。田汉为社长，成员有陈白尘、欧阳予倩、徐悲鸿、洪深、郑君里、陈万里、左明、赵右彝、陈明中等。该社设有文学、绘画、音乐、戏剧、电影等5个部门，以戏剧活动为主。1927年至1930年，田汉率领南国社，先后在上海、杭州、南京、广州、无锡等地多次举行话剧公演和其他艺术活动。1928年田汉、欧阳予倩等还以南国社名义创办了上海南国艺术学院。

参与左翼戏剧运动

1930年3月，田汉参与发起中国左翼作家联盟并当选常务委员，同年4月发表《我们的自己批判》一文，带领南国社转向左翼戏剧运动。1930年

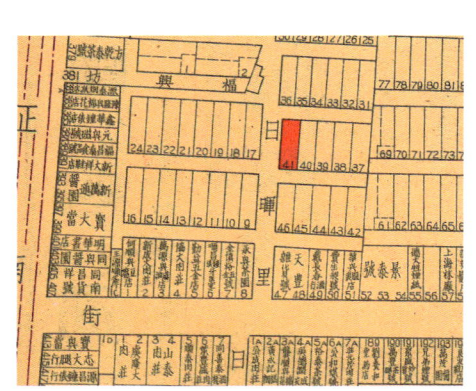
日晖里41号地块图（1947）

田汉旧居暨南国社旧貌

6月11日至13日，田汉借中央大戏院举行南国社第三期公演，演出田汉根据法国作家梅里美小说改编的舞台剧《卡门》，剧本描写西班牙烟草工人罢工和反封建统治斗争。演出第3天即被当局会同租界方面以"鼓吹阶级斗争，宣传赤化"为名禁演。9月下旬，南国社被查封。从此，田汉离开了居住3年的日晖里41号。

热闹的家

日晖里41号住着一大家子人，田汉和他母亲、妻子、儿女，还有三弟、五弟及友人黄素（黄芝岗）等都住在这里，楼上是住家，楼下是客堂。南国社成立后，这里来来往往的人极多。南国社社员吴似鸿在此经田汉介绍认识著名作家蒋光慈，后与蒋结为夫妇。南国艺术学院文科学生马宁曾生在日晖里一个亭子间里，他通过共产党员、左翼女作家冯铿介绍，认识了中共中央机关报《红旗日报》负责人李伟森，为该报写稿，并走上革命道路。

田汉（1898～1968），字寿昌，湖南长沙人。1930年参加中国民权保障同盟、左翼作家联盟，并组织中国左翼戏剧家联盟和左翼剧社。1932年加入中国共产党，任左翼戏剧家联盟党团书记。他先后写有《乱钟》《扫射》《暴风雨中的七个女性》《第五号病室》《扬子江暴风雨》《战友》《中国的怒吼》《一九三二年的月光曲》《回春之曲》等剧作和《三个摩登女性》《母性之光》《民族生存》《黄金时代》等反映革命斗争和抗日题材剧作。

日月光中心广场

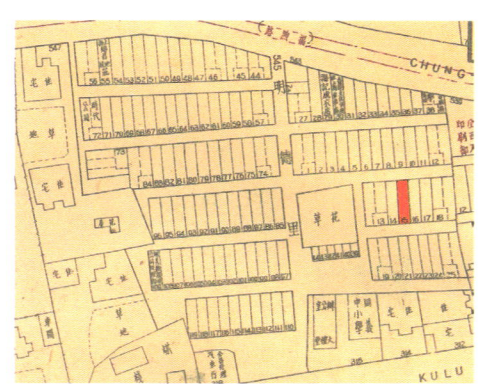

明德里地块图(1947)

李硕勋

李硕勋旧居

位于上海市延安中路545弄(原福煦路明德里)15号。建于1927年,砖混结构联排式三层旧式里弄,坐北朝南。1927年10月至1928年,李硕勋寓居于此。现为居民住宅。

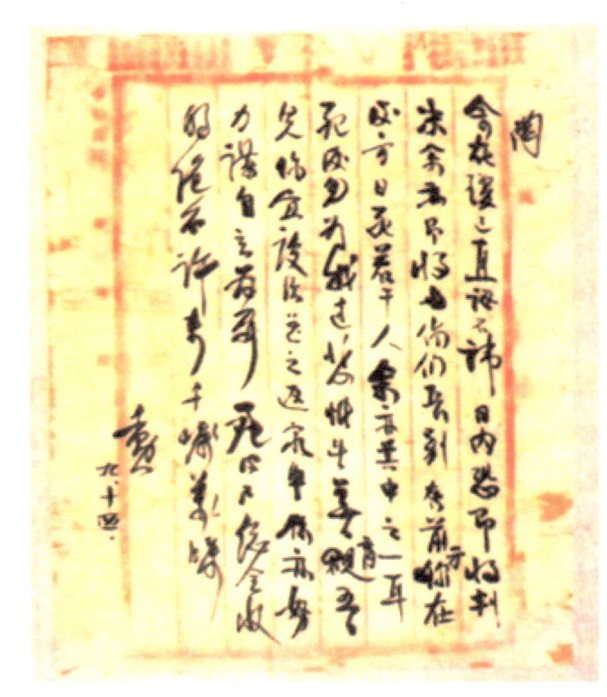

李硕勋就义前写给夫人赵君陶的遗书

烈士李硕勋

李硕勋,四川高县人。1923年考入上海大学。1924年加入中国共产党。五卅运动期间,积极投身上海革命群众的反帝爱国斗争,被选为上海学生联合会代表和全国学生联合会会长。1925年至1926年,先后主持召开第七、八届全国学生代表大会。

1926年9月,调任中共上海南市部委书记,深入群众开展工人运动。同年冬受党派遣到武汉,担任中共武昌地委组织部长、共青团湖北省委书记。1927年参加南昌起义,被任命为第11军第25师党代表兼政治部主任。后随起义部队南下广东。同年10月,受朱德委派,赴上海向党中央汇报起义部队情况。随后被党中央留在上海,从事党的白区工作。

1930年春任中共中央军委委员、中共江苏省委军委书记。同年秋任中共江南省委(江苏、安徽、浙江和上海市)军委书记。1931年春调任中央革命根据地任红七军政委。6月被任命为中共广东省委军委书记。7月,在前往琼州(今海南岛)指导工作途中不幸被捕。在狱中他大义凛然,忠贞不屈,英勇就义,年仅28岁。

短暂落脚点

1927年10月末,经党组织决定,派李硕勋回上海,向党中央汇报第一师在南昌起义中的战斗情况及今后的行动方针。

1928年春到上海,居住在此。随后被任命为中共江苏省委秘书处秘书,负责省委文件的起草、下发、传递,联系下属秘密机关,召开秘密会议。

1928年4月,被派到武汉,后因处境险恶又折回上海,任中共江苏省委秘书长。5月,到杭州任中共浙江省委常委,并曾一度任中共浙江省委军委书记,领导全省军事工作,发动农民、农军、革命士兵,开展军事斗争。1929年春返回上海,任中共沪西区委书记。

家人合影

杨度旧居

位于上海市建国中路(原薛华立路)155弄13号。建于1928年，砖木结构假三层新式里弄建筑，坐北朝南。1929～1931年间，杨度寓居于此。现一楼为店面，二、三楼为居民住宅。

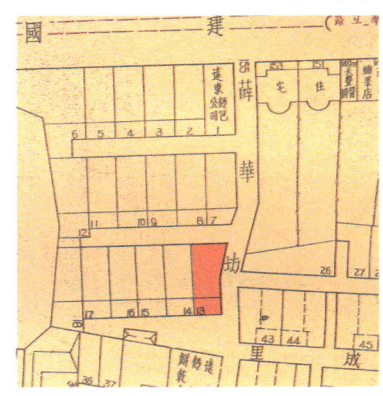

建国中路155弄13号地块图(1947)

人生变幻

由于君主立宪救国理论在实践中处处碰壁，加上五四运动后，目睹帝国主义掠夺和军阀割据混战的现实，杨度开始转向革命救国论，主动与进步人士交往，接触马克思主义，参与民主革命活动，逐渐从一个旧民主主义革命者转为新民主主义革命阵营中一员。1927年李大钊等共产党人被捕后，杨度多方周旋，设法营救，为筹集经费变卖北京寓所，毁家纾难。后为周济烈士家属，平日积蓄也为之一空。

中共秘密党员

1929年秋，申请加入中国共产党，经潘汉年介绍，周恩来批准，正式成为中国共产党秘密党员，

杨度(1905)

杨度旧居今貌

杨度旧居介绍

与周恩来、潘汉年、夏衍等单线联系。为了掩护身份，经党组织同意，由章士钊等人引荐，杨度担任上海帮会头子杜月笙的挂名秘书，居住在杜月笙薛华立路155弄13号的房子，成为杜公馆的"清客"。周旋于各色人物间，搜集情报，掩护地下党同志，为我党做了许多有益工作。

杨度（1875～1931），原名承瓚，湖南湘潭人，字皙子。20岁中举人，拜王闿运为师，与齐白石同门。后两度留学日本，先后任中国留日学生会馆评议员、总代表。回国后依附袁世凯，筹划君主立宪，复辟帝制。事败后思想转向民主共和，追随孙中山。1929年秋秘密加入中国共产党，参加中国革命互济会及其他进步团体。晚年居上海，以卖字为生。1931年9月在上海寓所因病逝世，自题挽联："帝道真如，如今都成过去事；医民救国，继其自有后来人。"

杨贤江
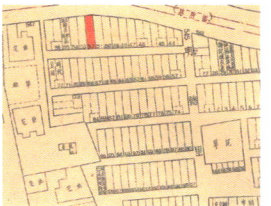
拆除前的明德里　　明德里地块图(1947)

杨贤江旧居遗址

位于上海市延安中路545弄(原福煦路明德里)52号。建于1927年，砖混结构联排式三层新式里弄住宅。1929～1931年，杨贤江寓居于此。原建筑已于1990年代拆除。

青年导师

杨贤江，浙江余姚人。1919年10月，经邓中夏介绍，加入以改革社会为宗旨的少年中国学会，当选南京分会书记。次年，被选为少年中国学会评议员。1922年5月，经沈雁冰和董亦湘介绍，加入中国共产党。

1921年初，杨贤江在上海商务印书馆编译所担任《学生杂志》编辑。通过《学生杂志》引导青年学生正确地对待学习和生活，关心社会，树立革命人生观。

1923年1月，与侯绍裘等人组织青年问题讨论会，继续讨论青年的求学、婚姻等切身问题，并将讨论结果在《学生杂志》分期发表，也因此使其成为广大青年欢迎的通俗读物。杨贤江还在上海大学、上海大学附中、上海景贤女中等校教学，传播新思想。

马克思主义教育理论家

1927年末，杨贤江东渡日本，旅居京都。在日本担任中国留日学生党组织负责人，秘密开展党的工作，同时从事进步教育论著的研究、撰写、翻译工作。

1928年11月，编写了我国第一本用历史唯物主义观点研究教育史的著作《教育史ABC》。1929年5月，回上海担任中央文化工作委员会委员。同年为粉碎国民党反动派的文化"围剿"，中央文化工作委员会决定组织编写一套"新兴社会科学丛书"。杨贤江接受任务后，撰写了我国第一部系统用马克思主义观点阐明教育原理、理论紧密联系中国实际的著作《新教育大纲》。这两本著作的出版，对马克思主义教育理论的发展、传播起了重要作用，奠定了杨贤江马克思主义教育家和新兴理论先驱的历史地位，在中国教育史上具有重大意义。

1931年7月，因病逝世，年仅36岁。

邹韬奋在居所书房

韬奋故居

位于上海市重庆南路205弄(原吕班路万宜坊)54号。建于1929年,砖木结构三层新式里弄建筑,坐北朝南。1930～1936年间,邹韬奋一家五口寓居于此。上海市文物保护单位、上海市爱国主义教育基地。

文化斗士

邹韬奋,福建永安人,1921年毕业于圣约翰大学文科。之后进入中华职业教育社,任编辑股主任,主编《教育与职业》月刊和职业教育丛书。1926年10月,接任《生活》周刊主编。1935年11月创办《大众生活》周刊,任主编。1935年12月,当选上海文化界救国会执行委员。1936年5月,当选全国各界救国联合会执行委员。7月,和沈钧儒、陶行知等共同签署发表《团结御侮的几个基本条件与最低要求》公开信,要求国民党停止内战,联合红军,共同抗日。1936年11月23日,与其他救国会领袖沈钧儒、李公朴、沙千里、史良、章乃器、王造时一同被捕,此为"七君子事件"。1941年12月太平洋战争爆发,香港沦陷,在党组织帮助下离开香港到广东东江游击区隐居。后到苏北解放区。

邹韬奋全家在万宜坊54号家门口合影

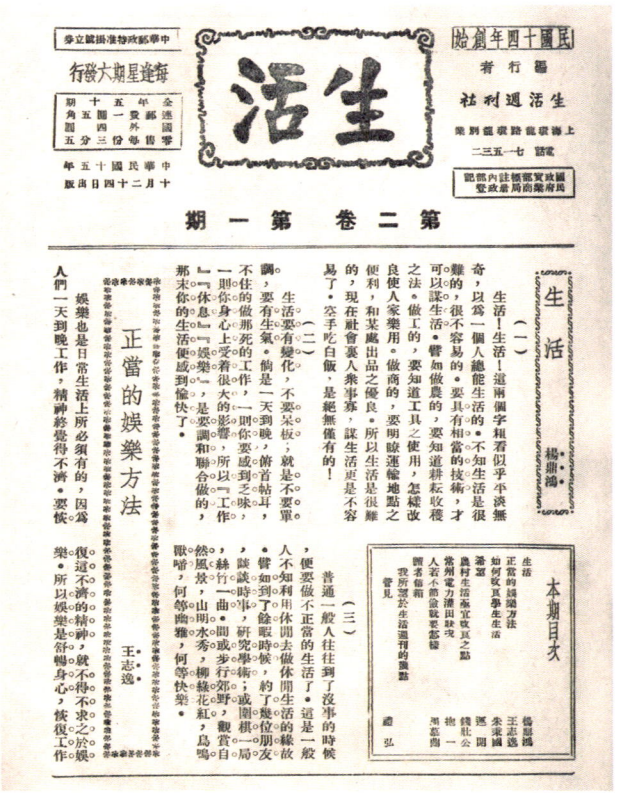

《生活》周刊第2卷第1期

1937年邹韬奋在上海创办《抗战》三日刊

《生活》周刊

1925年10月11日，中华职业教育社创办《生活》周刊，宣传职业教育及职业指导的情况和言论。1926年10月，邹韬奋接任周刊主编，革新《生活》，把周刊内容从单纯谈论"职业教育"和"青年修养"转而关心广大青年，努力解决青年思想问题，同时新辟评论性、趣味性、知识性专栏，及时反映群众疾苦与民众需求。周刊得到民众喜爱，发行量猛增。

邹韬奋接办《生活》时，不仅职员少，而且稿费低，约稿不易，每期稿件大半是自己撰写，曾用过六七个笔名轮流撰写各类文章。就这样坚持了将近七年。

1931年九一八事变后，邹韬奋号召全国同胞捐款资助，由《生活》周刊社收转读者捐款，分批寄出达129000多元，有力支援了前线。

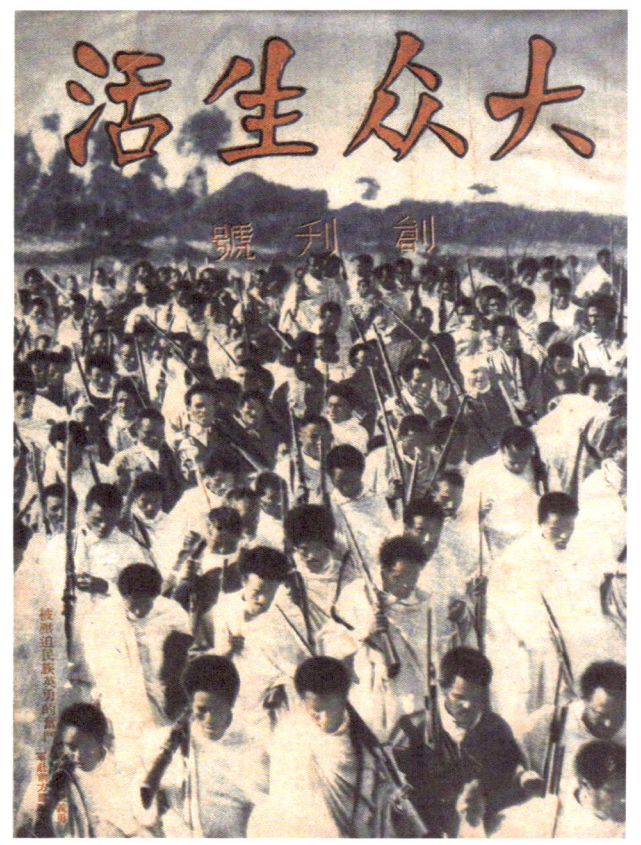

《大众生活》创刊号

《大众生活》第1卷第6期

1932年7月,国民政府以"言论反动、毁谤党国"罪名,禁止《生活》邮递发行。1933年11月,《生活》周刊发表了胡愈之的《民众自己起来罢!》一文,文中表示支持福建人民政府的抗日主张,呼吁人民抗日。国民政府以此为名查封《生活》周刊。12月16日最后一期邹韬奋发表了《与读者诸君告别》一文。

韬奋纪念馆

1956年,经文化部批准,在万宜坊53号和54号建立上海韬奋纪念馆,馆额由沈钧儒题字。54号韬奋故居,根据邹韬奋夫人沈粹缜的回忆和建议,征集了当时使用的原物,按当年原貌及原状布置。53号辟为纪念馆陈展厅。1958年11月5日,邹韬奋诞辰65周年纪念日,正式对外开放。2019年5月经修缮更新重新开馆。

邹韬奋故居复原的书房

钱杏邨、蒋光慈旧居

钱杏邨、蒋光慈旧居

位于上海市重庆南路205弄(原吕班路万宜坊)38号。建于1929年，砖木结构三层新式里弄建筑，坐北朝南。1930年夏至1931年1月初，钱杏邨、蒋光慈寓居于此。现为居民住宅。

革命文人钱杏邨

钱杏邨，笔名阿英，安徽芜湖人。1925年五卅运动中，积极投入反帝斗争，和芜湖当地师生组织了外交后援会，声援上海的反帝运动。1926年5月初《苍茫》创刊，任主编。同年在上海加入中国共产党。1927年初参加国民党芜湖县党部，任主任委员。四一二反革命政变后，离开芜湖转汉口，在中华全国总工会宣传部工作。1927年冬与蒋光慈等发起组织中国第一个文学社团——太阳社，同时开办春野书店。1928年开始在上海开展革命文化工作及

钱杏邨、蒋光慈旧居铭牌

文化界的统战工作。

1929年1月，太阳社《海风周报》创刊。3月与蒋光慈等人筹办文艺月刊《新流月报》。7月，因参加飞行集会，在小沙渡路（今西康路）被捕，关押在提篮桥狱中一个多月。10月，根据党指示，成立"左联"筹备小组。11月，与夏衍、郑伯奇等组成上海艺术剧社。1930年3月，参加中国左翼作家联盟成立大会。1930年秋至1931年初，居住于万宜坊。1933年3月，同夏衍等人成立党的电影小组，开始创作影片。在上海"孤岛"时期创作的三大"南明史剧"确立了其在话剧创作上的历史地位。

革命文学家蒋光慈

蒋光慈，又名蒋光赤，安徽霍邱（今六安市）人。1920年4月，作为芜湖学联和各界联合会代表参与全国学联和全国各界联合会有关活动。后成为上海外国语学社首批学员，并加入了上海社会主义青年团。1921年，派赴莫斯科东方大学学习。1922年12月，加入中国共产党。1924年12月20日，《新青年》刊出斯大林的《列宁主义之民族问题的原理》一文，是蒋光慈从斯大林所著《列宁主义》一书中节译的。这是斯大林文章第一次被译成中文。1924年6月回国后，在上海大学社会学系任教。11月，与沈泽民等组织春雷文学社，在上海《民国日报》副刊《觉悟》上出版《文学专号》周刊，是蒋光慈主办的第一个革命文学刊物。1925年1月，蒋光慈第一部诗集《新梦》由党中央创办的上海书店出版，是该社出版的第一本文学书籍。

钱杏邨在家中写作（1960年代）

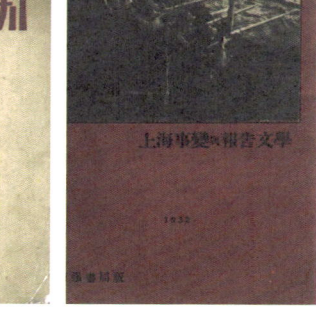

钱杏邨部分著作

  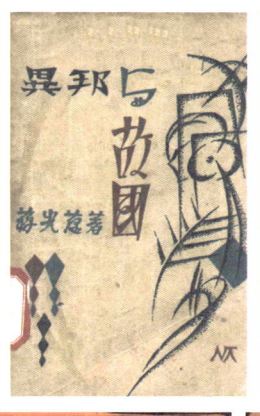  
   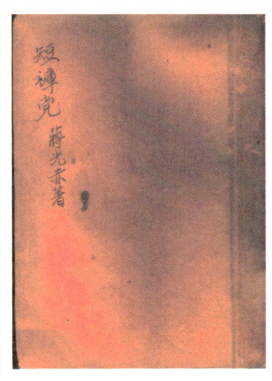 

蒋光慈及其部分著作

钱杏邨、蒋光慈旧居今貌

1927年，蒋光慈根据自身经历和感受，写成中篇小说《短裤党》，是最早反映上海三次工人武装起义的文学作品。在小说中，蒋光慈满腔热情歌颂了工人阶级的革命义举，再现了起义从失败到最后胜利的全过程，形象说明了武装暴动是"工人所不能避免的一条路"。

1927年冬与钱杏邨等组织太阳社，同时开办春野书店，编辑《太阳月刊》《拓荒者》等杂志。1929年8月，因肺病启程去日本休养。同年11月，为参与中国共产党领导的左翼作家联盟筹备工作抱病回沪。1930年3月，中国左翼作家联盟成立，当选候补委员，同时负责主编左联机关刊物《拓荒者》月刊。1930年夏至1931年初，居住于万宜坊。1931年8月，因病逝世，年仅30岁。

绿城黄浦湾

瞿秋白旧居遗址

位于上海市紫霞路68号。三开间三进，占地约420平方米的院落。1931～1933年，瞿秋白与夫人杨之华在此暂住。原建筑已拆除。

避居紫霞路

1930年8月26日，瞿秋白从莫斯科回到上海。1931年9月，国民党当局以重金2万元悬赏通缉瞿秋白。当时，中共地下组织屡遭破坏。在白色恐怖环境下，瞿秋白与夫人杨之华东躲西藏，生活艰难。在茅盾家躲避时，瞿秋白托冯雪峰找一个可长时间居住的地方。经冯介绍，瞿秋白夫妇住进了谢旦如位于紫霞路的居所。

谢旦如在经营钱庄外，还开了"西门书店"和"公道书店"，专门出售进步书刊。他与冯雪峰关系密切，并参与了《前哨》第一期的出版工作。紫霞路68号是谢旦如家在南市华界自置的一所宅院。在瞿秋白夫妇搬进之前，为迷惑敌人，由谢旦如出面在报上登了一则"余房招租"广告，瞿秋白住下后，谢旦如借辞谢绝朋友到他家里去，并且在母亲和妻子面前隐瞒了瞿秋白夫妇的真实姓名和来历。1931年6月，冯雪峰陪同瞿秋白夫妇来到谢旦如家隐居。当时，瞿秋白化名林复，剃了光头，穿着短裤和布鞋，杨之华也着农民服装，他们假称刚从乡下来。瞿秋白夫妇住在二楼东厢房，对面厢房就是书房，他们二人都喜欢谢家的藏书。一日三餐两家都一起吃，相处十分亲密。

1932年一·二八事变发生，瞿秋白夫妇同谢家不得不从紫霞路68号临时迁居法租界毕勋路（今汾阳路）毕兴坊10号。在那里住了五六个月，战事结束后，他们又搬回紫霞路。这次瞿秋白夫妇住在三楼正中房间里。

瞿秋白和杨之华　　　　瞿秋白撰写的马克思生平手迹（1932.5）

1933年2月上旬，根据组织上布置，瞿秋白夫妇从紫霞路68号谢旦如家移居别处。

领导革命文学运动

1930年3月2日，中国左翼作家联盟（简称"左联"）在上海中华艺术大学成立。瞿秋白从莫斯科回国后，也参加了左联。

避居紫霞路这段时间，瞿秋白深居简出，过着严格的秘密生活。冯雪峰每隔几天就到瞿秋白住处去一次，和他谈左联与革命文学的情况，沟通瞿秋白和鲁迅的联系。

瞿秋白在反对国民党文化"围剿"的第一线冲锋陷阵，为左联刊物《北斗》《文学导报》（《前哨》改名）和公开发行的《文艺新闻》等写了许多杂文和论文；在中共中央委员会理论刊物《布尔塞维克》发表多篇文章。同时，他还为介绍苏联的革命文艺，翻译了不少稿件。后来由鲁迅为瞿秋白编为两卷《海上述林》，其中大部分都是在这一时期完成的。

为普及革命文化，瞿秋白大力提倡大众文学，研究我国文字拉丁化的问题。为文艺大众化，瞿秋白几次化妆去城隍庙，听民间艺人说书和演唱，后来又写了一些通俗的大众化作品，1931年9月发表的《东洋人出兵（乱来腔）》就是代表作之一，还发表《普洛大众文艺的现实问题》《大众文艺的问题》等文章。1931年底，瞿秋白把他在莫斯科写的《中国拉丁化字母》修订为《新中国文草案》一书。

珍贵的遗稿

1935年6月，瞿秋白牺牲的噩耗传到上海，谢旦如悲痛之余，立即把瞿秋白遗著中的译文类稿交给鲁迅。瞿秋白的全部著作，他都精心保存在一只皮箱内，后几经辗转，仍艰难保存了下来。1941年太平洋战争爆发，日军占领租界，谢旦如为了不使瞿秋白遗著在他手中损失，冒险以"霞社"名义出版了《乱弹及其他》《社会科学概论》，这是瞿秋白著作版本中最珍罕的版本。1948年，谢旦如次子庆璋参加学生运动暴露身份，撤往解放区，谢旦如只身逃到香港避难，谢夫人钱云锦将手稿密藏娘家，直到新中国成立后完整交给冯雪峰。

张闻天

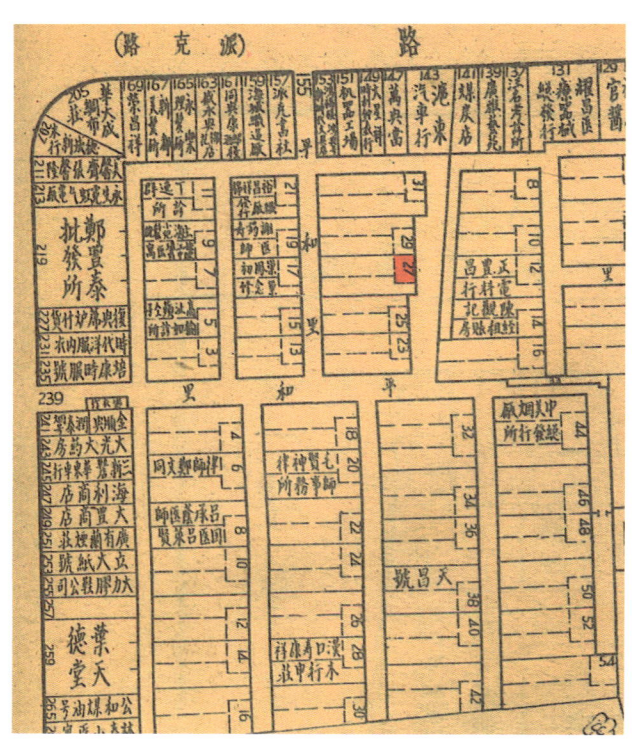

平和里地块图（1947）

张闻天旧居遗址

位于上海市北京西路（原爱文义路）平和里27号。独门独户的三层洋楼。1932年，张闻天曾居住于此。现为居民住宅。

爱文义路的机关

1927年10月，短暂迁至武汉的党中央迁回上海后，相当多的中央机关设在爱多亚路（今延安东路）附近，李维汉、瞿秋白、苏兆征等同志也住在爱多亚路附近，中央其他一些负责同志多住在爱文义路（今北京西路）一带。

1930年，由特科第一科出面，在爱文义路一条弄堂里租了一幢三层洋楼，独门独户，楼下是客厅，楼上是住房，作为中央秘书处机关，中央负责同志与共产国际代表接头开会都在这里。由洪扬生扮作资本家和全家人住在这里，还住着负责文书的严重夫妇和一位双目失明的英语翻译。外来同志进出都由洪扬生以"资本家"面目接待。

1931年1月，张闻天从莫斯科回国，2月抵达上海，住进四马路（今福州路）上一家客栈。和党组织联系上后，张闻天搬进了爱文义路平和里27号。博古、张闻天、陈云、康生经常在中央秘书处机关碰头，交换情况，商谈工作。然后，张闻天就到三楼看文件、写文章，直到晚饭后才回到住所。

1932年10月25日，中共中央临时政治局常委会议决定张闻天负责党报、宣传部、CY（共青团）工作，分管湘鄂西、赣东北、陕西。10月26日，因叛徒告密，爱文义路住处被抄，同住者被捕。张闻天离开中央日常工作，在摩律斯新村（今重北公寓）一个中央机关内匿居一个多月。12月底，张闻天乘海轮离开上海赴瑞金。

理论和宣传

1931年3月9日，中共中央机关报《红旗周报》创刊，铅印秘密出版，张闻天任主编，以思美、斯勉、洛夫、洛甫、平江等化名在该报发表许多文章。4月24日，顾顺章在汉口被捕叛变后，原由中央特科掌管的电台，改由中央直接领导，张闻天具体负责。9月下旬，以博古为首的临时中央政治局成立，张闻天任临时中央政治局委员、中央常委。主要负责主编党中央机关报《红旗周报》和《斗争》，根据党的决议撰写社论、文章，主管宣传、鼓动工作，指导过江苏省委、湘鄂西苏区工作，管理同共产国际联络电台，同国际代表爱恒尔脱联系，短期指导过共青团工作。

九一八事变后，张闻天撰写大量文章，揭露日本帝国主义侵略行径和南京国民政府不抵抗政策，号召全党发动群众开展反日反蒋斗争，注意研究和总结群众斗争的经验，要求全党尽量利用公开活动，同下层小资产阶级群众结成抗日反蒋统一战线，为中国民族的独立和解放而斗争。撰写的《文艺战线上的关门主义》与《论我们的宣传鼓动工作》，从理论上、策略上批评反对"左"倾错误，促使领导左翼文艺运动的党的干部比较自觉地采取了团结中间作家和争取公开的策略，文艺界逐步形成了以左翼作家为核心的广泛的革命统一战线。

北京西路239弄27号

北京东路528号

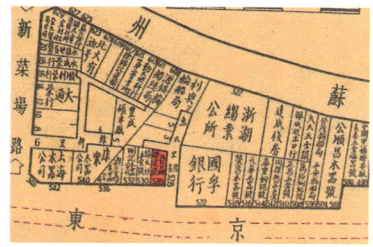

北京东路528号地块图 (1947)

刘少奇旧居

位于上海市北京东路528号。建于1900年，砖木结构三层建筑，坐北朝南。1931年秋至1932年冬，刘少奇寓居于此。现楼下为店面，楼上为居民住宅。

工人运动的探索

1931年秋，刘少奇从苏联回国到上海，任中共临时中央职工部部长、中华全国总工会组织部部长。10月，基于城市职工运动仍处于低潮，向临时中央提交《关于工运的意见》，就当时工人斗争的形式提出了不同意见。11月，中华工农兵苏维埃第一次全国代表大会在江西瑞金召开，刘少奇未出席

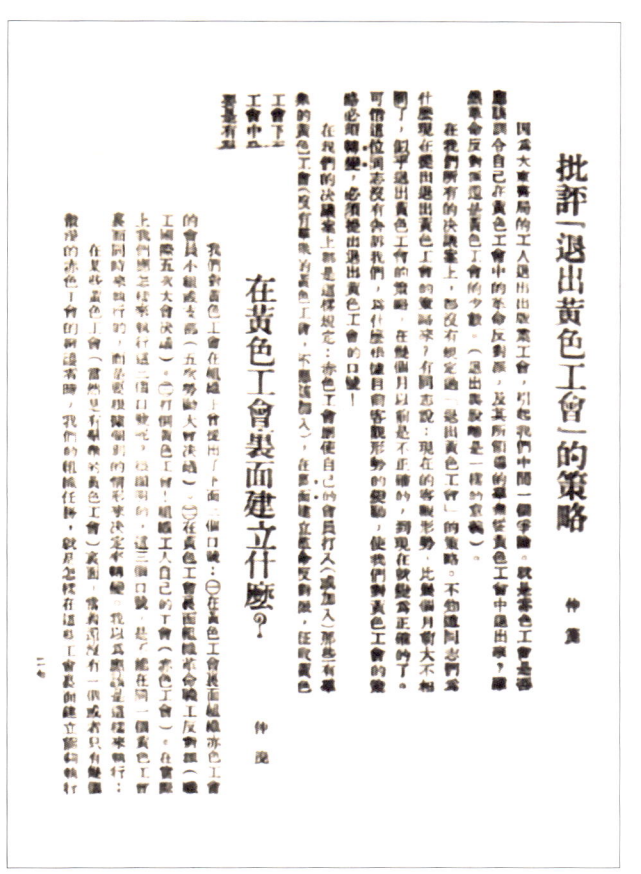

刘少奇化名"仲篪"在《红旗周报》发表的文章

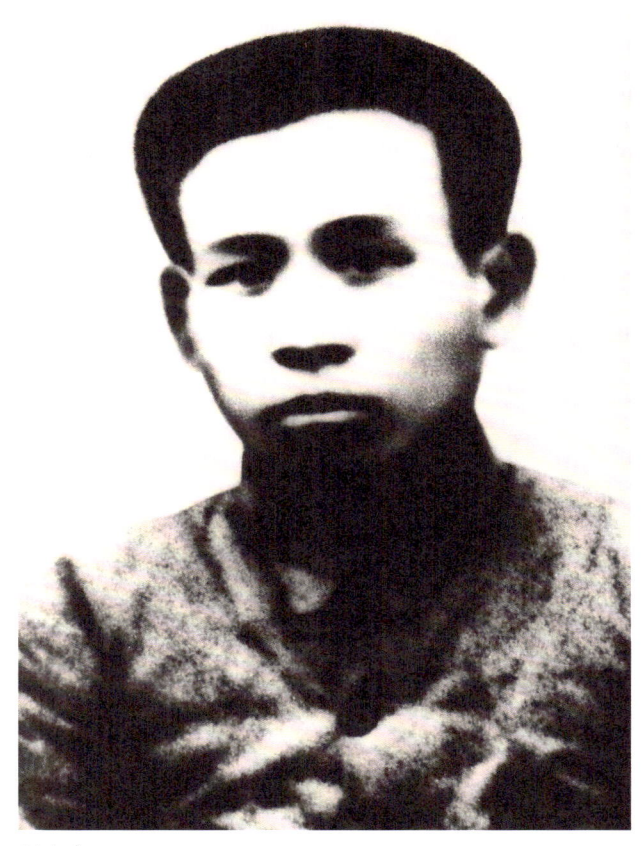

刘少奇

会议，被选为中央执行委员会委员。先后在《工运指南》上发表《建立辅助组织问题》《反对国民党管理海员新章》《在目前反帝运动中赤色工会应努力的工作》等文章；在《红旗周报》发表《国民党封闭永安二厂工会及逮捕工人，我们应否号召工人反对？》《批评"退出黄色工会"的策略》《在黄色工会里面建立什么？》等文章。

1932年1月24日，出席中共临时中央政治局常委会议，汇报日商纱厂工人罢工情况。

卓绝的斗争

1932年一·二八事变时，刘少奇根据中共临时中央的要求主持沪西大罢工。之后着手解决近20万罢工工人及其家属的生活问题，努力争取社会同情和支持，利用合法手段开展募捐活动，并发动群众包围国民党上海市政府社会局和地方维持会，迫使他们救济粮食和款项，从而较好解决了罢工期间的工人生活问题。

3月至11月，先后为中华全国总工会起草《全国总工会目前行动总纲》《为工会会员问题给各苏区工会信》，撰写《工会组织问题》《苏区阶级工会的会员成分》《再论苏区工会的会员成分并驳锹同志》《反对南京政府的"劳资争议处理法"》等文章。其间，出席全总党团会议、中共临时中央政治局常委会议。6月，经中共临时中央政治局会议决定，刘少奇领导上海电话工人罢工斗争。

1932年冬，刘少奇离开上海，前往中央苏区开展革命工作。

陈云旧居

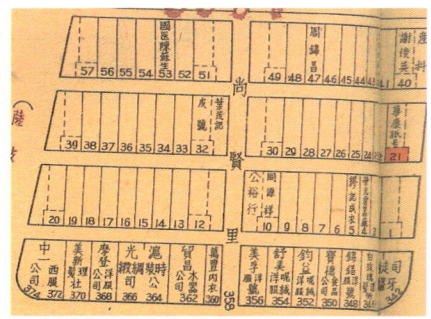

尚贤坊地块图(1947)

陈云

陈云旧居

位于上海市淮海中路358弄(原霞飞路尚贤坊)21号。建于1924年,砖木结构一底一厢两层旧式石库门建筑,坐北朝南。1935年6月至8月间,陈云寓居于此。

特殊使命

1935年6月,陈云在长征途中奉命秘密潜回上海,恢复党的组织,开展党的秘密工作,同时设法在上海寻求与共产国际的联系,向共产国际汇报中共中央和红军的近况。到上海后,陈云住在天主堂街(今四川南路)新永安路永安旅馆,后经章乃器安排,住到其三弟中共党员章秋阳(陈云在商务印书馆同事)在尚贤坊21号的家中。

同年8月,由于上海形势险恶,无法开展工作。陈云乘坐苏联货轮经海参崴赴莫斯科,向共产国际报告长征及遵义会议情况,并参加中共驻共产国际代表团工作。

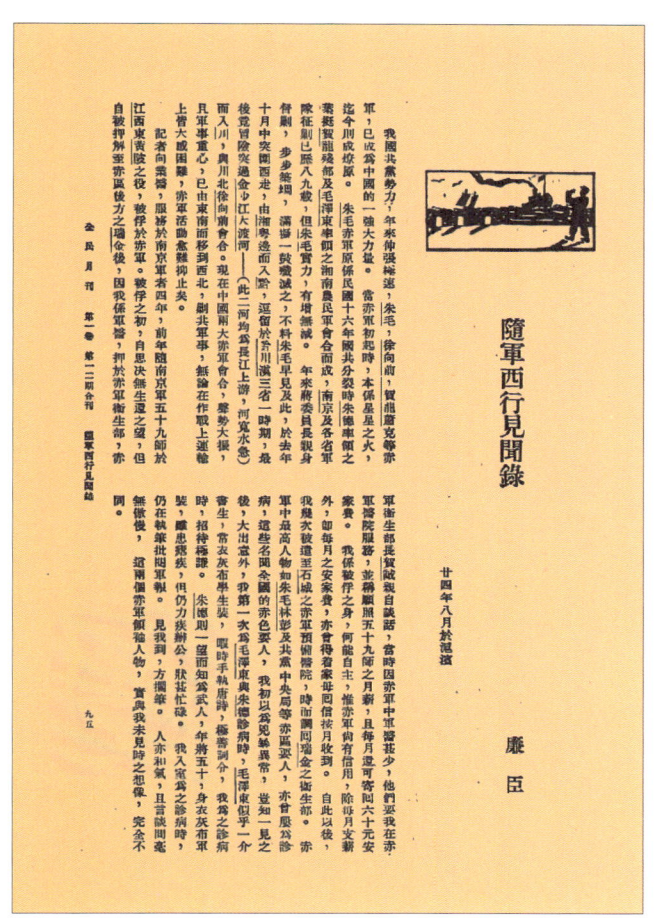

《随军西行见闻录》在巴黎《全民月刊》上连载

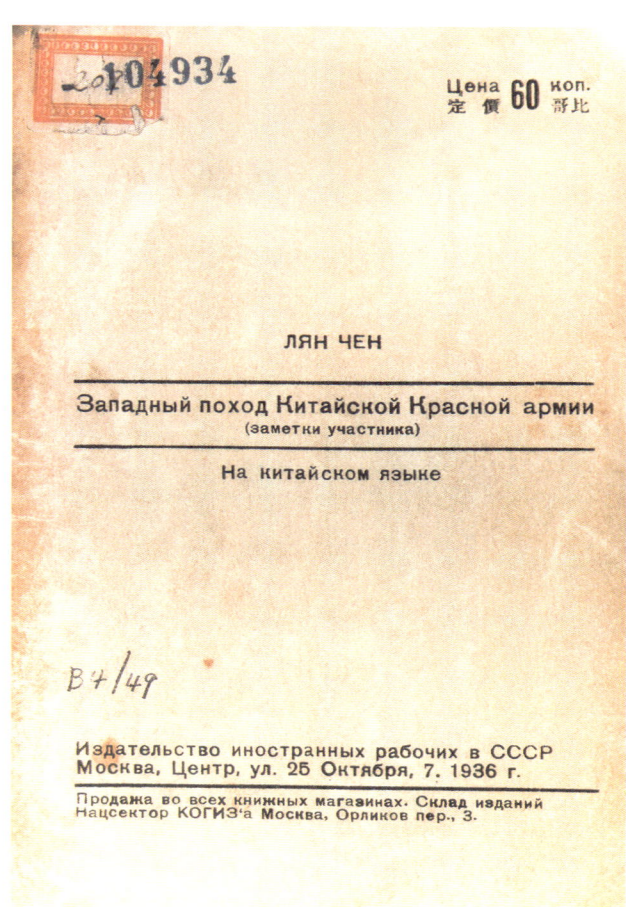

莫斯科出版的《随军西行见闻录》单行本

《随军西行见闻录》

在沪期间，陈云开始撰写《随军西行见闻录》，最后在莫斯科完成。该书假托一个被红军俘虏的国民党军医的口吻，详细记载了1934年10月中央红军由江西出发，到1935年6月离开大部队，历经八个月、行程一万两千里的传奇经历，记录了红军突破敌人封锁线、飞渡大渡河、巧夺金沙江等壮举。

1936年春，《随军西行见闻录》以连载形式公开发表在法国巴黎华侨组织主办的中文杂志《全民月刊》上。1936年7月，在莫斯科出版单行本。这本书成为后人研究长征和遵义会议的珍贵史料。

陈云旧居

淮海中路 927 弄 64 号

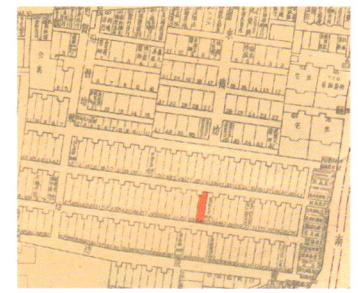

霞飞坊 64 号地块图 (1947)

许广平旧居

位于上海市淮海中路 927 弄（原霞飞路霞飞坊）64 号。建于 1924 年，砖木结构三层新式里弄建筑，坐北朝南。1936 年 11 月至 1948 年，许广平寓居于此。现为居民住宅。

许广平在霞飞坊整理鲁迅日记

移居霞飞坊

1933~1936年，许广平随鲁迅居住施高塔路130号（今山阴路132弄9号）。1936年10月鲁迅逝世后，许广平搬至霞飞路霞飞坊64号，周建人夫妇住三楼，二、三层楼亭子间贮藏鲁迅手稿和书籍。后周建人夫妇迁往福煦路四明邨（今延安中路913弄），三楼即作为收藏鲁迅遗物和藏书的地方。许广平将保管鲁迅遗物看成自己的责任，一直亲自保管这些文件，直到1948年离开上海前往解放区。

整理鲁迅作品

迁入霞飞坊后，许广平致力于鲁迅书信、手稿的征集、整理和出版工作。1937年，校印鲁迅遗著《校记》、《且介亭杂文末编》、《鲁迅书简》（影印本）三书。12月，筹划刊行《鲁迅全集》。1938年8月，600万字20卷本的《鲁迅全集》问世，由"鲁迅先生纪念委员会"（主席蔡元培，副主席宋庆龄）编纂、复社出版，蔡元培作全集序言，许广平写有《编校后记》，同年编校鲁迅遗稿《译丛补》《集外集拾遗》两书。1941年10月，编校《鲁迅三十年集》，共三十册，由鲁迅全集出版社印行。

遭难前后

1941年12月25日凌晨，日本宪兵队冲入许广平家中搜查，许广平正在编辑的《鲁迅三十年集》和誊抄准备发表的《鲁迅日记》（1912~1936）被宪兵队抄走。日本宪兵队还企图搜查三楼房屋——在那里存放着所有鲁迅在上海的藏书和遗物，幸亏在场佣人机智地说这是别人家的，使鲁迅藏书和遗物免遭涂炭。最后，日本宪兵带走了许广平。

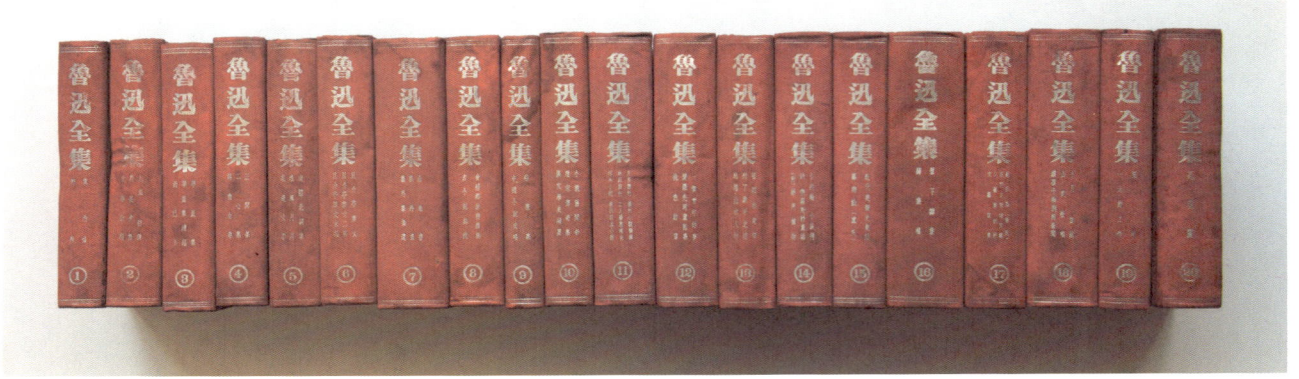

1938年出版的《鲁迅全集》

淮海坊许广平旧居

许广平与十周岁的周海婴（1939.9）

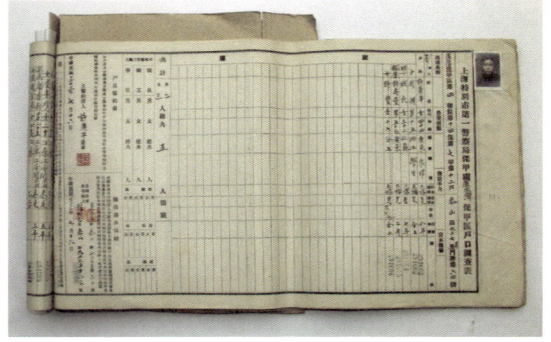

许广平户籍档案

许广平被押解到北四川路日本宪兵司令部，关进恶臭难闻的集体牢房，后又转送极司菲尔路（今万航渡路）76号特务机关。在狱中许广平遭受凌辱、拷打以至电刑等酷刑，被折磨得死去活来，但她坚贞不屈。敌人最终没有找到任何真凭实据，在关押76天后被保释出来。

辗转北上

抗战胜利后，许广平任《民主》周刊编辑。1945年12月，和马叙伦等发起成立中国民主促进会，当选理事会理事，后任常务理事，积极参加民主活动，坚持反内战、反迫害、反饥饿斗争。1948年10月，在中共党组织安排下离开上海，经香港转入东北解放区。

淮海坊59号后门

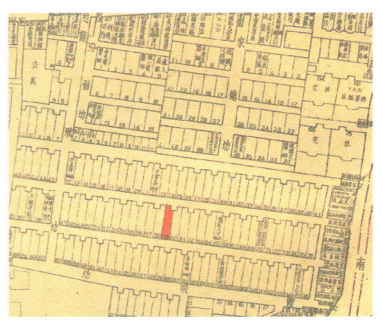
霞飞坊地块图 (1947)

吴克坚旧居

位于上海市淮海中路927弄(原霞飞路霞飞坊)59号。建于1924年,三层砖木结构新式里弄住宅,坐北朝南。吴克坚一家曾在此短暂居住。现为居民住宅。

隐蔽战线传奇英雄

吴克坚,湖南平江人,1924年加入中国共产党,1928年在上海加入周恩来直接领导下的中央特科,从事对敌隐蔽斗争,1931年被迫撤离。1932年赴莫斯科学习。1936年赴巴黎,任《救国时报》总经理。全民族抗战爆发后回国,任中共中央长江局副秘书长兼周恩来随身副官、《新华日报》总编辑。抗战胜利后,为了在情报战线上掌握主动权,吴克坚受命到南京、上海、浙江等国民党统治中心区开展情报工作。1946年元旦,吴克坚携全家四人从延安经重庆和南京,第二次来上海开辟工作。

到上海后,吴克坚一家暂时借住在妻子姚文晖

全家福

吴克坚

姐姐姚鞠馨家中,即霞飞坊59号,并很快与中共中央上海局刘晓、刘长胜取得联系。根据隐蔽工作需要,他随后在沪西常德路恒德里148号租了一幢一底一楼石库门房屋作为正式落脚点。为开展工作方便,吴克坚还以霞飞坊入口旁的金刚百货公司(原霞飞路939号,今淮海中路陕西南路口巴黎春天百货大楼一角)经理为职业掩护,在上海组建自己的地下情报网,并负责财经方面工作。

此后,吴克坚在上海地区先后建立了代号为岭台、崎台、昆台、岚台4个秘密电台,在福州、长沙、南京等地共建立了9部电台,从1947年1月到1949年6月,仅上海4部电台就发出电报977份之多。吴克坚第二次赴沪创办的情报系统人数最多时达1500人,在上海三年的地下斗争中,无一人被捕,无一部电台被侦破,书写了中共情报史上一段传奇。1949年5月1日,中央情报部在给吴克坚系统的嘉奖电中这样写道:"克坚并转全体工作同志:几年来你们在克坚同志领导下,不避艰险,任劳任怨,坚守岗位,获得敌人各种重要情报,保证了同中央的联络,直接配合了党的政治和军事的斗争胜利,你们的工作是有成绩的,特电嘉奖。并望在胜利中勿骄勿躁,为全国解放及解放后同各种敌人作长期的隐蔽战争而继续努力。"

霞飞坊因坐落在霞飞路上得名。1924年由比利时教会普爱堂投资建造,共有三层砖木结构房屋199幢,新式里弄住宅。该小区由于地形狭长,总平面布置采用行列式,特别是将30个单元拼接在一起,是上海较有特色的历史建筑。霞飞坊因地处繁华商业街,生活设施便利,深受当时中产人士青睐,许广平、周海婴、徐悲鸿、竺可桢、盛丕华、祝世康、胡蝶、叶圣陶等许多知名人士均曾住过霞飞坊。1937~1955年期间,巴金曾几度在霞飞坊59号居住,其代表作激流三部曲"家春秋"的《春》《秋》及《寒夜》均完成于此。

沙千里旧居

位于上海市淡水路91弄祥茂新村15号。建于1940年，混合结构三层新式里弄建筑。1946年初至1948年间，沙千里寓居于此。现为居民住宅。

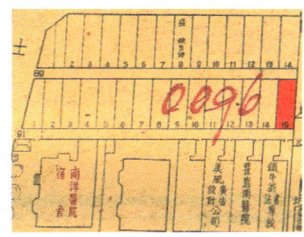

祥茂新村15号沙千里旧居

祥茂新村地块图（1947）

"七君子"之一

沙千里，苏州人。青年时期受五四运动影响，积极从事进步活动。1928年就读上海法科大学，曾主编《青年之友》，宣传反帝爱国思想。

九一八事变后，沙千里参加了上海地下党外围组织，团结各界人士，先后参与发起组织上海市职业界救国会、上海市各界救国联合会、全国各界救国联合会等进步团体，主编《生活知识》半月刊，宣传党的抗日主张。因其积极参加抗日救亡活动，1936年11月，同沈钧儒、史良等7名著名爱国人士被当局逮捕入狱。1938年，沙千里加入中国共产党。此后，在武汉、重庆等地从事党的统一战线工作，和沈钧儒等救国会领导人发动宪政运动，组织中国经济事业协会，为坚持抗战，坚持团结，坚持进步，进行不懈斗争。

为民主建国奔走

抗日战争胜利后，沙千里联合上海各党派、各工会、各教育团体，组织上海人民团体联合会，推动民主运动，并以律师身份为遭受国民党迫害的进步人士辩护。1946年6月，与各界知名人士共164人联名上书蒋介石，呼吁停止内战，因而受到国民

"七君子"合影

祥茂新邨弄口

沙千里旧居铭牌

党反动派迫害。后赴香港参与中国人民救国会领导工作。1948年1月，在香港出席民盟三中全会，促进民盟响应中国共产党召开政治协商会议，成立民主联合政府。

1936年11月23日，南京国民政府以"危害民国"罪在上海逮捕了全国各界救国联合会领导人沈钧儒、邹韬奋、李公朴、章乃器、王造时、史良、沙千里七人。事件发生后，中国共产党和国内外进步人士开展了广泛的营救运动。七七事变爆发后，当局于7月31日宣布具保释放沈钧儒等，并于1939年2月撤销了起诉书。由于被捕七人是当时公认的社会贤达，时称"七君子事件"。

纪念设施

五卅运动纪念碑

五卅运动纪念碑、五卅惨案纪念牌

位于上海市南京西路、西藏中路西南侧人民广场下沉式广场内。
位于上海市南京东路766号门前。

五卅惨案纪念牌

1985年5月五卅运动纪念碑奠基，1990年5月落成。前为主体雕塑，高15.6米，宽21米，重50吨，"五卅"两字组成的不锈钢雕塑，呈放射状，象征腾飞向上的精神。中间一座青铜圆雕高3米、宽4米，重3吨多，由两个不屈不挠工人形象组成，表现了中国工人阶级前仆后继，英勇斗争的革命精神。后面是三块花岗岩石碑，中间一块高5米，宽24米，镌刻老一辈无产阶级革命家陈云题写的"五

五卅反帝宣传集会 (1925.6)

卅运动纪念碑"碑名，背面镌刻陆定一撰写的碑文，记述五卅运动的经过及其历史意义。南北两侧两块碑体，分别高4米、宽12米，背面各有一组展现五卅斗争历史的青铜浮雕。碑体、地坪、道路和基座的花岗石，均采自泰山，寓意烈士牺牲比泰山还重。

1985年5月，上海市文管会在南京东路五卅惨案发生地勒石纪念。1990年代，南京东路步行街改造后重新设立五卅惨案纪念牌。

1990年5月30日五卅运动纪念碑在上海人民广场落成，市民冒雨前往参观

陈毅铜像

陈毅铜像

位于上海市南京东路外滩亲水平台内侧广场上。1993年设立,2012年在铜像旁勒石,镌刻中英文对照文字,介绍陈毅生平。

纪念铜像

1993年9月28日,在南京东路东首、中山东一路东侧外滩风景区内竖立起陈毅纪念铜像。铜像坐北朝南,连同底座高5米,底座用红色磨光花岗石砌成。铜像由著名雕塑家、上海大学美术学院教授章永浩设计,再现了陈毅市长勤恳为民、和蔼可亲、虚怀若谷的公仆形象,表达了上海人民对陈毅为解放上海、建设上海立下不朽功勋的崇高敬意和深切缅怀。同时,位于陈毅铜像南侧留出面积1560平方米的广场,是举行重大庆典活动的场所。

新上海第一任市长

上海解放后,陈毅担任上海市军管会主任、上海市市长。

陈毅是上海解放后第一任市长,上任后紧抓上海的治安问题,对国民党潜伏的特务组织、重大案犯、流落街头的国民党军官兵、流氓帮会、妓女等分别妥善处置。在治理上海过程中,陈毅对涉外问题,既维护主权与民族尊严,又不盲目排外。在文化领域,陈毅对原有文化设施采取"保存下来,逐步改造"的方针,欢迎文化界人士团结合作、同舟共济、共同建设新上海。在他的关心下,分批改造

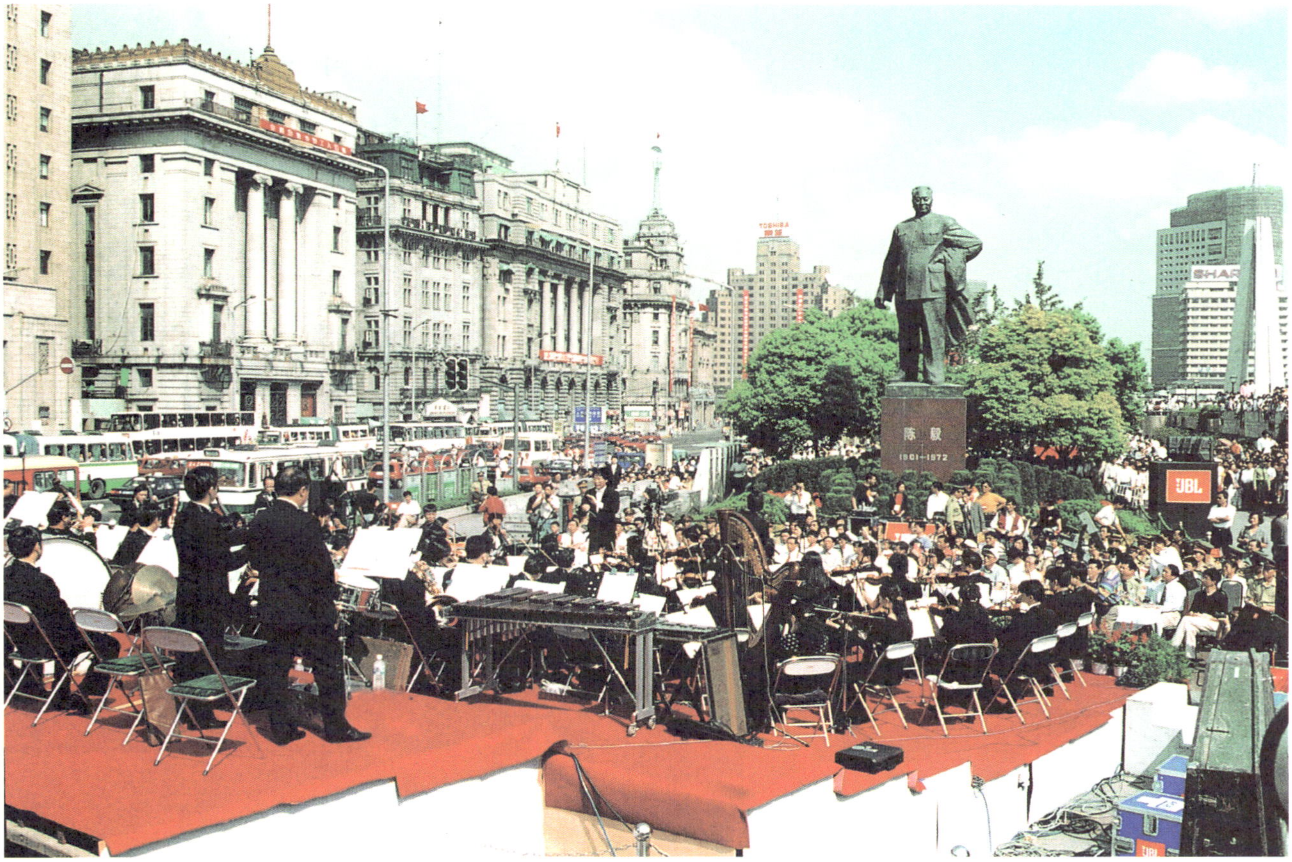

陈毅广场上举办广场音乐

棚户区工程迅速展开，填坑修路，铺设水管、下水道，植树装灯，建立公共厕所；中国第一个工人居住区——上海曹杨新村，拔地而起。

1950 年 10 月，上海市举行第二届各界代表大会第一次会议，陈毅再次当选市长。1954 年，任命为国务院副总理、国防委员会副主席。1958 年 2 月，兼任外交部长。直到 1958 年 3 月经毛泽东批准辞去上海市市长职务。

中央人民政府任命通知書

府字第 號

茲經中央人民政府委員會

第四次會議通過任命陳毅為

上海市人民政府市長

特此通知

主席

一九四九年 月 日

中華人民共和國中央人民政府之印

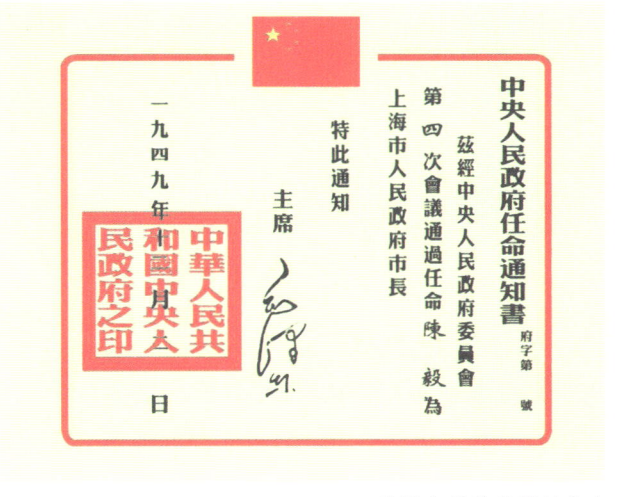

首任市长陈毅的任命书

上海市人民英雄纪念塔

上海市人民英雄纪念塔

位于上海市中山东一路475号黄浦公园内，黄浦江与苏州河交会处。下沉广场设外滩历史纪念馆。上海市爱国主义教育基地。

雄伟的纪念塔

上海市人民英雄纪念塔总体布局由半岛平台、下沉式广场、塔体、题字碑、雕塑等部分组成。高耸的纪念塔整体以黄浦江奔腾不息的江水为背景，象征一百多年来上海人民前仆后继，不折不挠的斗争历史。半岛平台中部横立题字碑、镌刻江泽民手书"上海市人民英雄纪念塔"鎏金塔名。下沉式圆岛广场中央拔地而起高达60米的三根花岗岩塔体，寓意从鸦片战争、五四运动到解放战争以来在上海历次革命斗争中牺牲的人民英雄永垂不朽。广场四周是一道长120米，高3.8米向外倾斜的花岗岩浮雕墙，展现鸦片战争以来上海人民革命斗争可歌可泣的斗争业绩，主题分别为："抗英斗争、小刀会"；"传播民主革命思想"；"在中国共产党领导下的工人运动，三罢活动"；"中国共产党的建设——中共一大"；"抗日战争"；"第二条战线、护厂、护校和

外滩历史纪念馆入口

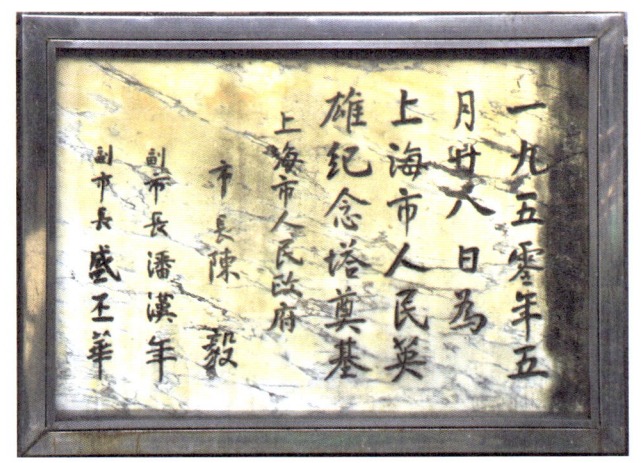

上海市人民英雄纪念塔奠基石

解放上海"等。纪念塔入口处的涌泉池上横架由四块巨石组成的影壁,正背两面凿刻"浩然正气""永垂青史"八个鎏金大字,气势雄伟。另竖碑刻文:

"伟大的人民解放战争中在上海牺牲的人民英雄们永垂不朽!

"伟大的五四运动以来英勇的人民革命斗争中,在上海殉难的人民英雄们永垂不朽!

"由此上溯到一八四〇年鸦片战争以来,为了反对内外敌人,争取民族独立解放,争取人民自由幸福,在上海历次斗争中牺牲的人民英雄们永垂不朽!

从奠基到建成

1950年上海市人民政府庆祝上海解放一周年之时,为了永远追念上海人民革命斗争献出了宝贵生命的人民英雄,决定兴建上海市人民英雄纪念塔。5月28日在黄浦公园由副市长潘汉年主持奠基仪式,市长陈毅、副市长盛丕华奠基,后因故未兴建。1987年上海市人民政府根据市人民代表大会八届六次会议提案,决定仍在黄浦公园兴建上海市人民英雄纪念塔,所需资金采用社会募集办法筹集。

上海人民在很短时间内就捐资1100余万元。1988年11月破土动工,1991年1月纪念塔主体工程打下了第一根桩。1994年上海解放45周年纪念日建成。

外滩历史纪念馆

1995年5月,黄浦区委、区政府在黄浦公园上海市人民英雄纪念塔下沉式广场内,辟建了反映外滩百年沧桑巨变的历史纪念馆,同年9月正式对外开放。2023年重新修缮布展后对外开放。

黄浦公园占地2.07万平方米,由公共租界工部局投资建造,1868年8月开园,是上海最早的城市公园。建园初称公共花园,门口入园规则明确写着,只对洋人和少数华人开放,要求穿戴整齐,不准狗进入等。至1928年取消入园限制。1936年,公园更名为"外滩公园",1945年改名"春申公园",1946年更名为"黄浦公园"。1949年后,园内布局几经变易。为配合2010年中国上海世博会举办外滩地区综合改造,公园拆除了大门、围墙,与外滩绿地连成全新的公园,成为外滩重要景观。

跑马总会建筑群

上海市历史博物馆（上海革命历史博物馆）

位于上海市南京西路325号。原为1934年建成的上海跑马总会大楼。上海市文物保护单位、上海市爱国主义教育基地。2017年上海市历史博物馆在此正式开放。

落脚人民广场

上海市历史博物馆（上海革命历史博物馆）是综合反映上海地方历史的地志性博物馆。前身为1932年成立的上海市通志馆，时任馆长为著名学者柳亚子。1937年建成上海市博物馆，保存了许多文物与文献资料。1954年，上海市成立上海历史与建设博物馆筹备处，1959年撤销建制。1983年9月，恢复上海历史文物陈列展览筹备工作，以上海农业展览馆第五馆为临时馆舍，建设上海历史文物陈列馆，于1984年5月正式对外开放。

1989年1月起，上海历史文物陈列馆开始独立建制，1991年7月更名上海市历史博物馆，1992年9月迁入虹桥路1286号新址。2017年10月，上海市历史博物馆与上海革命历史博物馆两馆合一，于南京西路325号原跑马总会大楼重新开放。

书写城市历史

2015年，跑马总会大楼改建工程正式开始。历时3年，最后形成了以上海元代水闸遗址博物馆和上海崧泽遗址博物馆两座遗址博物馆为基础，结合

上海图书馆（上海博物馆也挂牌，并在内办公）(1950年代)

上海市历史博物馆今貌

上海市历史博物馆和上海革命历史博物馆组合而成的新形象。改建后的上海跑马总会大楼,总建筑面积23000平方米,展陈面积9800平方米,分为东、西两幢楼和开放式的庭院,东楼4层,局部5层,西楼3层,中庭地下室1层,其中西楼具备多种公众服务功能,如专题展览厅、学术报告厅等,东楼以陈列为主。

博物馆展厅包含基本陈列和临时展览。基本陈列"古代上海"部分以马家浜文化、崧泽文化、良渚文化等丰富遗存见证上海悠远的历史,以航运贸易的发展、盐业与纺织业的兴盛讲述上海市镇的繁荣。"近代上海"部分则反映1843～1949年间上海作为全国经济和文化的中心、近代中国发展缩影与世界重要都会以及中国近代革命策源地与前期中心。

附 录

沪滨工读互助团解散宣言

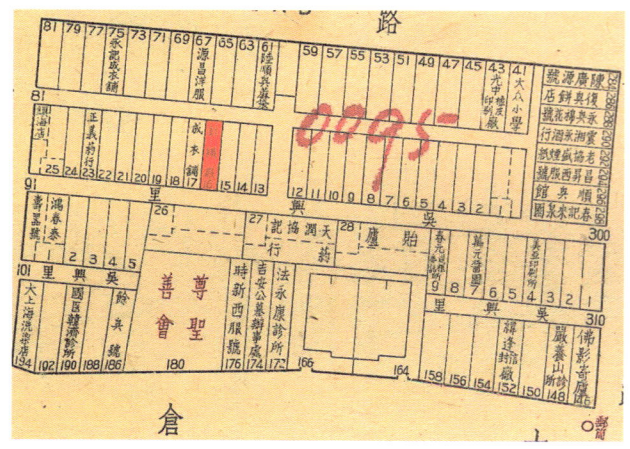

沪滨工读互助团地块图 (1947)

"一团熙熙，颇形工读之乐"

沪滨工读互助团成立于1920年6月，是五四时期的一个工读主义团体，其宗旨是"实行工读互助、改造社会"，入团者每人交四元费用，须经两人以上介绍，并且多数团员允许。团员生活"半工半读"，每天工作五小时，其他时间读书，所有工作、消费一律平等。

该团成立之初仅四五人，之后吴溶沧等人参加进来，扩充到10人。为了扩大影响，袁达时以笔名"袁笃实"写了长文《沪滨工读互助团进行计划的个人主张》，在7月22日和23日的《时事新报》连载。文章中，他为工读互助描绘了美好愿景，"可以由工读团达到很大的新村，由新村达到大同的世

沪滨工读互助团遗址

位于上海市黄陂南路300弄（原贝勒路吴兴里）16号。1920年6月至1921年2月，沪滨工读互助团团所设在此处。现为上海新天地朗廷酒店。

界"。文章登出后，又有几个学生加入，团员发展到14人。到10月份，工读互助团团员基本都能获得学习和工作机会，收支基本平衡，未发生经济困难，团所内"一团熙熙，颇形工读之乐"。由于互助团实践相对顺利，团所决定扩充组织，"第三、第四两组又谋求继续成立"，还筹划开办一所线袜工厂，为更多团员加入创造工作机会。

沪滨工读互助团获得了陈独秀、史量才、邵力子等人的赞助和支持，主要通过其私人关系为团员介绍工作或推荐学校就读。

难以为继

袁达时描述的和谐生活没有持续太久，沪滨工读互助团很快难以为继。1920年底，团员陆续退出，只剩5人。1921年2月，沪滨工读互助团发

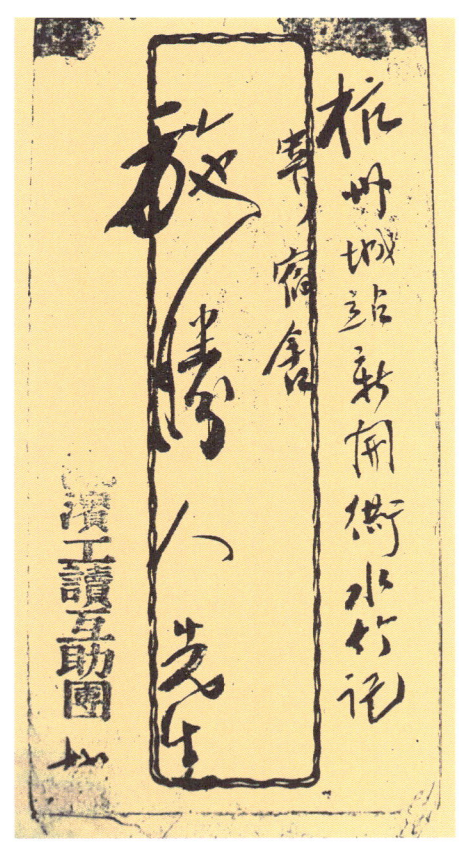

吴溶沧寄给施胜人信

上海新天地朗廷酒店

表《解散宣言》："共计团员十四人，为时六个月。在这六个月中，极见得团体发展一步，经济紧急一步；团体存在一天，经济苦难一天。由经济紧急而紧急困难，由经济困难而经济穷绝，以致于团体不得不解散。"

沪滨工读互助团解散的原因主要在经济方面，因从事教书、书记、校对等工作工资太少，半天劳动维持不了生计。后来又打算办线袜厂，但没有资本，借贷时到处吃闭门羹，最终没有办成。据此，他们也得出结论："'工读互助'的团体实难存在于社会里面，而更见难存在于经济会枢的地方。失学青年固不可依赖于家庭，更难靠求助于社会。换言之，资本制度不打破，工读互助团决没有存在的余地。"

工读互助运动

五四运动后，知识分子受空想社会主义的新村主义、托尔斯泰的泛劳动主义及克鲁泡特金的无政府主义等思潮影响，产生了"工读主义"或"工学主义"思想，幻想在互助团小范围内建设一个"人人做工、人人读书、各尽所能、各取所需"的理想社会，主张半工半读，过集体生活，实现社会的改造。工读互助运动因经济开支过大无法维持而昙花一现。

沈钧儒旧居

位于上海市永年路149弄(原杜神父路天祥里)20号。1920年11月至1921年6月,沈钧儒寓居于此。现为居民住宅。

天祥里一家人

1920年11月起沈钧儒寓居天祥里20号。这一时期受五四新文化思潮影响,他专心研读马克思《资本论》,并以写作为生。他认为社会改革不见效病根在于封建家长制的恶习。12月开始作长文《家庭新论》,提出一系列改造旧式家庭的崭新主张。该文连载于《中华新报》,每月获稿费仅10元,用于家庭补贴及儿子沈谦留学用款。

他还热心参加褚辅成在沪发起组织全浙工会,谋求浙江自治,参与起草浙江省宪法,并编撰了《宪法要览》《制宪必携》等小册子,为省宪运动大作宣传。

天祥里弄口

《家庭新论》

1920年沈钧儒(右二)自广州回沪后与全家合影

1921年春节，率先在自家改革过节旧俗："喜神挂在楼下中间，蜡烛供而不点，岁烛亦不点，辞岁除去。初一家中不行叩头礼，平辈一鞠躬，长辈三鞠躬"。4月，参加"家庭日新会"。家庭日新会以一夫一妇为会员，入会要求"不饮酒、不赌博、不吸烟、不挟妓、不娶妾"等，旨在唤起社会改革恶俗。后被推举为"家庭日新会"编辑员。6月3日，为节省开支，全家移居嘉兴。沈钧儒则搬至和民坊（八一三淞沪抗战中被炸毁）。

沈钧儒其人

沈钧儒，江苏苏州人。1912年加入同盟会、南国社。1927年出任上海法科大学教务长。1928年起在上海执行律师业务。1933年，参加由宋庆龄、蔡元培、鲁迅等组织的中国民权保障同盟，任同盟上海分会法律委员，配合斗争，营救被捕革命者和爱国人士。1935年12月12日，与马相伯、邹韬奋、陶行知、李公朴等发表《上海文化界救国运动宣言》，参与筹建上海文化界救国会。1936年1月，当选上海各界救国联合会执行委员，主持一·二八事变4周年纪念大会、五卅惨案11周年纪念大会。5月，当选全国各界救国联合会执行委员、常委，负责组织工作。7月，与章乃器、邹韬奋、陶行知四人联名发表《团结御侮的几个基本条件与最低要求》，公开表示拥护中国共产党的主张，建立抗日民族统一战线。10月，同宋庆龄等人为鲁迅组织举行声势浩大的悼念活动，将这次行动变成要求国民党停止内战一致抗日的盛大游行示威。

1936年11月，在领导抗日运动中遭捕，法庭上据理力争，从容答辩，把法庭变成宣传抗日救国的讲台。1937年7月获释。出狱后沈钧儒继续为抗日、民主、团结斗争。将上海各界救国会组织改为"各界救亡协会"，扩大群众基础，更广泛开展

天祥里弄口

活动。与各党派人士筹组全国抗敌救亡总会，任主席，为发展壮大抗日民族统一战线做了大量工作。同时创办《全民周刊》，提出加强全民族统一战线，将单纯的政府与军队抗战转变为全民族抗战。

1942年国民党取消沈钧儒等救国会参政员资格后，沈钧儒领导救国会成员，把抗日救亡、团结御辱的活动转向发展民主运动。1945年同张澜、黄炎培等人发起成立陪都各界反内战联合会，呼吁和平、反对内战。1949年9月，出席中国人民政治协商会议第一届全体会议。

  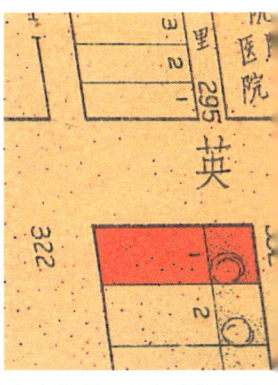

中国农工民主党第一次全国干部会议会址今貌　　邓演达（1930）　　淡水路332弄1号地块图

中国农工民主党第一次全国干部会议会址

位于上海市淡水路332弄1号（原萨坡赛路290号）。建于1928年，砖混结构联排花园住宅，坐北朝南。1930年8月，中国国民党临时行动委员会第一次全国干部会议在此召开。1947年2月，改党名为中国农工民主党。2009年，在花园内安置了邓演达半身铜像和纪念石。2015年8月，农工党成立85周年之际，对会址进行修缮和布展。上海市文物保护单位。

酝酿建党

大革命失败后，中国革命陷入低潮。当时国民党左派领导人宋庆龄、邓演达、彭泽民等，决心继承孙中山遗教，坚持革命的三民主义，贯彻联俄、联共、扶助农工三大政策，主张建立新的革命政党，继续领导国民革命。

1927年11月，宋庆龄、邓演达等在莫斯科发表《对中国及世界革命民众宣言》，声明组织"中国国民党临时行动委员会"，临时行使革命指导职能，以革命手段中止南京、武汉国民党中央党部职权，领导革命民众进行反帝、反封建斗争。

1930年5月，邓演达秘密回国。抵沪后，着手起草并主持讨论建立新党的政治纲领，筹划建立新党的领导机构。

新党诞生

1930年8月9日，邓演达主持召开有10省区代表参加的第一次全国干部会议，出席会议的有邓演达、黄琪翔等30余人。会议宣告"中国国民党临时行动委员会"正式成立，通过党的纲领《中国国民党临时行动委员会政治主张》。

会议选举邓演达、黄琪翔等25名干事组成中央干部会，确定了中央机关各部门名称和负责人。设中央机关刊物《革命行动》和《行动日报》。将中央机关设在爱麦虞限路159号（今绍兴路41号）。1931年8月，领导人邓演达被国民党逮捕，秘密机关同时遭破坏。

邓演达（1895～1931），广东归善（今惠州）人。早年参加同盟会和辛亥革命。1924年任黄埔军校训练部副主任兼学生总队长。1926年起任黄埔军校教育长、国民革命军总司令部政治部主任兼武汉行营主任、湖北省政务委员会主席、国民党中央执行委员、中央政治委员会委员兼中央农民部部长、中央军事委员会总政治部主任等职。1931年8月，在上海被国民党当局逮捕。11月，在南京被秘密杀害。

中华职业教育社

中华职业教育社旧址

位于上海市雁荡路（原华龙路）80号。建于1930年，为六层钢筋混凝土建筑，由中华职业教育社（简称"中华职教社"）自建，同年迁址于此。1946年1月，民建上海分会筹备委员会设于此，8月，由中华职教社发起创办的比乐中学设于大楼内。现为中华职业教育社上海分社办公地，上海市文物保护单位。

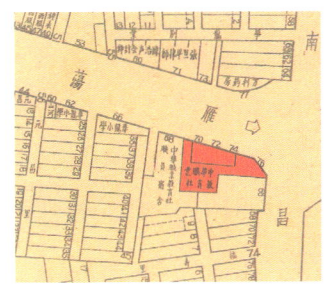

雁荡路80号地块图（1947）

中国最早的职业教育社团

1917年，黄炎培联合蔡元培、梁启超、张謇等48人在上海发起成立中华职业教育社。中华职教社是借鉴欧美发展职业教育推动社会经济、技术进步的经验，发起成立的中国最早的职业教育社团。

中华职教社成立后，团结了一批具有丰富学识、教育经验以及留学回国且愿意在中国发展职业教育的有志之士，如江恒源、杨卫玉、蒋梦麟、邹韬奋、刘湛恩、姚惠泉、钟道赞等，致力于研究、宣传和推进职业教育，翻译介绍国外有关职业教育的著作和信息，同时广泛调查国内外的教育、经济和社会民情，开展职业教育实践。

《救国通讯》第1号

中华职教社农学团同人（1948.7）

创办近代第一所职业学校

1918年，中华职教社决定创办一所职业学校，作为开展职业教育的试验机关，在上海老城厢外陆家浜南岸（今陆家浜路918号）创办中华职业学校，明确"一方面在使无力升学之学生的适切之教育，以为职业之预备；一方面在辅助各种实业，以增进生产能力为主旨"。中华职校是中国第一所以职业学校命名的学校，开创了我国现代职业教育的先河，是当时中国教育界绝无仅有的全新学校。

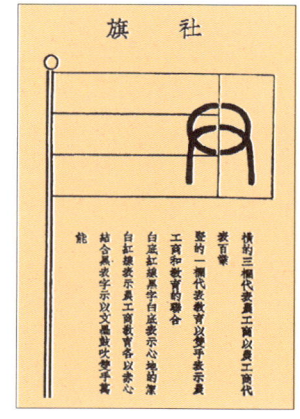
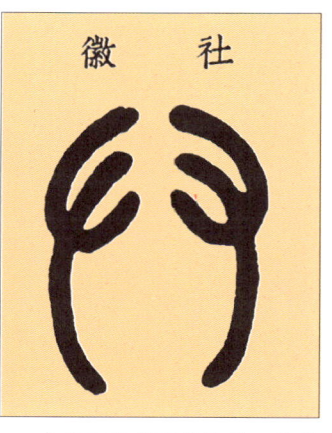

中华职业教育社社旗、社徽

致力民族救亡运动

九一八事变后，抗日救亡逐步成为中华职教社工作的中心。其主要领导为呼吁抗日上下奔忙，发动民众抵制日货，提倡使用国货，并于1931年12月23日创办了《救国通讯》（1934年改名《国讯》），揭露日本全面侵华野心，批驳政府种种不抵抗的错误言论和政策，要求担负起抗日的领导责任。1935年2月，中华职教社重定职业教育方针为"复兴民族目标下之青年职业训练"，训练学生生产能力与发扬学生民族精神，使学生彻底了解增加生存能力非为个人，乃为国家、民族的图存。

黄炎培（1878～1965），号楚南，字任之，笔名抱一，江苏川沙县（今上海市）人。1905年参加同盟会。早年从事实业及职业教育，主张以教育唤起民众。1941年，与张澜等人发起组织中国民主政治同盟。1945年，与胡厥文等人发起成立中国民主建国会。

民治新专毕业师生合影 (1950.1)

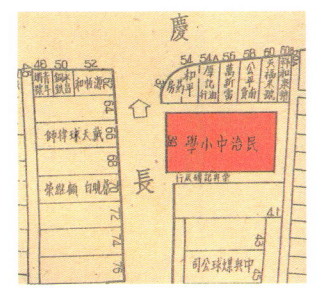

长乐路39号地块图 (1947)

民治新闻专科学校旧址

位于上海市长乐路（原蒲石路）39号。建于1931年，砖木结构三层建筑。1931年，民治新闻专科学校（简称"民治新专"）迁入此处。现为瑞金二路街道社区卫生服务中心。

一所新闻专科学校

1928年冬，顾执中、沈颂芳、沈吉苍、闵刚侯、范仁齐、葛益栋6人在上海集资创办民治新闻学院，1932年改名民治新闻专科学校。校址最初设在公馆马路（今金陵东路），后迁至蒲石路（今长乐路）。著名报人、新闻教育家顾执中担任校长和教师。在校执教的有严独鹤、李中道、戈公振、陆诒、陈翰伯等。还特邀郭沫若、冯玉祥、翦伯赞、艾思奇、许广平、田汉、华岗、陈同生、钱俊瑞等来此演讲。

九一八事变后，民治新专师生积极投身抗日救亡运动。民治校友、同学奔赴抗日前线采访，不少

瑞金二路街道社区卫生服务中心

人后来成为著名新闻工作者。顾执中更是始终坚持在抗战第一线，写文章、发消息，向国内外报道和揭露日寇暴行，日伪当局对其极度仇视。1940年，学校被迫停办，一些同学赴苏北抗日根据地。同年8月，顾校长遭敌伪特务枪击，险遭不测，不得不离开上海。1945年，该校在上海复校。1951年改名民治新闻学校。1952年并入复旦大学。

顾执中（1898～1995），江苏南汇县（今上海浦东）人。1914年考入教会中学读书，毕业后免考免费升入东吴大学。1923年，进上海《时报》任记者。1926年，任上海《新闻报》记者、采访部主任。1928年，曾任冯玉祥第二集团军随军记者，是中国最早的战地记者之一。同年，创办民治新闻学院，任校长。九一八事变后，参加教师救国会和对日经济绝交大同盟。1938年11月，率团赴第三战区和新四军军部慰劳。回沪后，大力宣传全民抗日，揭露日本侵略和日军暴行，遭日伪通缉。1940年8月，秘密赴渝，继续从事抗日新闻工作。1941年5月，赴缅甸仰光向华侨宣传抗战。抗战胜利后返沪，组织复校。1954年调北京，任高等教育出版社编审。

李烈钧旧居

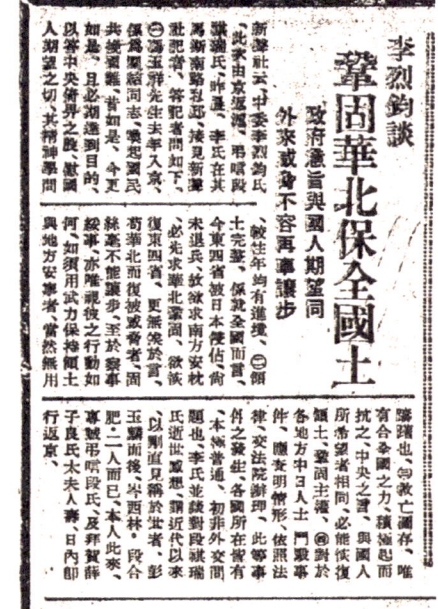
《申报》刊登《李烈钧谈巩固华北保全国土》

李烈钧旧居

位于上海市思南路91号（原马斯南路125号）。建于1921年，砖混结构四层独立法式花园洋房，坐北朝南。此为李烈钧的一处置业。1924年11月至1937年8月，李烈钧寓居于此。现为思南公馆酒店。

为抗日奔走

1931年九一八事变爆发后，民族危机日趋严重，李烈钧多次致电蒋介石，主张对日抗战，一致对外。为此他奔走南北，呼吁团结抗日：北上太原晤阎锡山，转达中央旨意，参加长城战役，一同抗日。面对蒋介石派军队进攻冯玉祥的抗日同盟军，他奔走于宁沪、张家口与庐山之间，劝冯玉祥"并力扶危"，对蒋则为冯氏进言，也曾带病多次往返南京、上海等地，但始终未能说服蒋介石放弃"攘外必先安内"的主张。

1936年11月6日，李烈钧奉命由南京来沪吊唁段祺瑞，又在寓所对新闻社记者发表了"巩固华北，保全国土"的谈话，指出"苟华北而复被威胁者，固丝毫不能让步""如须用武力保持领土与地方安宁者，当然无用踌躇""救亡同存，唯有合全国之力，积极起而抗之"。全民族抗战爆发后，主动将五个儿子送去抗日前线。

能文能武李烈钧

1905年李烈钧以公费生身份到日本振武学校学习陆军，其间认识孙中山、黄兴等人，后加入中国同盟会。1908年毕业回国，任管带（营长）、云南讲武堂教官兼兵备道提调。1912年后，历任江西九江都督府参谋长、海军总司令、安徽都督、五省联军总司令兼中央军司令、江西都督。之后追随孙中山，历任护国军第三军总司令、广州军务院抚事、军政府参谋总长、国民革命军中路军总司令、江西省总司令兼省长、大本营参谋长、江西省主席等。

1946年2月病逝。国民政府予以国葬褒扬，周恩来、董必武、叶挺亲往吊唁。孙中山曾称赞李烈钧为"协和先生，上马能武，下马能文，诚不可多得之当代儒将"。

杨杏佛在7号天井里

杨杏佛旧居

杨杏佛旧居、杨杏佛遇害地

位于上海市南昌路100弄（原环龙路渔阳里）7号。建于1920年，砖木结构两层石库门建筑，坐北朝南。1925～1933年杨杏佛曾寓居此处。现为居民住宅。

位于上海市陕西南路147号（原亚尔培路331号），原中央研究院国际出版物交换处门前。1933年6月18日杨杏佛在此遇害。现为瑞金二路街道社区卫生服务中心。

早年追随孙中山

杨杏佛名铨，早年就读上海中国公学，加入同盟会。1912年，任孙中山临时总统府秘书处收发组组长。南北和议后赴美，先后入康奈尔大学和哈佛大学学习。留学期间，参与发起成立了中国第一个综合性科学团体——中国科学社。1918年回国。1924年10月，在广州任孙中山秘书。孙中山逝世后，1925年4月，孙中山葬事筹备处在上海陶尔斐斯路（今南昌路东段）24号成立，杨杏佛为葬事筹

杨杏佛与李济（左一）、鲁迅（右一）摄于亚尔培路331号草地

1932年宋庆龄在上海与杨杏佛（左一）及瑞士律师琼·文森特夫妇（文森特来华为牛兰夫妇案件辩护）合影

杨杏佛陪同宋庆龄勘察南京中山陵选址

杨杏佛家人在追悼仪式上

备处主任干事，负实际执行工作。

推进国共合作

1925年6月，杨杏佛在上海主办《民族日报》，发表文章声讨英帝国主义罪行，抨击北洋军阀的卖国行径。同年9月，与恽代英等人成立中国济难会。同年，任国民党上海特别市党部执行委员兼宣传部长。所主持的秘密电台遭破坏后被捕，经宋庆龄委托郑毓秀营救获释。1927年春，以国民党上海市党部常委身份，与周恩来、罗亦农合作，推进国共合作，参加上海工人第三次武装起义。起义胜利后，任上海特别市临时市政府常务委员。1928年，任南京国民政府中央研究院干事。1931年，赴江西考察，发文报道中共现状，使世界舆论了解中共和红军。1932年一·二八事变，创建技术合作委员会，以军工技术支援抗日，并开办伤兵医院救治受伤官兵。

杨杏佛怀抱幼年杨小佛与家人合影

杨杏佛遇害地今貌

发起成立"中国民权保障同盟"

1932年12月29日,杨杏佛与蔡元培、宋庆龄、鲁迅、马相伯、沈钧儒、郁达夫和史量才等知识分子在上海共同发起组织成立中国民权保障同盟(简称"同盟")。同盟办公地设在亚尔培路中央研究院,杨杏佛作为蔡元培院长的主要助手,担任执行委员兼总干事。

同盟成立后,主要围绕释放政治犯开展了一系列活动,并进行了一系列宣传。在任期间杨杏佛全力以赴协助宋庆龄宣传反蒋抗日民主思想。此外,杨杏佛还竭尽所能营救被国民党逮捕和关押的进步人士牛兰夫妇、许德珩、陈赓、罗登贤、廖承志、丁玲、潘梓年等。

为民主自由献身

自从同盟筹备之日起,杨杏佛就再三遭到国民党当局威胁恐吓。1933年6月18日清晨。当杨杏佛驾车携儿子杨小佛从院中驶至交换处门前,拟向北转入亚尔培路时,遭遇事先埋伏好的国民党特务暗杀,身中三弹,送往医院后抢救无效,时年40岁。

杨杏佛被刺身亡消息一经传出,有识之士无不感到悲恸愤慨。同日,蔡元培电林森、汪精卫要求缉凶。宋庆龄等人发表文告《为杨铨被害而发表的声明》。6月20日,杨杏佛遗体入殓及追悼仪式在上海万国殡仪馆举行,宋庆龄、鲁迅、蔡元培、沈钧儒、李四光等前往吊唁。7月1日上午,中央研究院举行公祭,由蔡元培主持。下午,由中国科学社公祭并在杨杏佛棺柩上覆盖"中国科学社"社旗,以示杨杏佛为该社首创者。

何香凝

何香凝旧居今貌

何香凝旧居

位于上海市复兴中路553弄复兴坊(原辣斐德路辣斐坊)8号。建于1927年,砖木结构三层新式里弄建筑,坐西朝东。1927～1937年底何香凝寓居于此。现为居民住宅。

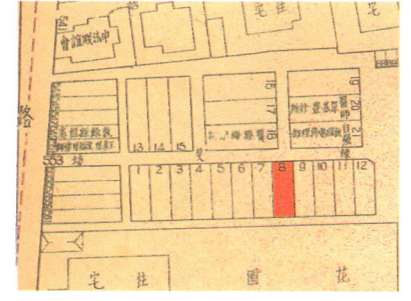

复兴中路553弄复兴坊地块图 (1947)

上海中国国民党女党员慰问孙总理夫人并欢迎廖仲恺夫人合影 (1925.4)

爱国义举

何香凝，广东南海人，1878年生于香港。1902年留学日本。1905年参加中国同盟会。1924年，国民党改组后，在广州创办妇女运动讲习所，出版《妇女之声》，宣传反帝反军阀。1926年，当选国民党第二届中央执行委员，任中央妇女部部长。蒋介石、汪精卫背叛革命后，于1928年辞去国民党内一切职务，赴欧考察。1931年九一八事变后到上海，投身抗日救亡运动。12月，在上海发表《对时局的意见》一文，斥责蒋介石镇压抗日民主运动，要求恢复和实行三大政策，支持民众抗日救国。同月，与柳亚子、刘海粟、贺天健等举办救济国难书画展览会，以售卖所得支持抗战。1932年一·二八事变，与宋庆龄等一起支持十九路军抗战，组织上

何香凝（右三）和上海参加抗日救亡工作的部分女同志在一起

海爱国妇女投入抗日救亡运动，发动妇女制作棉衣送往前线，建立伤兵医院，并赴前线慰问抗敌将士。1933年3月，通电全国，声讨政府当局迫害罗登贤、廖承志等爱国志士。1935年，和宋庆龄等在上海率先签名响应中共中央发表的《八一宣言》，号召国民党停止内战，共同抗日。1936年，任上海各界救国联合会理事和全国各界救国联合会执委会常委。11月，"七君子事件"发生，与宋庆龄等发动救国入狱运动。

中国妇女抗战后援会

1937年7月22日，何香凝领导上海各界妇女成立中国妇女抗敌后援会，22个妇女团体参加。后援会内设总务、征募、慰劳和救护4个组，并设理事会，由何香凝任常务理事长兼总务组长，林克聪、沈兹九、金光楣、毛王瑞竹、王孝英等21人为常务理事。黎沛华、胡兰畦任秘书。后援会一成立，即通电各省妇女界，敦促她们成立各省妇女抗敌后援会，以便统一全国妇女团体，集中妇女界抗日力量。一些省市随后建立了本地的妇女抗敌后援会。为了扩大妇女抗日救亡规模，有效调动和团结各地妇女界力量，7月24日，何香凝建议宋美龄在南京成立抗敌后援会。8月1日，中国妇女慰劳自卫抗战将士总会在南京成立，宋美龄任主席。8月4日，中国妇女抗敌后援会改组为中国妇女慰劳自卫抗战将士会上海分会（慰劳分会），原理事会改为执行委员会、常务委员会。上海沦陷后，赴香港继续从事抗日活动。

程潜旧居今貌

程潜旧居

位于上海市思南路89号（原马斯南路123号）。建于1921年，砖木混合结构四层独立法式花园洋房，坐北朝南。1928～1937年间，程潜寓居于此。现为思南公馆酒店。

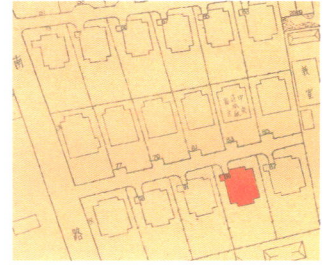

思南路89号地块图(1947)

沪上"寓公"

1928年8月后，程潜被革职，寓居上海。1931年底，程潜受国民政府主席林森之邀，出任国民政府委员、国民党中央执行委员。

1932年1月，程潜在上海创办半月刊《南鍼》，作为抗日、反蒋、反汪的舆论工具，任主编同时撰稿。在第一期上发表《发刊词》，主要内容是站在三民主义立场，抨击蒋介石的"三日亡国论"和"不抵抗"，认为只有坚决抵抗，才能收复失地，救亡图存。以"养伏""针人"等笔名在《南鍼》上发表《第十九路军之战绩与中华民族前途》《抗日战争之意义》《孙中山先生逝世七周年纪念感言》《中国为此，日本为彼》等文章。报刊除发表一系列抗日言论外，还经手募捐了款项交给东北义勇军，从物质上和经济上支援抗日。1932年底被迫停刊，后改名为《正论周刊》，1933年再次被迫停刊。

1937年八一三淞沪抗战后，举家离沪迁往内地。

程潜抗战时期便装照

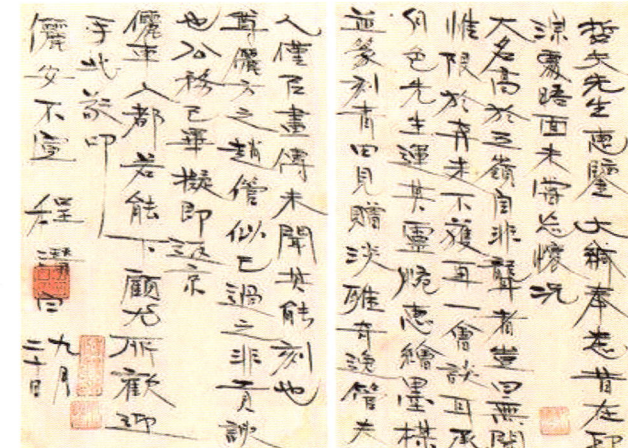

《养复园诗集新编》

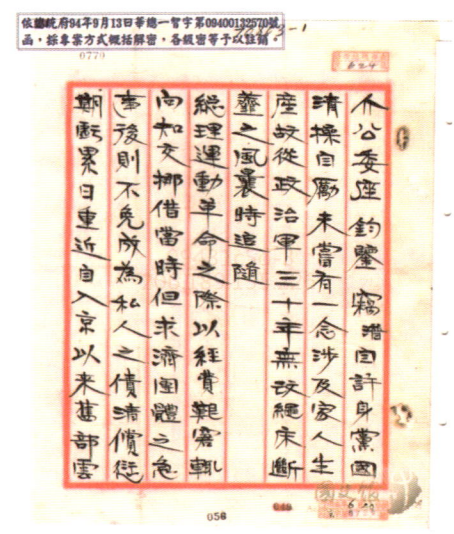

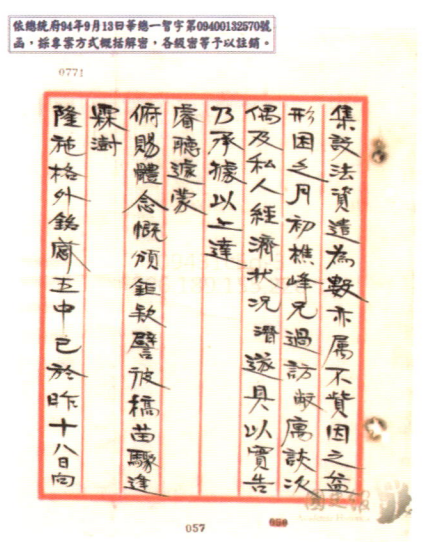

程潜致蒋介石信

通电起义

1948年春，程潜被任命为长沙绥靖公署主任兼湖南省政府主席。经中共秘密组织的工作，使其决心脱离蒋政府，投向共产党。1949年4月书写备忘录，6月由中共湖南省工委转呈中共中央和毛泽东，报告湖南和平起义的意图和部署。8月4日，程潜、陈明仁等联名发出起义通电，宣布"脱离广州政府"，"加入中共领导之人民民主政权"。5日湖南各界人士104人发出响应和平起义通电，当晚人民解放军进驻长沙市区，长沙及附近各县宣告和平解放。

史沫特莱住过的重庆公寓

艾格尼丝·史沫特莱旧居

位于上海市重庆南路185号重庆公寓（原吕班路85号吕班公寓）。钢筋混凝土结构五层公寓大楼。1929～1931年间艾格尼丝·史沫特莱寓居于此。现为居民住宅。

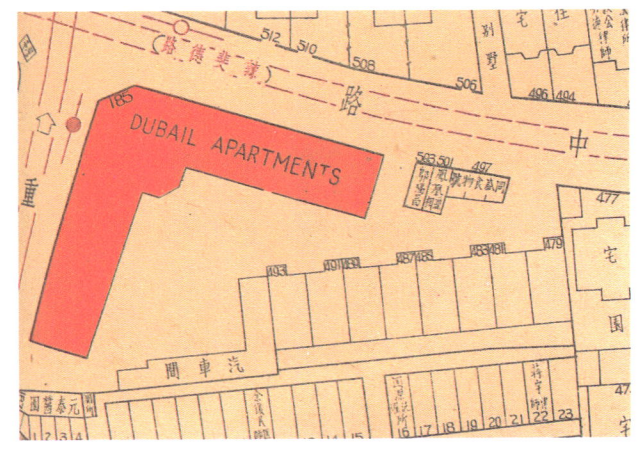

吕班公寓地块图（1947）

艾格尼丝·史沫特莱

《中国在反击》

左联"铁杆"

艾格尼丝·史沫特莱，美国密苏里州人。1928年底以德国《法兰克福日报》特派记者身份到中国，后任英国《曼彻斯特卫报》特派记者。1929年到上海，与鲁迅、茅盾等结下了深厚友谊。1930年9月，由史沫特莱出面在当时的荷兰西餐馆，与左翼作家联盟一起，庆贺鲁迅50寿辰，并为鲁迅拍照留念。

1931年2月，左联五烈士被害。鲁迅草拟了一份中国左翼作家联盟为国民党屠杀同志致各国革命文学和文化团体及一切为人类进步而工作的著作家思想家书，由史沫特莱与茅盾翻译后，以《中国作家致全世界书》为题，在美国《新群众》杂志上发表，在国际上引起强烈反响。

融入中国革命

作为一名国际主义战士，史沫特莱写了很多充满热情、讴歌中国人民革命斗争的文章，如《中国的命运》《中国的红军在前进》《一个美国妇女同八路军在一起》《中国战歌》《伟大的道路——朱德的生平和时代》等。

史沫特莱在宋庆龄支持下，为红军筹集资金，购买药品。史沫特莱还和路易·艾黎、马海德、汉斯·希伯、魏璐诗等在上海组成马克思学习小组，他们先后直接加入了中国革命的行列。全民族抗战爆发后，史沫特莱担任八路军随军记者，并做过战地救护工作。在延安受到过毛泽东和朱德接见。1937年10月，她到八路军抗日前线——山西五台山区，写下了著名的《中国在反击》，翌年在美国出版。1938年，史沫特莱从山西来到延安，后来又到了皖南新四军驻地，和战士们生活在一起，参加战地医疗工作。

1951年，史沫特莱逝世一周年时，在北京举行了隆重的追悼大会和葬礼，其骨灰埋葬在八宝山烈士陵园。朱德书写碑文——"中国人民之友美国革命作家史沫特莱女士之墓"。

史良旧居今貌

史良旧居

位于上海市复兴中路553弄复兴坊(原辣斐德路辣斐坊)1号。建于1927年，砖木结构三层新式里弄建筑，坐西朝东。1931～1937年间史良寓居于此，并曾在此开办律师事务所。现为居民住宅。

正义的出手

1931年，史良开始在上海执行律师业务。大约一年后，于辣斐德路辣斐坊1号开办律师事务所。史良敢于受理政治犯案件，冒生命危险为进步人士和共产党员辩护和进行营救，坚持正义。1933年3月，为营救左翼作家艾芜，史良到苏州出庭辩护，结果判定交保释放。1933年4月到1934年2月，营救熊瑾玎和贺龙家属。1933年5月，营救邓中夏，由于史良的努力仅判52天徒刑，并表示可考虑交保释放，后因叛徒告密未果。7月，营救中共地下党员任白戈，任被押不到1个月，就交保释放。1934年，营救共产党员熊氏兄弟，由于证人不存在，无从对质，结果以嫌疑分子无罪了结。经史良营救出狱的中共党员和革命者，还有陈卓坤、方知达、吴仲超等人。

为了救国奔走

一二·九运动爆发后，全国抗日救亡运动蓬勃发展。1935年12月，史良与沈兹九、胡子婴等人共同发起成立上海妇女界救国会，史良任理事。随后，上海妇女界救国会发表《告全国妇女书》，提出"打倒妇女只会烧饭抱孩子的反动理论，要同爱国的男子来共负救国的重任"。

1936年1月和5月，先后当选上海各界救国联合会执行委员、全国各界救国联合会执行委员。同年11月，与沈钧儒等6位救国会领袖被当局逮捕。1937年7月获释。1937年八一三淞沪抗战后，投入上海妇女界和各界救亡协会抗日活动，担任上海各界抗敌后援会设计委员。上海沦陷后，赴港澳等地宣传抗日。1938年2月，到武汉，任全国新生活运动妇女指导委员会委员兼联络委员会主任、第一届国民参政会参政。

瑞金二路198弄口

杜重远旧居

位于上海市瑞金二路198弄（原金神父路安和新村）8号。建于1933年，砖木混合结构假三层新式里弄建筑，坐北朝南。1933年杜重远与侯御之在沪结婚，寓居于此。现为居民住宅。

"革命左派先驱"

杜重远，吉林怀德人。早年留学日本，1923年回国后在沈阳创办肇兴窑业公司。1927年任奉天总商会副会长。1930年参加上海全国国货展览会，倡言发展国货，抵制日货。九一八事变后，在北平参与组织东北民众抗日救国会，任常务委员兼政治部副部长。1934年2月在上海创办《新生》周刊。1935年，为实现国共合作多次致函、密约张学良，劝其停止内战。西安事变后赞成和平解决事变的方针，拥护抗日民族统一战线政策。1938年，被聘为国民参政会参政员。1939年，任新疆学院院长。后被军阀盛世才秘密杀害。

《新生》创刊号

杜重远旧居

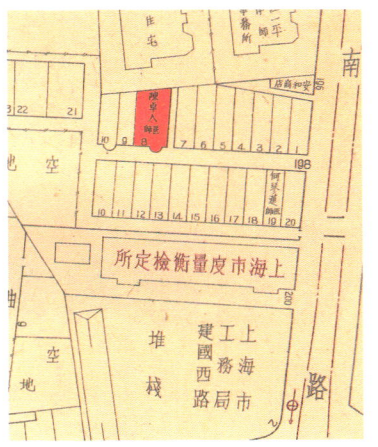

瑞金二路198弄地块图（1947）

《新生》事件

1933年11月，《生活》周刊被查封。杜重远"不畏环境的艰苦而抢前一步"，创办了《新生》周刊，延续《生活》的生命，继续宣传中国共产党的抗日主张，揭露日本帝国主义的侵略阴谋和国民党的不抵抗主义，"继续在黑暗中燃着向前迈进"。

1935年5月4日，《新生》周刊发表了艾寒松的《闲话皇帝》一文，其中一段文字谈及日本天皇。日方以"侮辱天皇、妨害邦交"为由，强迫当局查封周刊，严惩作者和周刊编者。杜重远作为主编不畏强暴，挺身出庭。上海各界自发组织了"《新生》事件后援会"进行申讨。杜重远妻子侯御之不畏白色恐怖，上诉提出控告书。但多方救援仍未能改变杜重远最终被判处一年零两个月徒刑、《新生》查封的结果。

促成张杨联合抗日

在狱中，杜重远坚持抗日，并根据周恩来指示，做了许多促成张学良、杨虎城联合抗日的工作。他利用蒋、张之间矛盾，在狱中多次致信张学良和杨虎城，揭露蒋介石"坐山观虎斗"的阴谋，宣传中共的《八一宣言》。1936年4月，张学良利用去南京开会之机，秘密到上海会晤杜重远。杜重远与张学良推心置腹交谈，提出了联共、联杨（杨虎城）、联盛（新疆盛世才）三点建议，说服张学良反蒋抗日。杜重远刑满后，再度冒险前往西安说服张学良，坚定其抗日决心，对促成张学良思想转变和西安事变，起了积极作用。

复兴中路517号

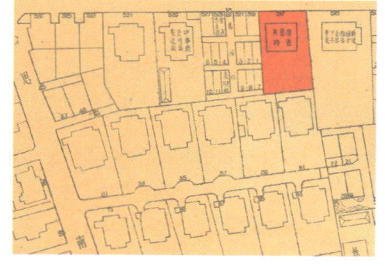

复兴中路517号地块图 (1947)

柳亚子旧居

位于上海市复兴中路517号(原辣斐德路557号)。建于1926年,砖木混合三层西式独立花园建筑,坐北朝南。1936~1940年、1945~1950年间柳亚子先后寓居于此。现为思南公馆开放建筑群组成部分。

地方志事业拓路人

柳亚子,江苏吴江人。1912年1月,任孙中山临时大总统府秘书,旋回上海主笔《天铎报》《民声日报》,担任《太平洋日报》文艺编辑。1923年10月,在上海与邵力子、陈望道等组织新南社,任社长。1932年,柳亚子任上海市通志馆馆长。主持通志馆第三年即动议启动上海市年鉴编纂。1936年夏,《上海市年鉴(1935年)》出版时,亲撰《上海名人录》,如实录入左翼文化人士,即遭国民政府禁止,不得已删《上海名人录》,将红封面改为蓝封面重新出版。1937年春,《上海通志》初稿完成11编,近千万字。其中部分已由中

柳亚子夫妇与茅盾夫妇(1946.12)

柳亚子夫妇及外孙柳光辽在寓所

华书局印出清样,因八一三淞沪抗战爆发未能问世。1940年底离沪赴港,行前托胡道静联系,将通志馆文卷资料秘藏于震旦大学图书馆。《上海通志》初稿现存上海市历史博物馆。

"活埋庵"

1937年11月后,上海租界处于日军包围中,遂有"孤岛"之称,市面虽繁荣如故,却已渐为日寇囊中之物。柳亚子困居法租界辣斐德路557号,闭门谢客,埋头著书,先后完成《南社纪略》、《曼殊余集》、《南明史纲》4卷及《南明日历表》1卷等著作。柳亚子正式把寓所题名为"活埋庵",取王夫之"七尺从天乞活埋"句意,还提早留下遗嘱:"敌人倘以横逆相加,当誓死抵抗。"柳亚子写下了他生命里的第一次遗嘱。这份遗嘱写于1939年10月,全文如下:

余以病废之身,静观其变,不拟离沪。敌人倘

柳亚子旧居

以横逆相加,当誓死抵抗。成仁取义,古训昭垂;束发读书,初衷具在。断不使我江乡先哲吴长兴、孙君昌辈笑人于地下也。

中华民国二十八年十月书付儿辈。

虎丘公寓旧貌

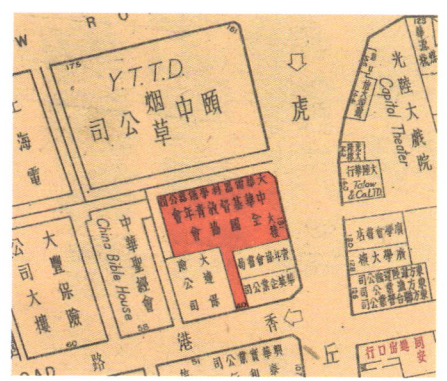
虎丘公寓地块图（1947）

全国各界救国联合会成立地旧址

位于上海市虎丘路131号虎丘公寓（原青年协会大楼）。建于1919～1924年，六层钢筋混凝土结构现代合院式公寓，坐西朝东。1936年，全国各界救国联合会在此成立。

救国会始末

在中国共产党号召下,北平学生发动一二·九运动,上海文化界、职业界、妇女界、工人、学生等救国会相继成立,并联合组成上海各界救国联合会。随后,北平、天津、武汉等地也相继成立救国会等救亡团体。

1936年5月31日,上海各界救国联合会领导人沈钧儒、邹韬奋等,在虎丘路131号发起成立全国各界救国联合会,全国60多个救亡团体代表70余人出席大会。会议通过了《全国各界救国联合会成立大会宣言》《抗日救国初步政治纲领》《全国各界救国联合会章程草案》等文件,选举宋庆龄、何香凝、马相伯、邹韬奋等40余人为执行委员,沈钧儒、章乃器、李公朴、史良、沙千里、王造时等14人为常务委员。救国会宗旨是"团结全国救国力量,统一救国方案,保障领土完整,谋取民族解放"。明确当时主要任务是:促成全国各党派团结合作,共同抗日;要求各党派立即停止军事冲突,派遣正式代表进行谈判,制定共同抗敌纲领,建立统一的抗敌政权。

抗战胜利后,改称"中国人民救国会"。1949年12月18日在北京宣告结束。

《抗日救国初步政治纲领》　　成立大会宣言

全国各界救国联合会领导人(前左起):沈钧儒、史良、王造时、沙千里走在抗日游行队伍前列

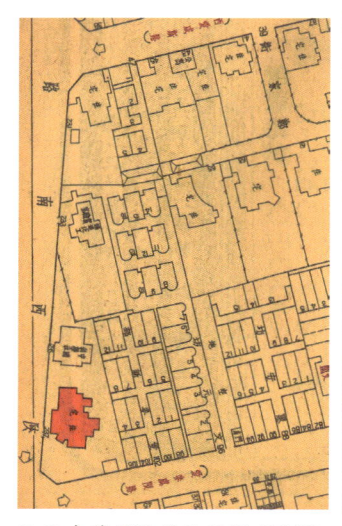
陕西南路235号地块图(1947)

中国民主促进会成立地旧址今貌

中国民主促进会成立地旧址

位于上海市陕西南路235号（原亚尔培路535号）。建于1928年，砖木混合结构两层花园建筑。1945年12月30日，中国民主促进会在此成立。曾作为中国科学社总办事处。现为黄浦区明复图书馆会心楼。

中国民主促进会第一次会员大会

抗战胜利后，马叙伦、王绍鏊联合文化、教育、出版、工商界爱国民主人士，以"促进民主政治为目的"，以"发扬民主精神，推进中国民主政治之实现为宗旨"，创建了中国民主促进会（简称"民进"）。1945年12月30日，民进在中国科学社举行第一次会员大会，出席大会26人，马叙伦担任会议主席。他在向大会报告发起组织的原因和经过时说：纵览目前国是，非促进民主不足以建永固之国基，经各方交换意见后，认为有组织团体以谋群策群力之必要，取名为中国民主促进会是要发扬民主精神以促进中国民主政治之实现。大会一致通过马叙伦的报告并作出四项决议，一致决议本次集会为本会成立大会；一致通过本会简章；原则通过本会对时局的宣言，同时继续广泛征求意见，由理事会修改后立即公开发表；决议本会暂设理事11人，常务理事3人，在理事会未选举产生前会务由马叙伦负责，王绍鏊、严景耀、陈巳生3人协助。

会心楼

1956年，中国科学社将此楼捐献国家。后成为7户居民住宅。1999年6月17日，民进中央在此举行"中国民主促进会成立旧址纪念"牌匾揭牌仪式。2004年，居民迁出，此楼重新装修，基本恢复原貌，划归卢湾区图书馆所用。

2005年1月，经参加成立大会的宓逸群回忆和现场勘察，确认民进成立大会会址为原卢湾区图书馆会心楼底楼客厅。经民进中央进一步考证，原中国科学社总办事处小楼被确定为"民进成立旧址"。2005年，小楼交付使用后的第一个活动是赵丽宏作品朗诵会，主题为"会心一笑"，因此小楼被命名为"会心楼"并沿用至今。同年12月，民进中央在会心楼外，立下已故民进中央名誉主席赵朴初书写的"爱国、民主、团结、求实"石碑，纪念民进成立60周年。

皋兰路12弄4号　　安娜·路易斯·斯特朗

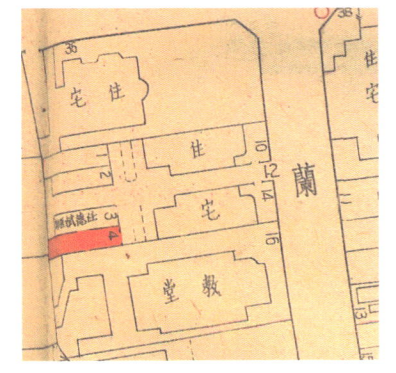

皋兰路12弄地块图 (1947)

中国民主同盟妇女救国会活动地旧址

位于上海市皋兰路12弄4号。混合结构三层新式里弄建筑，坐北朝南。该房屋曾为中国民主同盟妇女救国会盟员朱立波寓所。现为居民住宅。

一次欢迎聚会

1946～1947年，民盟上海市支部加紧在教师、学生中发展盟员，并积极投入反对国民党独裁统治的爱国民主运动。民盟转入地下后，常以皋兰路12弄4号为秘密联络点，沈钧儒、史良等亦常去活动。1947年3月9日，中共秘密组织在这里举行了庆祝三八妇女节暨欢迎刚从延安来的美国进步记者安娜·路易斯·斯特朗的聚会。出席者包括民盟救国会、妇女联合会、各民主党派等四十余人。会议有两项议程，第一是请安娜女士介绍延安妇女的工作和生活情况，使与会同志受到极大鼓舞和教育；第二是由刚被丝绸厂开除的女工潘月英揭露国民党迫害工人的行径。

安娜·路易斯·斯特朗 (1885～1970)，女，美国进步记者与作家。年轻时积极参加进步社会活动，致力于儿童福利事业和工人运动，积极反对帝国主义发动的第一次世界大战。她与艾格尼丝·史沫特莱、埃德加·斯诺被中国人亲切称为"3S"。

淮海中路927弄56号

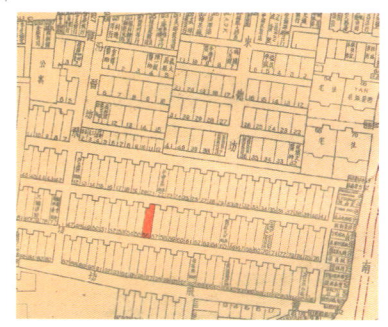

霞飞坊56号地块图 (1947)

盛丕华旧居

　　位于上海市淮海中路927弄(原霞飞路霞飞坊)56号。建于1924年，砖木结构三层新式里弄建筑，坐北朝南。上世纪30至60年代盛丕华寓居于此。现为居民住宅。

盛丕华旧居今貌

盛丕华

商海巨擘

盛丕华，浙江宁波人，是上海工商界闻人。早年来沪，曾在宝成银楼当学徒。1912年负责（余大、瑞大、志大、承大）钱店清理工作，因债务问题与入籍葡萄牙的叶某诉讼，在当时葡萄牙拥有领事裁判权的情况下，他据理力争，最后上诉到里斯本法院，终于胜诉。1920年，参与组建上海证券物品交易所，任常务理事。后在上海、汉口等地创建多种工商业，任上海商会会董。

民主斗士

1934年，盛丕华在上海组织爱国团体"中社"，出版《新社会》半月刊，宣传抗日救国思想，后被政府查封。全民族抗战爆发后，盛丕华动员家眷将金银饰物捐献国家，支援抗战。在上海创办红棉酒家，任董事长，并创设开美针药厂、上元企业公司、东南信托公司等企业。红棉酒家既是饭店，也是甬商总会巨头进行星期聚餐和进步人士隐蔽活动的场所。抗战胜利后，盛把红棉酒家三楼改称"红楼"，专供民主人士开会活动用，成为中国共产党团结工商界人士参加民主运动的一个重要活动场所。1946年，盛丕华加入中国民主建国会，任常务理事。1946年6月23日，参加以马叙伦为团长的上海人民和平请愿团赴南京请愿，在南京下关遭国民党特务围攻殴打。

建设新中国

1949年2月，经中共地下组织安排，盛丕华从上海赴香港，辗转到达北平。9月，作为工商界代表出席中国人民政治协商会议第一届全体会议。10月1日，参加了天安门城楼上的开国大典。

1949年12月，盛丕华担任上海市副市长，带领民建会员和工商业者发展生产，繁荣经济，为克服解放初期的经济困难，恢复生产，献计出力。1956年1月，盛丕华代表全市工商业者向上海市人民委员会呈递全行业公私合营申请书。85个工业行业35163户和120个商业行业71111户全部公私合营，为完成上海资本主义工商业的社会主义改造作出了贡献。

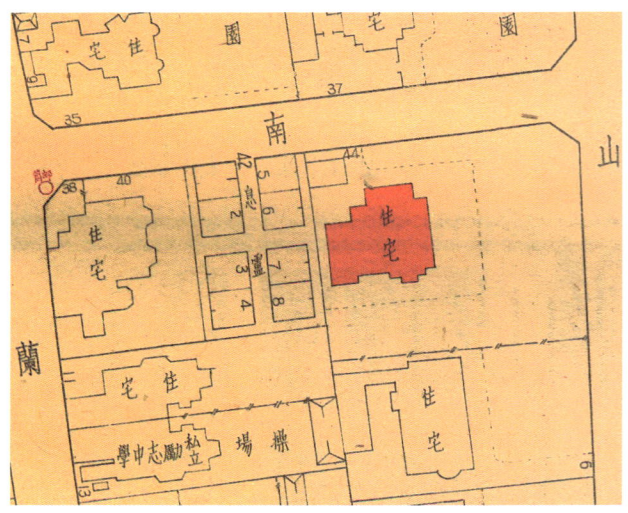

思南路44号地块图（1947）

卢汉旧居

位于上海市思南路44号。建于民国初年，砖混结构三层仿英国乡村式花园，坐南朝北。1940年代，卢汉寓居于此。现为居民住宅。

卢汉旧居今貌

地方实力派投身抗日

卢汉，云南昭通人。1911年春，卢汉跟随龙云等来到四川，加入反清队伍。1937年全民族抗战爆发，以龙云为首的云南实力派，将滇军整编为第六十军，任命卢汉为军长，于9月出征抗日。

1938年4月，卢汉率六十军各部经过二十余天激战，在台儿庄禹王山，粉碎了日寇渡过运河威胁徐州的企图，重创日军矶谷师团。8月任第三十军团团长，率部参加保卫武汉的战斗。1945年8月，日本投降后，蒋介石命令卢汉率第一方面军开赴越南。9月28日，卢汉在河内总部（原法国驻越南总督署）正式接受日军投降。12月，卢汉接替龙云任云南省政府主席。

云南举义

1947年6月，在卢汉主持下，将云南省经济委员会和省企业局等企业，改组为"云南人民企业公司"，卢汉任董事长，以抵制蒋介石攫取云南财产。1949年初，卢汉开始在政治上自谋出路，加强与中共领导的滇桂黔边纵队联络，又派人到香港、北平与中共联系。与此同时开放了一定限度的民主运动，对国民党反动政府也展开了反压制斗争。同时集中力量恢复和重建云南地方军事实力，迫使蒋介石撤销云南警备司令部，成立云南绥靖公署，任命卢汉为绥靖主任兼任主席，使卢汉得以正式合法地总揽云南省军政大权。

1949年12月9日，卢汉通电全国宣布起义，随即遵照中央指示，废止了云南省旧有的全部军政机构，成立以卢汉为主席的云南人民临时军政委员会，作为临时最高权力机关。12月16日至21日，在中共地下党和昆明市各族人民支援下，卢汉主持了昆明保卫战，击退了蒋介石的进攻，最终取得了云南和平解放的胜利。

后 记

《黄浦·红色起点》一书历经四年打磨终于与广大读者见面。全书收录了上海市第一批红色资源名录中涉及黄浦区的全部143处旧址、遗址和纪念设施，主要包括新民主主义革命时期中国共产党在黄浦区的重要机构、重要会址、重大事件发生地，党的重要领导人旧居和活动地，以及1949年以后兴建的涉及新民主主义革命时期内容的纪念设施。此外，还收录了民主党派、社会团体的重要机构、重要会址和重大事件发生地、爱国民主人士旧居等。

本书由黄浦区档案局（馆）和中共黄浦区委党史研究室合力编纂、共同出版，列入黄浦区"文化品牌建设"重点书目，且受到"逐梦新时代 黄浦在行动"主题活动项目支持，在编写过程中得到中共黄浦区委办公室、区委组织部、区委宣传部的指导和帮助。全体编纂人员本着对历史负责的态度，多方查阅史料，多次实地踏勘，反复推敲打磨，力求做到史实有依据，史料有出处。除了相关参编人员的辛勤劳动，本书还得益于历年来相关史料、档案资源的积累，凝聚了黄浦区（含原卢湾区、原南市区）几代党史及档案工作者的成果和心血。

在本书编写和史料征集过程中，我们得到中共上海市委党史研究室、上海市档案馆、上海图书馆、中共一大会址纪念馆、上海孙中山故居纪念馆、陈云纪念馆、上海交通大学档案文博管理中心、上海市大同中学、上海市格致中学、上海市光明中学、上海市敬业中学、上海市市南中学、上海理工大学附属储能中学、锦江都城饭店等单位，以及景智宇、陈刚毅、汪刚、薛宝其、郭长耀、宁志超、薛峰、张人凤、李圣恺、张友苏、杨友龙、张建麟、杨道孙、程博愉、柳光辽等老师的帮助，同济大学出版社陈立群老师为本书尽早面世付出了诸多努力。在此，谨向他们表示诚挚的感谢！

由于水平所限，本书难免会有疏漏与遗憾之处，敬请广大读者批评指正。